Marc Engelhardt
Heiliger Krieg – heiliger Profit

Marc Engelhardt

Heiliger Krieg – heiliger Profit

Afrika als neues Schlachtfeld des internationalen Terrorismus

Ch. Links Verlag, Berlin

Den Opfern des Terrors
(auch wenn sie Täter genannt werden)
und ihren Angehörigen

Die Deutsche Nationalbibliothek verzeichnet
diese Publikation in der Deutschen Nationalbibliografie;
detaillierte bibliografische Daten sind im Internet über
www.dnb.de abrufbar.

1. Auflage, März 2014

Schönhauser Allee 36, 10435 Berlin, Tel.: (030) 44 02 32-0
www.christoph-links-verlag.de; mail@christoph-links-verlag.de
Umschlaggestaltung unter Verwendung zweier Fotos
von Sven Torfinn, © Torfinn / laif
(Das Bild oben zeigt einen Milizionär vor einer zerstörten Kirche,
das Bild unten somalische Währungshändler,
beide Aufnahmen aus Mogadischu.)
Karten: Christopher Volle, Freiburg
Satz: Ch. Links Verlag, Berlin
Druck und Bindung: Druckerei F. Pustet, Regensburg

ISBN 978-3-86153-758-8

Inhalt

Vorwort

Afrika scheint oftmals weit entfernt. Was dort geschieht, schafft es nur selten in die Schlagzeilen deutschsprachiger Zeitungen. Umso auffälliger ist es, dass der Terror in Afrika immer häufiger die deutsche Politik und die Öffentlichkeit beschäftigt. Als dieses Buch im Frühjahr 2014 in Druck geht, ist das Thema wieder einmal ganz brisant. Deutsche Soldaten sollen – als Teil der deutsch-französischen Brigade – nach Mali fliegen, um die Bevölkerung zu schützen. In Mali hat vor einem Jahr ein Blitzeinsatz der französischen Armee Islamisten vertrieben, die monatelang den Norden des Landes besetzt hatten. Danach sah nicht nur Deutschland tatenlos zu, wie die Terroristen nach und nach wieder an Stärke gewannen. Gleichzeitig entwickelte sich in der Zentralafrikanischen Republik ein Bürgerkrieg, dem Tausende Zivilisten zum Opfer fielen. »Die Lage in Afrika ist ernst«, erklärt die frischgebackene Bundesverteidigungsministerin Ursula von der Leyen so unheilschwanger wie pauschal.

Seit zehn Jahren berichte ich aus und über Afrika. Doch Afrika gibt es nicht, wie mein Korrespondentenkollege Georg Brunold schon vor vielen Jahren richtig schrieb. Natürlich ist die Lage nicht in allen 54 Ländern auf dem Kontinent ernst. Und tatsächlich unterscheidet sich der Terror, dessen Folgen ich in Somalia, Mali, Nigeria und anderswo gesehen habe, so sehr wie die Länder und die dort lebenden Menschen. Und doch: Manches gleicht sich auch. Terrorgruppen gewinnen überall auf dem Kontinent an Einfluss. Al-Qaida im Islamischen Maghreb (AQMI), die somalische Shabaab oder Boko Haram in Nigeria versetzen ganze Länder in Angst, um ihre Ziele zu erreichen. Dabei gehören diesen Gruppen oft nur wenige Hundert, maximal ein paar Tausend Menschen an. Die Verbreitung von Furcht ist eine Strategie der Schwäche. Terror ist das Mittel der

Wahl für Gruppen, die im offenen Krieg oder gar bei einer demokratischen Wahl unterliegen würden. Ihre Drohung, jederzeit an jedem Ort ohne Rücksicht auf Verluste zuzuschlagen, verschafft ihnen Macht und untergräbt zugleich den Schutzanspruch des Staates. Und die Angst, die sie erzeugen, schwappt bis nach Europa.

Anfang 2013 sagte die sonst so besonnene Bundeskanzlerin Angela Merkel, der Terrorismus im Norden Malis sei »nicht nur eine Bedrohung für Afrika, sondern auch eine Bedrohung für Europa.« Da kontrollierten die Islamisten den Norden Malis noch, steinigten Ehebrecher, schändeten Grabmale und bedrohten jeden mit dem Tod, der nicht ihrer steinzeitlichen Auslegung des Islam folgt. »Wir Europäer haben ein gemeinsames Interesse daran, dass Mali nicht zu einem Rückzugsort und zu einer Hochburg des Terrorismus gewissermaßen vor unserer europäischen Haustür wird«, warnte der damalige Bundesaußenminister Guido Westerwelle.

Europäische Politiker tun gut daran, den Terror in Afrika zu fürchten, obwohl afrikanische Islamisten sich (anders als oft dargestellt) nicht auf dem Marsch nach Europa befinden. Auch sind sie viel seltener ideologisch verblendet, als man glauben mag. Ich habe im Gegenteil erlebt, dass wirklich ideologischer Terrorismus eine Seltenheit ist. Sicher, es gibt sie, die Islamisten, die für ein globales Kalifat kämpfen, oder Extremisten, die für das Primat ihrer Volksgruppe Terror verbreiten. Viele von ihnen sind Mitläufer. Was die Terrorgruppen nach meiner Erfahrung vor allem antreibt, zumal an ihrer Spitze, ist aber etwas ganz anderes: das Geschäft.

Längst sprechen Politologen vom »symbiotischen Terrorismus«, der Verquickung von Terrorismus und organisierter Kriminalität. In manchen Fällen arbeiten terroristische Gruppen mit der organisierten Kriminalität zusammen, etwa im Drogenhandel, wie sich in Westafrika zeigt. Doch oft praktizieren Terroristen die kriminellen Geschäfte gleich selber, ob als Schmuggler, Entführer, Auftragsmörder, Waffenschieber oder Geldwäscher. Von der Privatisierung des Terrorismus ist die Rede, einem Terrorismus, der sich selbst finanziert. Doch wenn man den Terror in Afrika genau beleuchtet, dann stellt sich zwangsläufig die Frage, ob die Kriminalität ein Mittel zur Förderung des Terrors ist – oder nicht doch eher der Terror ein Mittel zur Förderung des kriminellen Geschäfts. Ich bin der Überzeugung, dass Letzteres der Fall ist. Die Front des Terrors erleichtert kriminelle Machenschaften und spiegelt hehre Ziele vor, wo keine sind. Für den islamistischen Kampf lassen sich leichter Mitstreiter gewinnen als für den Kampf um Geld und um Ressourcen, die sich zu Geld machen lassen. Sektenführer können davon ein Lied singen. Ideologie erscheint mir für die terroristischen Gruppen, die ich ihnen in den folgenden Kapiteln vorstellen will, allenfalls zweitrangig zu sein. Ihr heiliger Krieg ist oftmals scheinheilig.

Auf den folgenden Seiten beschreibe ich auch, wie die Ausbeutung afrikanischer Ressourcen durch europäische Staaten, die USA und China den Terroristen in die Hände spielt. Diktatoren und Autokraten können ungestraft walten, solange ihre Schutzmächte von ihnen profitieren. In manchen Ländern unterscheidet sich der staatliche Terror kaum von dem der Terroristen. Das treibt Terrorgruppen Unterstützer zu, die glauben, schlimmer könne es ohnehin nicht werden. Unterschlupf für Terrorgruppen gibt es in Afrika genug. In vielen Ländern ist der Staat nicht willens oder in der Lage, sein Territorium und die dort lebenden Bürger zu schützen. Diese rechtsfreien Räume werden zunehmend von Terrorgruppen als Basis für ihre illegalen Geschäfte genutzt. Doch sie dienen auch westlichen Staaten als Basen im »Anti-Terror-Krieg«, mit dem sie ihrerseits eigene Ziele verfolgen.

Ich beschäftige mich mit dem Terror in Afrika (vor allem südlich der Sahara), weil ich die Region gut kenne – aber auch, weil die strategische Bedeutung Afrikas ständig wächst. Europa kann kein Interesse daran haben, dass immer mehr afrikanische Staaten zu Unrechtsstaaten werden, in denen kriminelle Terrorgruppen den Ton angeben. Die international vernetzte Kriminalität bedroht zudem tatsächlich auch Europa.

In diesem Buch möchte ich Sie mitnehmen auf eine Reise quer durch Afrika, von Somalia ganz im Osten bis nach Guinea-Bissau im Westen. Dabei möchte ich Ihnen einen Eindruck vom Terror in Afrika, seinen Hintergründen und auch den Umständen geben, in denen er wächst und gedeiht. Doch bitte bedenken Sie: Auch wenn es in einem Buch über Terror und Kriminalität erwartungsgemäß düster zugehen kann, so soll das nicht heißen, dass es keine Lichtblicke gibt. Afrika ist ein Kontinent, auf dem es nicht nur Not, Leid und Gewalt gibt (wie in Europa übrigens auch), sondern auch unermesslich viel Kreativität, Aufbruch und Hoffnung. Ich glaube nicht, dass Afrika sich kampflos dem Terror ergeben wird, ganz im Gegenteil.

Viele der in diesem Buch erzählten Geschichten habe ich selbst erlebt, war vor Ort, habe mit Opfern und Tätern gesprochen, habe gesehen, gerochen und geschmeckt, wie der Terror das Leben in Afrika beeinträchtigt. Anderes habe ich nach bestem Wissen rekonstruiert und mich dabei an das gehalten, was mir Augenzeugen, Berichterstatter und andere Informanten geschildert haben. Es liegt in der Natur des Themas, dass nicht alle Quellen genannt werden möchten oder auch nur erscheinen wollen. Ich bin ihnen dennoch ausnahmslos zu großem Dank verpflichtet. Mein Anspruch ist es, mit diesem Buch den Terror in Afrika möglichst umfassend darzustellen. Dazu gehört auch, dass ich Erkenntnisse und Analysen anderer Autoren aufgenommen und verarbeitet habe. Wo ich dies getan habe, habe ich dies nach bestem Wissen und Gewissen gekennzeichnet. Ein ausführliches Verzeichnis von Quellen und weiterführender Literatur findet sich am Ende des Buchs.

Ich wünsche Ihnen eine spannende Reise und viele neue Erkenntnisse.

1
Blutbad im Supermarkt
Wie der Terror zurück nach Kenia kam

Wie oft habe ich samstags um die Mittagszeit meinen Einkaufswagen durch die Regalreihen des Nakumatt-Megamarkts geschoben und mich geärgert, dass ich nicht früher aus dem Haus gekommen bin, um den Massen zu entgehen. Um diese Uhrzeit hatte sich das von Glas, Chrom und Gold glitzernde Westgate-Einkaufszentrum in Nairobi bereits prall gefüllt und in eine Freizeitlandschaft für Besserverdienende verwandelt. Wer zur wachsenden kenianischen Mittelschicht gehörte, kam hierher, ebenso Touristen, die in den Ketten westlicher Modelabels shoppten, Sushi aßen oder einen Latte Macchiato im schicken »Art Caffé« schlürften. Und Samstagmittags, wenn Hüpfburg und Kinderkochstudio, Verkaufsshows und Promibühnen aufgebaut waren, strömten noch einmal Tausende Besucher mehr ein, um sich zu vergnügen. Die Terroristen, die am 21. September 2013 – einem Samstag – die Westgate-Mall stürmten, wussten all das. Sie hatten Zeitpunkt und Ort bewusst gewählt, um möglichst viele Menschen zu ermorden.

Das Attentat

Drei Autos halten Augenzeugen zufolge um kurz vor eins vor der Mall. Eine Anzahl Vermummter, vier, sechs oder mehr Personen, springen aus den Fonds und teilen sich auf. Einige stürmen den Haupteingang im Erdgeschoss herauf, oberhalb einer marmornen Treppe. Die Sicherheitsleute, die hier seit zwei Jahren Rucksäcke und Taschen von Besuchern kontrollieren, sind die ersten Opfer. Während in der Haupthalle schon wild umhergeschossen wird, wird auch zur Straße hin noch auf Passanten gefeuert. Das andere Grüppchen stürmt das Einkaufszentrum vom Parkdeck auf der dritten Etage aus. Schon zwischen den Autos werden Besucher, unter ihnen Kinder und eine prominente Fernsehmoderatorin, von Kugeln getroffen.

Bilder der Überwachungskameras im Supermarkt zeigen, wie zwischen den Regalreihen erst die Erkenntnis ausbricht und dann das Chaos. Während die einen schon zum Lieferantenausgang flüchten, schieben andere noch ihre Einkaufswagen vorbei an Schuhcreme und gestapeltem Toastbrot. Später machen Fotografen Bilder von Leichen, die zwischen umgestürzten Alltagswaren liegen. Allein vor seiner Theke seien es sechs Menschen gewesen, so Fred Bosire, ein Metzger und Verkäufer, der den Anschlag überlebt. »Ich wollte zum Ausgang laufen, als ich sah, wie Leute um mich herum zu Boden gingen – da bin ich zurück und habe mich hinter die Fleischtheke geworfen, Gesicht nach unten.« Bosire vermutete zunächst das, was wohl viele dachten: »Ich hörte Rufe, Mwizi, Dieb, und dachte, die Polizei verfolgt ein paar Verbrecher.« Dass sie dabei wild um sich schießt und Unschuldige zu Boden gehen, ist in Kenia nichts Ungewöhnliches. Doch dann hört Bosire Stimmen in einer Sprache, die er nicht erwartet hat. »Ein schwer verständlicher Mix aus Englisch, Suaheli und etwas, das ich erst für Arabisch hielt – einer schrie ›Ihr habt unser Land überfallen, es ist Zeit, dass wir Rache üben.‹« Dann sind lange Zeit nur noch Schüsse und Schreie zu hören. Eine Frau mit Kindern lassen die Invasoren ziehen. »Dann hat eine andere Frau gesagt, lasst mich gehen, ihr könnt all mein Geld haben – und sie haben sie kaltblütig erschossen. Da wusste ich, dass ich keine Gnade erwarten kann.«

Spätestens in diesem Augenblick erkennen Bosire und die anderen auch, um wen es sich bei den Angreifern handelt. Die islamistische al-Shabaab aus dem Nachbarland Somalia hat Attentate angekündigt, nachdem Kenias Armee im November 2011 in Somalia einmarschiert war, um die Shabaab zu bekämpfen. Das Westgate-Einkaufszentrum galt seitdem als hochgradig gefährdet: weil es alles repräsentiert, wogegen die Shabaab-Führung agitiert, aber auch, weil die Eigentümer Israelis sind. Ein paar Wochen lang mieden Expats das Westgate, obwohl neue Wachleute eingestellt wurden, die die Besucher mit Metalldetektoren abtasteten. In der Einfahrt suchten sie mit Spiegeln den Unterboden von Autos nach Bomben ab. Dann ließ die Vorsicht langsam nach, bei Besuchern und Sicherheitskräften. Die Spiegel blieben, aber irgendwann schaute niemand mehr in den Kofferraum. Die Konsumenten kehrten zurück, als wäre nichts gewesen. Auch im Wahlkampf vor den Wahlen im März 2013 spielte die Terrorgefahr keine Rolle. Später wird man kritisieren, dass Warnungen von Kenias Geheimdienst nicht ernst genommen wurden. Man wird Berichte entdecken, in denen Experten Kenias Sicherheitskräften schon 2011 attestierten, in keiner Hinsicht auf einen möglichen Terroranschlag vorbereitet zu sein. Zusätzliche Mittel für die Terrorbekämpfung versickerten in dunklen Kanälen. Es herrschte das Prinzip Hoffnung: Die Shabaab wird sich schon nicht trauen, in Kenia anzugreifen. Es war eine fatale Fehleinschätzung, womöglich auch eine Lüge, die die Herrschenden zum Schluss selbst glauben wollten.

Für Fred Bosire werden an diesem Samstag seine schlimmsten Alpträume wahr. Plötzlich stehen zwei Terroristen vor der Theke und schießen mit ihren Schnellfeuergewehren die Glasscheibe in Splitter. Bosire glaubt, sich an das schmatzende Geräusch zu erinnern, als die Kugeln die aufgestapelten Steaks zersieben. Dass er selbst von Querschlägern getroffen wird, bemerkt er nicht. »Erst später, als ich zu frösteln begann, habe ich meine Hand zum Bein geführt – und da war alles voller Blut. Ich wollte schreien, aber ich habe mich gezwungen, still zu bleiben – Leichen schreien nicht.« Manchmal hört Bosire ein Stöhnen, kurz darauf einen Schuss. Dann klingelt ein Handy, es folgt eine Gewehrsalve. Schließlich Schritte. »Sie kamen zurück, aber nicht zu mir, sie haben die Regale mit Wein, Bier und Schnaps zerschossen, die neben der Fleischtheke standen.« Bosire erinnert sich an den Alkoholgestank, als eine Flut aus Bier, Wein, Schnaps, Blut und Scherben auf ihn zufließt. Er unterdrückt ein Würgen. Schließlich wird ihm schwarz vor Augen.

Kleine Wunder

Inmitten von Brutalität und Angst geschehen an diesem Tag auch Wunder, kleine und große. Katherine Walton stammt aus North Carolina. Waltons Mann ist auf Dienstreise, die 38-jährige IT-Spezialistin mit ihren fünf Kindern allein zu Hause. Um Abwechslung in den Tag zu bringen, entscheidet sich Walton am Samstagmorgen für einen Ausflug ins Westgate-Einkaufszentrum. Ihre beiden Söhne im Teenageralter sind begeistert. Sie rennen voraus in den Supermarkt, während sich Mutter Walton mit ihren drei Töchtern – vier und zwei Jahre sowie 13 Monate alt – Zeit lässt. Gerade als sie den Laden betreten will, hört sie eine Detonation. »Ich habe mir die Mädchen geschnappt und bin losgerannt, weg von dem Knall«, erzählt sie später der Journalistin Aislinn Laing. »Eine Frau hat uns hinter einen Werbestand gezogen, direkt am Eingang – ich konnte sehen, wie die Kugeln überall einschlugen, und hörte die Leute schreien.« Eine verletzte Kenianerin und zwei indische Frauen helfen Walton, die Töchter ruhig zu halten. Die Mutter erinnert sich kaum noch an Details, am ehesten noch daran, dass die Kleinen zwischendrin still miteinander spielen. »Ich konnte nicht verstehen, dass sie so tun konnten, als wäre alles ganz normal.« Vier Stunden halten sie aus. Immer wieder fallen Schüsse. Der Geruch von Schwarzpulver hängt in der Luft, ein Geruch, den sie noch Tage später in der Nase hat. Dann erscheint auf einmal auf der anderen Seite des Gangs ein Mann mit einer Pistole in der Hand.

Der Mann ist Abdul Hadschi, der Sohn eines ehemaligen kenianischen Innenministers. Sein Bruder hat ihm eine SMS geschickt. Auch er ist im Westgate gefangen. Um seinen Bruder zu retten, dringt Hadschi mit anderen Freiwilligen ins Einkaufszentrum vor. Er wagt sich auch dorthin, wo die Polizei sich nicht hintraut. Unter seinem Feuerschutz retten Helfer vom kenianischen Roten Kreuz Verletzte. »Wir haben viele tote Menschen gesehen«, sagt Hadschi später. »Sehr junge Menschen, Kinder, Senioren – man kann es sich nicht vorstellen.« Am Eingang zum Supermarkt liefert Hadschi sich gerade ein Feuergefecht mit einem der Angreifer, als er die Frauen hinter dem Werbestand sieht. »Die waren mitten im Kreuzfeuer, da haben wir uns umgruppiert und überlegt, wie wir sie rausholen können.« Katherine Walton, die inzwischen begriffen hat, dass der Mann mit der Pistole sie retten will, deutet auf ihre Kinder. Sie kann unmöglich mit allen dreien aus der Deckung kommen. Hadschi bedeutet ihr, die Älteste alleine loszuschicken. »Ich weiß nicht, wie sie es geschafft hat, aber sie hat es getan – sie hat gemacht, was ich ihr gesagt habe, und ist losgerannt«, seufzt

Walton. Zu einem Unbekannten, der eine Pistole in der Hand hält. Der Reuters-Fotograf Goran Tomasevic hält die Szene fest. Das Bild von Portia Walton, der Vierjährigen, die mit verängstigtem Gesicht zwar, aber zielstrebig durch einen verwaisten Korridor zu ihrem Retter läuft, geht um die Welt. Nach Portia rennt auch Katherine Walton los, das Baby auf dem Arm, die kleine Tochter an der Hand. Erst als sie durch einen Notausgang das Tageslicht erreichen und die Familie hinter der Polizeiabsperrung mit den beiden aus dem Supermarkt geretteten Jungen vereint wird, löst sich die Anspannung der vergangenen Stunden. Alle brechen in Tränen aus.

Die kalte Grausamkeit der Täter

Auf mindestens 200 wird Kenias Innenminister Joseph Ole Lenku später die Zahl der Verletzten schätzen, andere gehen von deutlich mehr aus. Wie viele Menschen ermordet wurden, ist selbst Monate später noch unklar: Weit mehr als 60 sind es, so viel steht fest. Die meisten sind Kenianer, andere kommen aus Frankreich, Großbritannien, Indien, Peru, Südkorea, China, Südafrika, Trinidad. Ein australischer Mann und seine niederländische Freundin werden erschossen, sie ist im achten Monat schwanger. Ein Neffe des kenianischen Präsidenten Uhuru Kenyatta und seine Frau sterben und Kofi Awoonor, ein ghanaischer Schriftsteller.

Die, die überleben, berichten, dass die Täter Muslime aufgefordert haben sollen, zu fliehen. »Wir wollen keine Muslime töten«, soll einer gerufen haben. Doch ein Bekannter, selbst Muslim, erzählt tränenerstickt, dass ein Maskierter vor seinen Augen eine hochschwangere Frau mit einem Kopfschuss hingerichtet hat. Sie hatte zuvor eine Koransure aufgesagt, weil sie hoffte, dem Todesurteil zu entgehen. »Warum hast du sie getötet, sie war doch Muslimin«, keuchte mein Bekannter. »Weil sie nicht verhüllt war«, erwiderte der Angreifer. Mein Bekannter durfte fliehen und hasst sich heute dafür. »Das waren keine richtigen Muslime«, sagt er. »Das waren kaltblütige Killer, die den Koran überhaupt nicht verstanden haben.« Wenn andere Beobachter Recht haben, dann töteten die Terroristen gezielt Ausländer oder Menschen, die ausländisch aussahen. »Die wollten maximale Aufmerksamkeit erzielen, weit über Kenias

Grenzen hinaus«, glaubt auch mein Bekannter. Dass sie willkürlich in die Menge schossen, um Angst zu verbreiten, widerspreche dem nicht.

Fotografen, die eine Stunde nach Beginn des Attentats mit ersten Polizeikommandos in das Einkaufszentrum vordringen, berichten, wie still es geworden ist. Überall liegen Menschen – Tote und Verwundete wie Fred Bosire, die sich tot stellen. Als sich ihm Polizisten nähern, bewegt sich Bosire, mittlerweile wieder bei Bewusstsein, nicht. Einige Zeit zuvor hatte sich eine Gruppe somalisch sprechender Männer ein paar Dosen Cola aus dem nahen Kühlschrank geholt. Zischend entweicht die Kohlensäure, während die Männer sich zwischen die Leichen setzen und miteinander schwatzen. »Ich konnte fünf Paar Schuhe sehen – einer hatte braune Stiefel, so wie Jugendliche sie heute tragen, das muss wohl der mit der hellen Stimme gewesen sein. Ein anderer hatte braune Halbschuhe, ein anderer weiße und zwei trugen schwarze Schuhe – sie alle waren blutverschmiert.« Als die Dosen leer sind, ruft einer nach Überlebenden. »Wir lassen euch gehen«, verspricht er. Bosire will etwas sagen, doch vor ihm melden sich einige Frauen. Der Metzger hört Schritte, dann Schüsse. Als später die Polizisten nach Überlebenden rufen, sagt Bosire nichts. Erst als ein anderer wimmert und keine Schüsse fallen, ruft er die Beamten zu sich. Dann wird es schwarz um ihn. Er wacht in einem Krankenhausbett auf, über sich die gleißend weiße Decke.

Die Motive der Shabaab

Ungefähr um diese Zeit, am Samstagabend, bekennt sich al-Shabaab zu dem Anschlag. Auf einer der Webseiten, die die Bewegung üblicherweise nutzt, wird eine Audiobotschaft gepostet. In den folgenden Tagen werden weitere folgen. In ihnen meldet sich der Mann zu Wort, der seit 2008 an der Spitze der Shabaab steht: Achmed Abdi Godane, bekannt auch unter seinem Kampfnamen Abu Zubeir. Den Posten des Emirs der Shabaab hat er inne, seit sein Vorgänger Aden Hashi Ayro von einer US-Drohne getötet wurde. Das Attentat auf die Westgate-Mall bezeichnet er als Vergeltungsschlag für Kenias militärisches Engagement in Somalia:

»Dieser Anschlag ist die Rache für das, was eure ungläubige Regierung unschuldigen Muslimen in unserem Land angetan hat.« Godane stellt Forderungen: »Entscheidet euch heute und zieht eure Truppen aus Somalia zurück. Ihr wundert euch, dass euer Land in Flammen aufgeht? Lasst euch gesagt sein, wir haben das bereits erlebt. Stoppt eure Aggression gegen unser Land. Eure Truppen haben illegal die Kontrolle über unsere Städte, den Hafen und Flughafen von Kismayo und die Gewässer vor unserer Küste übernommen. Beendet diese Belagerung, sofort.«

Die Absicht der Shabaab ist klar: Die militärisch geschwächte Bewegung will den Anschlag als Stärkebeweis optimal ausnutzen und so viel Angst wie möglich verbreiten. Gut 5000 selbsternannte Gotteskrieger, so schätzen die UN, soll die Shabaab unter Waffen halten. Seit dem Einmarsch einer Friedenstruppe der Afrikanischen Union (AU) mit zwischenzeitlich knapp 18 000 Soldaten haben die Islamisten sich in den Busch zurückgezogen. Die Zeiten, als sie das ganze Land kontrollierten, sind vorbei. Zuletzt galt die Shabaab als militärisch aufgerieben und innerlich zerrissen; manche hatten sie schon abgeschrieben.

Während der Terroranschlag sich zu einem vier Tage andauernden Geiseldrama entwickelt, stellen immer mehr Kenianer die Frage: Warum ist dieser Anschlag jetzt erfolgt, und warum in Kenia? Die Shabaab hatte bis dahin nur einige kleinere Granatattacken an Bushaltestellen und in Slums zustande bekommen; und bei diesen ließ sich nie zweifelsfrei belegen, ob tatsächlich die somalischen Islamisten dahintersteckten. Im kenianisch-somalischen Grenzgebiet gibt es immer wieder Hit-and-run-Attacken – neben Polizisten und Soldaten kommen auch Zivilisten ums Leben. Doch im unwegsamen Nordosten Kenias, der von den meisten bis heute »Grenzdistrikt« genannt wird und per se als unsicher gilt, ist man solche Vorfälle gewohnt. Dass sie sich nach den militärischen Erfolgen der AMISOM gegen die Shabaab häuften, ist einer der Gründe, warum Kenias damaliger Präsident Mwai Kibaki Ende 2011 die Armee nach Somalia schickte.

Es war das erste Mal, dass Kenia sich in das Chaos im Nachbarland einmischte – im zwei Jahrzehnte währenden Bürgerkrieg hatte sich Kenia, das selbst eine große somalische Minderheit und eine wachsende Zahl somalischer Flüchtlinge im Land hat, neutral verhalten. 2011 aber hatten mehrere Überfälle vermutlich somalischer Banditen die im Norden liegende Ferieninsel Lamu erschüttert, ein entführter Brite kam ums Leben. Als er die für Kenia so wichtige Tourismusindustrie bedroht sah, handelte Kibaki – auch um eine Pufferzone zwischen Kenia und den Rückzugsräumen der Shabaab im Süden Somalias zu schaffen. Der Islamismus der Gruppe, gar die Angst vor einem Überschwappen der Ideologie nach Kenia spielten keine Rolle bei seiner Entscheidung, hieß es, ebenso wenig die aus den USA immer wieder erhobenen Forderungen, Kenia solle den Kampf gegen den »islamistischen Terror« nicht nur verdeckt, sondern offen mit Truppeneinsätzen unterstützen. »Für die Regierung war al-Shabaab vor allem eine kriminelle Bewegung, die die Sicherheit und Wirtschaft in unserem Land gefährdet hat«, sagt mir ein ranghoher Mitarbeiter im Innenministerium in Nairobi. »Ob al-Shabaab eine islamistische Agenda verfolgt, war für uns zweitrangig und tatsächlich auch immer wieder fraglich.«

Kenias Regierung hat Erfahrung mit Terroranschlägen. Am 7. August 1998, der Name al-Qaida war nur wenigen bekannt, zündeten Terroristen einen Sprengsatz vor der US-Botschaft im Stadtzentrum von Nairobi. »Ich war bei der Arbeit, einige Blocks entfernt, aber die Wucht der Detonation hat noch bei uns die Fensterscheiben platzen lassen«, erinnert sich die Büroangestellte Betty Nganga. Die Innenstadt war übersät von Trümmern, Staub und Leichen. 258 Personen starben in Nairobi und in Tansanias Wirtschaftsmetropole Daressalam, wo zeitgleich eine Bombe detonierte. Die Anschläge in Nairobi und Daressalam betrachten Terrorexperten heute als Test für die Attentate in den USA am 11. September 2001. »Als ich die Bilder von den einstürzenden Twin Towers gesehen habe, wusste ich, wie die Amerikaner sich fühlten«, sagt Nganga.

Doch der Anschlag auf das Westgate-Einkaufszentrum ist anders. Er trifft gezielt die aufstrebende Mittelschicht Kenias im Alltag und damit ins Herz; eine Bevölkerungsgruppe, die sich bisher vor derlei Anschlägen immun fühlte. »Too close to home«, zu nah am eigenen Zuhause, nennen diese Nairobianer das Attentat. Die Terroristen in der Westgate-Mall verfolgen kein abstraktes Ziel. Sie erheben konkrete Forderungen und stellen im Gegenzug in

Aussicht, dass der Terror endet, wenn sich Kenias Armee aus Somalia zurückzieht. Der Anschlag ist nicht ideologisch begründet – es geht um handfeste ökonomische Interessen. Und die hängen nicht mit der auch von der Shabaab immer wieder geforderten islamischen Weltrevolution zusammen. In den Verlautbarungen der Bekenner ist davon nichts zu hören. Dort bestimmt ein Subtext jeden Satz: Es geht ums Geschäft.

Der Kampf um Kismayo

Während die Terroristen der Shabaab im Westgate-Einkaufszentrum einen womöglich seit Monaten vorbereiteten Plan umsetzen und einer Belagerung durch Sondereinheiten standhalten, wird auch in Kismayo geschossen. Ein Reporterkollege, der sich mit Einheiten der afrikanischen Friedenstruppe (AMISOM) in Somalias zweitwichtigste Hafenstadt durchgeschlagen hat, berichtet von schwerem Geschützfeuer, das immer wieder ohne Vorwarnung einsetzt. Wenn die unter Mandat der Afrikanischen Union kämpfenden Soldaten aus Sierra Leone zurückschießen, wird das Feuer eingestellt und später aus einer anderen Richtung wieder eröffnet. Mit ihren »Technicals«, den Pritschenwagen mit aufmontierten Geschützen, ist die Shabaab mobiler als die in Schützengräben und hinter Sandsäcken liegenden Verteidiger. Es ist eine Zermürbungstaktik, die die rund um Kismayo lagernden Einheiten der Shabaab gegen die afrikanischen Truppen in der Stadt anwenden. Im offenen Krieg hätten die paar Hundert Kämpfer gegen die AMISOM-Truppen keine Chance. Doch mit ihrer Guerillataktik halten sie den eigentlich übermächtigen Gegner in Atem. Die Shabaab schafft es zwar nicht zurück nach Kismayo, doch den zur somalischen Regierung stehenden Truppen gelingt es trotz der Unterstützung der AU nicht, das Umland unter ihre Kontrolle zu bringen.

Dass die Shabaab sich aus Kismayo zurückziehen musste, ist der von Süden her vorrückenden kenianischen Armee und ihren Verbündeten der somalischen Raskamboni-Miliz zu verdanken. Der Anschlag in Nairobi, so offenbar das Kalkül der Shabaab-Führung, soll die kenianische Öffentlichkeit gegen den Militäreinsatz im

Nachbarland aufbringen. Wenn Kenias Truppen sich zurückzögen, könnte die Shabaab Kismayo womöglich wieder einnehmen.

Dieser Plan hat für die Shabaab Priorität. Denn der Verlust Kismayos und mehrerer anderer, kleinerer Häfen hat sie an ihrer empfindlichsten Stelle getroffen: dem Geldbeutel. Über Kismayo wickelte die Shabaab illegale Geschäfte ab oder besteuerte sie. In Kismayo saß bis zuletzt das »Finanzministerium« der Shabaab, das Abgaben aus Stadt und Umland sammelte und damit den bewaffneten Kampf gegen die Regierung finanzierte. Geld wird auch gebraucht, um sich Unterstützung bei den Clans zu erkaufen, die der Shabaab Unterschlupf gewähren. Bleibt es aus, schwindet der Rückhalt schnell. Die Beschaffung des Geldes ist so vielfältig wie illegal. In seinem Bericht über transnationale organisierte Kriminalität in Ostafrika legt das UN-Büro für Drogen- und Verbrechensbekämpfung (UNODC) der Shabaab neben Schutzgelderpressung auch den Handel mit Heroin, Wilderei, den Verkauf von Elfenbein, Waffenschiebereien und Menschenschmuggel zur Last. Alleine mit dem (ebenfalls illegalen und von der Shabaab offiziell geächteten) Schmuggel von Holzkohle soll die Bewegung jährlich bis zu 40 Millionen Euro verdient haben (s. nächstes Kapitel). »Die Trennlinie zwischen krimineller und politischer Gewalt ist in Ostafrika – wie in anderen Teilen der Welt – sehr dünn«, warnen die Autoren des UN-Berichts. Und sie lassen keinen Zweifel daran, dass sie hinter der ideologischen Fassade der Shabaab in erster Linie eine kriminelle Organisation sehen: »Die Beimischung ideologischer und von Habgier getriebener Motivationen kann besonders hartnäckige kriminelle Gruppen erzeugen, die von der Fortdauer von Konflikten direkt profitieren. Das ist in Ostafrika mehrfach der Fall.« Ein weiterer Beleg für die kriminelle Natur der Shabaab: Anders als bei Rebellengruppen üblich, beschränke sich die Shabaab nicht nur auf die Besteuerung illegaler Geschäfte, so die UN-Experten. »Ihre Mitglieder sind direkt an illegalen Geschäften beteiligt.« Und die Shabaab hat in den vergangenen Jahren – nicht zuletzt in Kenia – viele Kämpfer rekrutiert, die einen kriminellen Hintergrund haben.

Der skrupellose Anführer

»Abu Zubeir« Godane ist beim Erhalt seiner Macht nicht zimperlich. Das amerikanische *Time Magazine* zählte ihn 2012 zu den 100 weltweit einflussreichsten Persönlichkeiten und attestierte ihm »eine hypnotische Überzeugungskraft bei der Errichtung eines muslimischen Gottesreichs auf Erden«. Der zum Zeitpunkt des Westgate-Anschlags 37-Jährige stammt aus Hargeisa im Norden Somalias, dem Teil des Landes, der sich als »Somaliland« einseitig unabhängig erklärt hat. Dort hat die Shabaab keinerlei Einfluss. In Pakistan wurde Godane zum Islamisten ausgebildet, in Afghanistan hat er gegen die Sowjetarmee gekämpft. Einstige Weggefährten berichten, dass er sich gerne seiner Treffen mit dem al-Qaida-Gründer Osama bin Laden rühmt. Sie sagen auch, Godane sei in Wirklichkeit menschenscheu und uncharismatisch. An seine Anhänger richte er sich auch deshalb überwiegend per Audiobotschaft.

Seinem Machtwillen tut das keinen Abbruch. Seit der Übernahme des Emir-Amtes 2008 hat Godane die Shabaab auf sich zugeschnitten. Die einst einflussreiche Shura, den religiösen Rat der Organisation, entmachtete er schrittweise und schaffte sie schließlich ganz ab. Während al-Shabaab sich bis heute damit brüstet, gemäß der islamischen Scharia zu handeln, schuf Godane eine Parallelinstanz, in der nicht der Koran, sondern er selbst die höchste Autorität darstellt. Die »Amniyat« genannte Zelle steht unter Godanes direktem Kommando und genießt das Privileg »sofortigen Rechtsvollzugs« – konkret heißt das: Hinrichtung all jener, die Godane gefährlich zu werden drohen. Die Entmachtung der Shura sorgte nicht nur dafür, dass die Shabaab sich noch weiter von ihrem ursprünglichen Image als regeltreue Ordnungsmacht entfernte und damit einstige Anhänger verschreckte. Die Shabaab gab implizit auch ihren Anspruch auf, eine islamische Bewegung zur Errichtung eines Kalifatsstaats in Somalia zu sein. So sahen es auch zwei hochrangige Shura-Mitglieder, die nach der Erstarkung der Amniyat flohen. Und so sah es zum Schluss auch ein Vertrauter Godanes: Der Konvertit Abu Mansur al-Amriki, ein US-Amerikaner, warb mit seinen YouTube-Videos erfolgreich Gotteskrieger vor allem (aber nicht nur) unter somalischen Exilanten in den USA. Für die Propaganda der Shabaab galt al-Amriki lange als unentbehrlich. Er rappte Texte wie diesen: »Gönnt den Unterdrückern keine Pause, kommt und kämpft den Dschihad mit mir, von Somalia bis Afghanistan, als Erstes nehmen wir (Äthiopiens Hauptstadt) Addis Abeba ein.« Sein Engagement brachte der Shabaab nicht nur neue Männer, sondern auch Geld: Im US-Exil lebende Somalis überwiesen hohe Summen, um den Dschihad in ihrer Heimat zu unterstützen.

Zuletzt aber distanzierte sich al-Amriki von Godane. Am 3. September 2013 griff der bereits auf der Flucht befindliche al-Amriki im Interview mit *Voice of America* (*VOA*, der staatliche Auslandssender der USA) den Shabaab-Führer frontal an: »Das Grundproblem ist, dass Godane die Prinzipien unserer Religion aufgegeben hat und al-Shabaab in eine Organisation verwandelt, die jeden Muslim im Land unterdrücken soll, damit er der neue Diktator Somalias wird.« Al-Amriki vergleicht Godane direkt mit Siad Barre, der sich 1969 in Somalia an die Macht putschte und eine Schattenwirtschaft errichtete, von der nur Verwandte und enge Unterstützer profitierten. Um die Kontrolle dieser Schattenwirtschaft kämpft auch Godane. Davor wird unterdessen das Stück vom islamischen Musterstaat gegeben.

In seinem Interview mit *VOA* spricht al-Amriki davon, dass sein Leben bedroht sei. Zwei Tage später wird er nach einem kurzen Gefecht in einem Dorf südwestlich von Mogadischu erschossen. Gemeinsam mit ihm stirbt ein Brite pakistanischer Herkunft, Osama »al-Britani«. Niemand in Somalia zweifelt daran, dass Amniyat-Kämpfer hinter dem Anschlag stecken. Kurz zuvor war der einst enge Vertraute Godanes, Ibrahim al-Afghani, auf ähnliche Weise hingerichtet worden. Er hatte sich in einem offenen Brief an al-Qaida-Chef Ayman al-Zawahiri über den harschen Umgang des Emirs mit ausländischen Dschihadisten beklagt. Andere Kritiker Godanes entkommen ihrer Ermordung nur knapp durch Flucht, so der ehemalige Shabaab-Sprecher Mukhtar Robow und der einflussreiche Sheikh Hassan Dahir Aweys.

Zum Zeitpunkt des Anschlags auf das Westgate-Einkaufszentrum steht Achmed Abdi Godane unangefochten an der Spitze der Shabaab. Dass 160 islamische Würdenträger im September bei einer

Versammlung in Mogadischu eine Fatwa gegen die Shabaab erlassen haben, stört ihn nur insofern, als die wachsende Kritik in den Moscheen die verbündete al-Qaida aufschrecken könnte. Erst Anfang 2012 hat das Terrornetzwerk die Shabaab offiziell in ihre Reihen aufgenommen. »Heute habe ich gute Nachrichten zu verkünden«, eröffnete Ayman al-Zawahiri, der Nachfolger Osama bin Ladens, seine diesbezügliche Videobotschaft. »Die Shabaab wird den heiligen Krieg der Qaida unterstützen und damit offiziell Teil des Terrornetzwerks werden.«

Es ist das erste Mal, dass die Qaida sich zur Shabaab bekennt. Lange ist man in der Führung des Terrornetzwerks misstrauisch gewesen, was die Ziele der Somalis angeht. In seinem Tagebuch beschreibt der einstige Vertraute, Leibwächter und Emissär Osama bin Ladens, Nasser al-Bahri, wie er als junger Dschihadist angeworben wurde und nach Somalia kam. Al-Bahri kommt zu dem Schluss, dass die Islamisten, von denen viele später zur Shabaab wechseln, schon damals – 1996 – nur eines wollen: Geld. »Sie dachten, ich verstehe kein Somalisch, aber das tat ich. Einer fragte: Hast du gesehen, ob der Mann Geld dabei hat? Hast du schon irgendetwas von ihm bekommen? Einer von ihnen fragte mich dann offen, ob ich Geld zu ihrem heiligen Krieg gegen die Äthiopier beisteuern könnte, und ich habe gesagt: Ich bin hier, um zu kämpfen, nicht um Geld zu geben.« Als al-Bahri Jahre später in bin Ladens Auftrag nach Somalia reist, hat er das Erlebte nicht vergessen. Und dass Geld die zentrale Rolle im scheinheiligen Krieg der Shabaab spielt, sagen heute auch diejenigen, die einst als Dschihadisten in Somalia an der Seite der Shabaab kämpften und desertierten.

Godane braucht die formale Anerkennung von außen, um eine Spaltung der Shabaab entlang von Clanlinien zu verhindern. Als Angehöriger des nördlichen Isaq-Clans wäre er dann isoliert. Er braucht die Kämpfer aus dem Ausland, die sich – weil für sie die in Somalia so bestimmenden Animositäten zwischen Clans und Subclans unerheblich sind – immer wieder als integrativer Faktor in der Bewegung bewiesen haben. Nicht zuletzt braucht er Geld und Waffen, nachdem seine Haupteinkommensquellen in Somalia zu versiegen drohen.

Mit dem Anschlag in Nairobi löst Godane sein Problem, zumindest vorläufig. Zwar befindet die Shabaab sich in Somalia weiter militärisch unter Druck, doch kann dem Emir jetzt kaum jemand Stärke und Entschlossenheit absprechen, nachdem er den brutalsten Anschlag auf kenianischem Boden seit 15 Jahren veranlasst hat. Al-Qaida hat er bewiesen, dass er den Dschihad jenseits der somalischen Grenzen ernst nimmt: Ein ultimativer Treuebeweis, der wiederum vermutlich nicht ohne Unterstützung al-Qaidas möglich war. Augenzeugen wollen gesehen haben, dass in den zwei Taschen, die die Terroristen in die Westgate-Mall schleppten, moderne Waffen und Sprengsätze gewesen sein sollen. Der Ablauf, so glauben geschulte Antiterrorspezialisten, trage die Handschrift von al-Qaida.

Immer wieder kursieren Gerüchte, dass auch ausländische Dschihadisten am Sturm auf die Westgate-Mall beteiligt waren. Von mindestens zwei US-Amerikanern und einer Britin spricht Kenias Außenministerin Amina Mohammed. Auch der UN-Sonderbeauftragte für Somalia, Nicholas Kay, hält die Beteiligung von ausländischen Kämpfern für möglich. »Das würde mich nicht wirklich überraschen. Wir wissen seit langem, dass die Shabaab ausländische Kämpfer in ihren Reihen hat.« Auf einige Hundert schätzt Kay die Zahl der ausländischen Dschihadisten bei der Shabaab. Sie sind bei ausländischen Geheimdiensten und Terrorbekämpfern besonders gefürchtet, weil sie durch das übliche Fahndungsraster fallen. Untersuchungen nach Ende des Dramas haben allerdings keine Beweise für eine ausländische Beteiligung erbracht. Die identifizierten Täter sind Somalis, einer von ihnen soll in Norwegen geboren sein. Nicht wenige vermuten, dass an der Vorbereitung des Anschlags auch eine kenianische Terrorgruppe namens al-Hijra beteiligt war. Al-Hijra, auch bekannt unter dem Namen »Muslimisches Jugendzentrum«, gilt als enger und aufstrebender Verbündeter der Shabaab.

Mit dem Anschlag hat »Abu Zubeir« Godane jedenfalls seine Gegner auf brutale Weise daran erinnert, dass die Shabaab trotz ihrer internen Streitigkeiten nicht zu unterschätzen ist. Sie hat längst Unterstützer in der ganzen Region: solche, die an den islamistischen Kampf der Shabaab glauben, und solche, die von den Geschäften im Schatten profitieren. Es ist diese Mischung, die den Kampf der Shabaab und der anderen Terrorgruppen in Afrika so gefährlich macht.

2
Kampf um Somalias Schattenwirtschaft
Wie sich Terrorismus und organisierte Kriminalität verbinden

Somalia wirkt nicht wie ein Ort, an dem gute Geschäfte zu machen sind. Verlässliche Daten über das Land am Horn von Afrika sind rar. Nach mehr als 20 Jahren ohne Zentralregierung fällt es Präsident Hassan Sheikh Mohamud, der am 10. September 2012 vom somalischen Parlament gewählt wurde, und seiner Regierungsmannschaft schwer, die staatlichen Institutionen wieder in Gang zu bringen. Die Wirtschaftsleistung Somalias einzuschätzen ist daher kompliziert. Ein verfügbarer Indikator ist der Haushalt der somalischen Regierung: Ende 2012 verabschiedete das Parlament in Mogadischu ein Budget, das für das folgende Jahr Ausgaben von rund 150 Millionen US-Dollar vorsah. Ursprünglich waren nur 109 Millionen US-Dollar eingeplant, doch das Parlament verweigerte die Zustimmung, bis weitere 31 Millionen US-Dollar für soziale Zwecke und 11 Millionen für Sicherheit eingestellt wurden. 150 Millionen US-Dollar oder 109 Millionen Euro – das ist in etwa der Etat der vorpommerschen Hansestadt Greifswald für 2013. Greifswald hat etwa 56 000 Einwohner (Somalia mehr als sieben Millionen) und führt keinen Bürgerkrieg. Auch sind Ämter, Polizeiwachen, Straßen, Krankenhäuser und andere Institutionen – anders als in Somalia – vorhanden und werden teilweise aus anderen Mitteln des Landes und des Bunds bezahlt.

Noch erschreckender ist es, dass Mitte 2013 von den veranschlagten 111 Millionen Dollar Einnahmen nicht einmal die Hälfte, nämlich 43,5 Millionen (31 Millionen Euro), auf somalischen Staatskonten verbucht war. 38 Millionen Dollar davon waren Staatseinnahmen, fast 30 Millionen davon Steuern – die mit Abstand meisten davon werden auf Handelsgüter am Hafen und am internationalen Flughafen erhoben. Erstaunlich ist das, weil Somalia neben so vielen anderen Institutionen seit 1991 auch kein funktionierendes

Finanzamt mehr hatte. Von der budgetierten Entwicklungshilfe aus dem Ausland (57 Millionen US-Dollar) hingegen war bis Ende Juni 2013 nicht einmal ein Zehntel eingegangen. Weil Somalia international nicht kreditwürdig ist, führt das unmittelbar dazu, dass der Staat seine Ausgaben stoppt – etwa die Gehälter für Polizei und Militär oder die unter permanenter Lebensgefahr arbeitenden Staatsbediensteten nicht mehr ausbezahlt. Betroffen sind auch die Überweisungen in die Regionen. Der Präsident des teilautonomen Puntland etwa, Abdirahman Farole, drohte im Mai 2013 wegen der ausbleibenden Zahlungen aus Mogadischu bereits mit einem Bürgerkrieg. Farole vermutete, Präsident Mohamud wolle seine Regierung im Norden Somalias ausbluten lassen (s. Kapitel 13).

Die Ökonomie des Terrors

In einer Volkswirtschaft, die im Jahr knapp 50 Millionen US-Dollar Steuern erwirtschaftet (so die Prognose für den Haushalt 2013), ist scheinbar nicht viel zu holen. Doch jenseits des offiziellen Haushalts und der legalen Ökonomie, in der das meiste Geld mit dem Export von Kamelen und Weihrauch gemacht wird, existiert eine Parallelwirtschaft, eine Schattenökonomie, die die Konflikte in Somalia am Laufen hält und um die es sich zu kämpfen lohnt. Die italienische Wirtschaftswissenschaftlerin Loretta Napoleoni spricht von »Schattenstaaten«, in denen die Führung eine Ökonomie und die dazugehörige Infrastruktur nur mit dem Zweck schafft, weiter kämpfen zu können. Eine Teilhabe der Bevölkerung gibt es nicht. Eine kleine politische wie militärische Elite gibt die Richtung vor und hält den Konflikt am Laufen, durch den andernfalls arbeitslose Männer bezahlte Beschäftigung finden. Dieser Schattenstaat finanziert sich durch eine Mischung aus legalen und illegalen Geschäften; hier ergänzen sich Terror und Kriminalität. Somalia ist lange Zeit ein Beispiel für einen solchen Staat gewesen, gerade unter der Herrschaft der Shabaab. Heute kämpft die Bewegung für eine Rückkehr zu diesem Zustand des maximalen Profits.

Napoleonis Studien geben einen Einblick in das, was die Shabaab und andere afrikanische Terrorgruppen ticken lässt. Sie selbst hat eine erstaunliche Karriere hinter sich. Weil sich eine Schulfreundin den Roten Brigaden anschließt – der linksterroristischen Guerilla, die Italien in den 1970er und 1980er Jahren in Atem hält – bekommt Napoleoni nach Inhaftierung der Anführer die Chance, mit ihnen zu sprechen. Als eine der Ersten tritt sie in Kontakt mit Mitgliedern einer Terrorgruppe, die das Schweigen so sehr zum Prinzip erhoben hatten, dass sie sich während der Gerichtsprozesse sogar weigerten, mit ihren Anwälten zu sprechen. Das, was sie hört, fasziniert die Wirtschaftswissenschaftlerin Napoleoni so sehr, dass sie ihr eigenes Unternehmen verkauft, um sich dem Studium des Terrors zu widmen.

Seitdem reist sie um die Welt, um ihre Erkenntnisse publik zu machen. Ihr Auftritt bei einer Veranstaltung an der Universität von Oxford etwa hat mich gleich mehrfach fasziniert – zum einen wegen ihrer scheinbar unbekümmerten Art, die Welt aus einem ganz anderen Blickwinkel zu betrachten, zum anderen wegen dem, was sie inhaltlich zum »komplexen Wirtschaftssystem des Terrors«, so die Überschrift ihres Vortrags, zu sagen hatte. Dabei berichtete Napoleoni zunächst davon, was sie bei den Gesprächen mit den Brigade-Terroristen besonders überraschte: »Ich fand heraus, dass das Leben der Terroristen nicht bestimmt war durch Politik oder Ideologie, sondern durch wirtschaftliche Zwänge – sie waren ständig knapp bei Kasse und suchten nach Geld. Denn anders als die meisten Menschen glauben, ist Terrorismus ein teures Geschäft.« Napoleoni fand heraus, dass der Umsatz der Roten Brigaden in den 1970er Jahren rund sieben Millionen US-Dollar betrug – übersetzt auf die heutige Kaufkraft entspricht das 100 bis 150 Millionen Dollar. »Wenn Sie im Untergrund leben, ist es sehr schwer, diese Summen zu bekommen«, betont Napoleoni. Schließlich wurden Geldflüsse auch damals schon verfolgt. »Wenn ich mit Terroristen sprach, waren sie alle sehr zurückhaltend, wenn es um Politik oder Ideologie ging«, sagt Napoleoni. »Sie hatten einfach keine Ahnung davon. Die politische Vision wird von einer kleinen Gruppe an der Spitze der Terrorgruppe bestimmt, einer Handvoll Leute. Alle anderen machen den ganzen Tag nichts anderes, als Geld zu suchen.« Einmal interviewte Napoleoni ein Mitglied der Roten Brigaden, das jeden Sommer mit seinem Segelboot russische Waffen vom Libanon nach Sardinien schmuggelte. Einen Teil der Waffen holten dort andere europäische Terrorgruppen ab. Die Roten Brigaden wurden dafür in bar ausgezahlt. Das Geld nutzte die Terrorgruppe, um eigene Rechnungen zu begleichen.

»Als ich Mario Moretti, den Chef der Roten Brigaden, traf, da wurde mir klar, dass Terrorismus ein Business ist. Ich hatte Lunch mit ihm in einem Hochsicherheitsgefängnis in Italien. Doch während wir aßen und sprachen, hatte ich das Gefühl, ich wäre zurück in der Londoner City und spräche mit Bankern oder einem Ökonomen. Dieser Mann dachte genau wie ich.«

Die Erforschung der Ökonomie des Terrors lässt sie spätestens seit diesem Moment nicht mehr los. »Was ich bei meinen Recherchen herausfand, ist, dass es eine Parallelwelt, ein weiteres internationales Wirtschaftssystem gibt, das parallel zu unserem eigenen existiert und seit dem Zweiten Weltkrieg von bewaffneten Organisationen geschaffen wurde.« Dieses System hat sich nach Napoleonis Überzeugung gemeinsam mit dem kapitalistischen System weiterentwickelt: »Die drei großen Etappen: erstens die staatliche Terrorfinanzierung, zweitens die Privatisierung und drittens die Globalisierung des Terrorismus.«

Die staatliche Terrorfinanzierung boomte vor allem im Kalten Krieg. »Da bediente man sich einer Mischung aus legalen und illegalen Methoden, die Verbindung zwischen Terror und Kriminalität war von Anfang an vorhanden.« Als Beispiel zitiert Napoleoni die gegen die Sandinisten kämpfenden Contras in Nicaragua. »Eine Bewegung, geschaffen von der CIA, erst legal finanziert vom US-Kongress und später illegal finanziert durch die Reagan-Regierung« – etwa durch Einnahmen aus illegalen Waffenverkäufen an den Iran, die an die Contras weitergeleitet wurden.

Zu Beginn der 1980er Jahre hätten manche Terrorgruppen es dann geschafft, sich zu privatisieren, also selbst zu finanzieren, so dass sie unabhängig von Beschützerstaaten und Geldgebern wurden. »Da sehen wir auch eine Mischung von legalen und illegalen Aktivitäten«, erklärt Napoleoni. »Arafat etwa, der für die PLO Prozente aus dem Haschischschmuggel aus dem Bekaa-Tal zwischen Libanon und Syrien kassierte, oder die IRA, die im gesamten Transportsektor in Nordirland Schutzgelder abpresste: Wer in Belfast Taxi fuhr, unterstützte die IRA, ohne es zu wissen.«

Den größten Wandel beobachtet Napoleoni aber mit dem Start von Globalisierung und Deregulierung, als militante Organisationen sich ebenso wie die legale Wirtschaft untereinander vernetzt hätten und – noch wichtiger – ernsthafte Geschäftsbeziehungen mit dem organisierten Verbrechen eingegangen seien. »Zusammen wuschen sie ihr Schwarzgeld durch die gleichen Kanäle. Das ist die Geburtsstunde etwa von al-Qaida, einer Organisation, die Geld über Grenzen hinweg aufbringen kann und auch Angriffe über Grenzen hinweg verübt. Bis zum Terroranschlag vom 11. September 2001 seien die entsprechenden Schwarzgelder vor allem in den USA gewaschen worden. Das über Offshore-Firmen eingeschleuste Schwarzgeld habe damals die US-Wirtschaft belebt. »Ich habe kalkuliert, wie groß dieses internationale Wirtschaftssystem aus Kriminalität, Terror und illegalen Wirtschaftsaktivitäten bis 9/11 war: Jährlich ging es um 1,5 Trillionen Dollar, das ist dreimal so viel wie die jährliche Wirtschaftsleistung Großbritanniens.«

Mit Verabschiedung des »Patriot Act« in den USA 2001 hat sich Napoleonis Beobachtungen zufolge der Ort der Geldwäsche nach Europa verschoben. Der Patriot Act stoppte unter anderem die zur Geldwäsche so gut geeigneten Geschäfte mit Offshore-Unternehmen, zudem werden seitdem weltweit alle Transaktionen in US-Dollar zentral erfasst. »Die Investitionen von Banken und ihren vermögenden Kunden verlagerten sich auf den Euro, wo es keine vergleichbare Überwachung gibt – und das Gleiche passierte in der Welt von Kriminalität und Terror, innerhalb von nur sechs Monaten.« Von diesen globalisierten Geldströmen in der Schattenwelt der Terrororganisationen wird später noch die Rede sein.

Schwarzes Gold – der Export von Holzkohle

Auch wenn Staaten den Terror der Shabaab in geringem Maße mitfinanzieren und ein Netzwerk wie al-Qaida die Gruppe ebenfalls unterstützt, so muss die Führung der Shabaab das meiste Geld aber selbst aufbringen – wie praktisch alle Terrorgruppen, die in Afrika aktiv sind. Neben größerer Unabhängigkeit hat die Eigenfinanzierung auch den Vorteil, dass das erwirtschaftete Geld sofort vorliegt und weder gewaschen noch eingeschmuggelt werden muss.

Die vom UN-Sicherheitsrat eingesetzte Beobachtergruppe für Somalia und Eritrea beziffert das von der Shabaab jährlich generierte Einkommen auf 70 bis 100 Millionen US-Dollar, »konservativ geschätzt«, wie der Vorsitzende der Gruppe betont. Tatsächlich könnte es sich um eine weitaus höhere Summe handeln. Eine der wichtigsten Einkommensquellen der Shabaab ist Schmuggel und seine Besteuerung.

Als die kenianische Armee im Oktober 2012 Kismayo einnimmt, fallen den Soldaten sofort die Plastiksäcke auf, die am Rand der somalischen Hafenstadt zu meterhohen Bergen aufgetürmt sind. In jedem einzelnen Sack befindet sich Holzkohle – das Gold der Armen, wie es in Afrika auch genannt wird. Nach Missernten und in schlechten Zeiten stehen überall auf dem Kontinent solche Säcke mit den verkohlten Überresten der örtlichen Vegetation am Straßenrand. In der dichten Vegetation entlang der wenigen Flüsse und in der trockenen Dornbuschsavanne Somalias hacken Bauern auch kleine Bäume und Büsche nieder, um sie in improvisierten Meilern aus Erde und Ton unter Ausschluss von Sauerstoff zu Holzkohle zu verschwelen. Was übrig bleibt, wird lastwagenweise nach Kismayo und in andere somalische Häfen gefahren.

Das Geschäft ist nicht neu: Mit dem Verkauf kleiner Mengen Holzkohle haben Bauern schon immer ihr Aufkommen aufgebessert. Die Nachfrage ist groß, vor allem in den Golfstaaten, wo es selbst an Somalias spärlicher Vegetation mangelt. Doch al-Shabaab machte aus dem Nebeneinkommen ein groß angelegtes, international koordiniertes Geschäft: In Kismayo und den kleineren Häfen von Barawe und Merka werden Handelsschiffe mit so viel Holzkohle beladen, dass die UN die Einnahmen der Shabaab alleine durch die Hafensteuer auf 15 Millionen US-Dollar jährlich schätzt. Al-Shabaab kassiert zudem Steuern von den Holzkohlehändlern, Wegegeld von den Fuhrunternehmen und ist an mehreren Unternehmen direkt beteiligt. Welchen Umfang das Geschäft mit der Holzkohle angenommen hat, zeigen die geschätzten fünf Millionen Säcke, die Kenias Soldaten bei ihrem Einmarsch in Kismayo vorfanden. Ihr vermutlicher Wert: 40 Millionen US-Dollar. »Die Wirtschaft dieser Stadt besteht zu 90 Prozent aus Holzkohle«, sagt Sheikh Achmed Madobe, dessen Raskamboni-Miliz einst die Shabaab unterstützte. Inzwischen hat sie in der Vorfront zu Kenias Armee al-Shabaab aus Kismayo vertrieben.

Der Handel mit Holzkohle ist nach somalischem Recht ebenso untersagt wie nach Maßgabe der islamischen Gerichtshöfe, die zur Shabaab gehören. Außerdem hat der UN-Sicherheitsrat ein Handelsverbot für somalische Holzkohle erlassen. Doch die riesigen Vorräte, die nach der Vertreibung der Shabaab in Kismayo lagern, bereiten den neuen Herren der Stadt Kopfschmerzen. »Wenn wir das Holzkohleproblem nicht lösen, dann wird uns das Schwierigkeiten bereiten«, prophezeit schon kurz nach der Machtübernahme ein kenianischer Offizier. Alle Beteiligten glauben, dass al-Shabaab von einem möglichen Abverkauf profitieren wird. Denn die Händler arbeiten seit Jahren mit der Bewegung zusammen und sind auch für die Zukunft auf ein gutes Verhältnis mit ihr angewiesen. Schließlich sind die Landstriche außerhalb Kismayos, in denen die Holzkohle hergestellt wird, nach wie vor unter ihrer Kontrolle. »Wir haben 21 Jahre lang Krieg gehabt, und niemand hat uns geholfen«, verteidigt sich ein Geschäftsmann, der Abdul Mohammed genannt werden will. »Das Einzige, was wir zum Überleben hatten, war die Holzkohle – wenn dieser Handel nicht wieder aufgenommen wird, wird jeder hier darunter leiden, von der Spitze bis zum Bodensatz der Gesellschaft.« Mohammed und gut 20 weitere Holzkohlehändler erzwangen nach ein paar Wochen ein Treffen mit Madobe, der seine Macht in Kismayo festigen will. »Die Holzkohle kann nicht zurück zu Bäumen gemacht werden«, sagt der Warlord danach. »Deshalb muss das Embargo aufgehoben werden, der Handel mit Holzkohle muss wieder möglich sein.«

Der süße Schmuggel – die illegale Einfuhr von Zucker

Der ausbleibende Holzkohlehandel betrifft direkt einen weiteren millionenschweren Geschäftszweig, von dem die lokalen Geschäftsleute und die Shabaab gleichermaßen profitieren: den Zuckerschmuggel. Zucker ist in Kenia das Grundnahrungsmittel der Ärmsten. Wer sich nur einmal am Tag ein karges Mahl aus dem »Ugali« genannten Maisbrei leisten kann – und das sind viele – der ist am Morgen auf einen besonders süßen »Chai« angewiesen, ein schwarzer Tee, der in Milch und Wasser aufgekocht und mit so viel Zucker wie irgend möglich versehen wird. Auf 800 000 Tonnen Zucker wird der jährliche Verbrauch in Kenia geschätzt, das sind 20 kg pro Kopf, Säuglinge und Greise mitgerechnet. Zum Vergleich: Der Verbrauch von direkt aufgenommenem Zucker liegt in Deutschland bei sechs kg jährlich (der Gesamtverbrauch über Lebensmittel allerdings bei 36 kg). Produziert wird in Kenia knapp mehr als die Hälfte des benötigten Zuckers. Missernten, Korruption und Kartelle verhindern, dass sich die Ernte erhöht. Immer wieder sorgen »sugar shortages« – Zuckerknappheiten – für Schlagzeilen. Hohe Schutzzölle machen es Importeuren selbst in solchen Zeiten fast unmöglich, legal Zucker einzuführen.

Diese Situation nutzt al-Shabaab für sich aus. Zollbeamte sprechen davon, dass der Schmuggel von Zucker bis zu 200 000 Euro täglich wert ist. Wer von Garissa, der größten Stadt im Nordosten Kenias, in Richtung Somalia fährt, ist auf der Hauptroute der Schmuggler unterwegs. Hier findet sich Zucker »made in Dubai« bei jedem Straßenhändler – zwei Kilo kosten weniger als die Hälfte dessen, was ein Supermarkt in Nairobi verlangt. Allein durch die Grenzstadt Wajir fahren täglich 30 Laster, berichten Bewohner. Der ehemalige Provinzgouverneur Kimeu Maingi kennt die Vorwürfe der örtlichen Händler: »Wir prüfen Berichte über Korruption an der Grenze.« Die meisten Lieferungen kommen indes gar nicht über einen der wenigen offiziellen Grenzposten, sondern über die fast 700 Kilometer lange, weitgehend unkontrollierte grüne Grenze zwischen Kenia und Somalia – mit Dhows, den kleinen Segelbooten der Händler, mit Lastwagen oder Eselkarren. Angelandet werden die Zuckerpakete aus Dubai in Kismayo. Wenn der Zucker abgeladen ist, werden dieselben Boote mit Holzkohle beladen. Es ist ein gut funktionierender Kreislauf, der al-Shabaab alleine in Kismayo mehrere Millionen US-Dollar jährlich einbringt.

»Die Einnahmen aus dem Handel mit Zucker gehen direkt in die Koffer der militanten Gruppen in Somalia, vor allem der Shabaab«, warnt auch Garissas Bürgermeister Mohammed Maalim. »Mit den Erlösen aus dem Zuckergeschäft finanzieren sie ihre Gewaltaktionen.« Maalim hat die Händler in Garissa, dem staubigen Städtchen im Nordosten Kenias, davor gewarnt, weiterhin Zucker ins Land zu schmuggeln. Doch viele haben keine Alternative. Dass Kenia im Westen des Landes eigene Zuckerwerke hat, weiß auch Ali Mohammed Hassan, einer der Händler. Doch das bringt ihm nichts. »Ich habe keinen Grund, meine somalischen Geschäftspartner irgendwelcher Verbindungen zu Terrorgruppen zu verdächtigen«, sagt er. Was er unausgesprochen lässt: Selbst wenn er einen Grund hätte – das Geschäft geht vor. Garissa boomt, überall werden neue Hotels errichtet, der Markt ist gut gefüllt, ebenso die Teehäuser. Alkohol hingegen gibt es nur in den wenigen Hotels, in denen Mitarbeiter internationaler Hilfsorganisationen absteigen, die sich um die hungernden Bewohner der Region kümmern. Kenias Nordosten ist der ärmste Teil des Landes. Die Mehrheit der Bevölkerung hier sind ethnische Somalis, von denen viele Clanverwandtschaft jenseits der Grenze haben. Die ist zwar offiziell geschlossen, doch den Grenzverkehr beeinträchtigt das nicht. So sorgen Somalis aus Kenia und Somalia gemeinsam dafür, dass Garissa kräftig wächst – vor allem jetzt, wo mit Achmed Madobe in Kismayo ein Vertreter des Ogaden-Subclans die Macht übernommen hat, der auch in Garissa die Mehrheit stellt. Selbst die Mehrheit der 4000 Soldaten, die für Kenias Armee in Somalia stationiert sind, gehört zu diesem Subclan. Nach somalischem Verständnis ist das eine der engsten möglichen Bande überhaupt und ein wichtiges Instrument fürs Geschäft. Ob al-Shabaab mitprofitiert, ist aus dieser Perspektive absolut zweitrangig.

Das weiß auch Garissas Bürgermeister Mohammed Maalim, der das Geschäft mit über Somalia geschmuggeltem Zucker auf 1,2 Milliarden US-Dollar jährlich schätzt. Bei einem Treffen mit Händlern hat er dazu aufgerufen, die geschmuggelten Zuckersäcke zumindest gut zu untersuchen. »Viele von euch bringen, ohne es zu wissen, Sprengstoff und Waffen ins Land, die dann für Anschläge auch in Garissa genutzt werden.« Maalim glaubt, dass nur eine kleine Zahl der Händler bewusst einen Pakt mit der Shabaab eingegangen ist. »Der weitaus größere Teil weiß nicht, mit wem er da Handel treibt, will es aber auch gar nicht so genau wissen.« Kenias Polizei vermutet, dass beim Westgate-Massaker genutzte Waffen und Munition über Garissa eingeschmuggelt wurden. Genau weiß das keiner – zu schlecht sind die Grenzkontrollen und die Sicherheitslage in der abgelegenen Region. Der kenianische Staat und die Hauptstadt Nairobi sind mehrere Tagesreisen entfernt. Die Polizei hat einen schlechten Ruf, seit sie zuletzt willkürlich Moscheen sowie Häuser und Läden von ethnischen Somalis in Garissa stürmte, plünderte und einige Bewohner erschoss. Niemand erwartet Schutz von den Behörden. »Lieber als mit Kenias Armee mache ich einen Deal mit der Shabaab, da weiß ich wenigstens, woran ich bin«, sagt ein weißbärtiger Händler. So wie er denken viele.

Und so ist es keine große Überraschung, dass im Herbst 2013 – ein Jahr nach der Vertreibung der Shabaab aus Kismayo – das Doppelgeschäft mit Holzkohle und Zucker wieder auf Hochtouren läuft. Der Umsatz der Shabaab ist nach Berechnungen von UN-Experten sogar gewachsen. Gegen den Willen der Zentralregierung in Mogadischu hat Achmed Madobe den Export von Holzkohle rasch wieder zugelassen, zur Freude auch der kenianischen Armee, die sich ihren Teil vom großen Kuchen abschneidet. »Die Architektur des Holzkohlegeschäfts ist dabei intakt geblieben«, schreibt die UN-Beobachtergruppe in ihrem Bericht vom Juli 2013. Lokale Claninteressen wie auch die Interessen der Shabaab, die unverändert alle Schritte von der Holzkohlegewinnung bis zum Export besteuert, seien gewahrt geblieben. Doch weil jetzt mehr Parteien am illegalen Geschäft teilhaben wollen, steigt der Export von Holzkohle. Nicht nur von Kismayo, auch aus der nach wie vor von der Shabaab kontrollierten Hafenstadt Barawe wird nun Holzkohle verschifft. »Die Lastwagen verkehren ungehindert zwischen den Hafenstädten«, so die UN-Experten. Madobes offiziell regierungstreue Raskamboni-Miliz hat offenbar einen Waffenstillstand mit der Shabaab geschlossen, wenn es um das lukrative Holzkohlegeschäft geht. »Die Shabaab profitiert vom dramatischen Anstieg des Holzkohlehandels«, heißt es im UN-Bericht weiter. »Die Shabaab-Anteile am Handel in Kismayo gemeinsam mit den Exporterlösen aus Barawe und der Besteuerung des Lastwagenverkehrs aus den Shabaab-kontrollierten Herkunftsregionen der Holzkohle übersteigen aller Wahrscheinlichkeit nach die bisherigen Erlöse aus dem Holzkohlegeschäft in Kismayo von geschätzt 25 Millionen US-Dollar pro Jahr.«

Steuern für den Terror

Es gibt noch andere Einkommensquellen der Terroristen. Al-Shabaab verdient Millionen mit der Besteuerung der eigenen Bevölkerung, wozu auch das Abpressen von Schutzgeldern gehört. Ähnliches gilt für viele Terrorgruppen. Erstaunlich ist, wie ausgeklügelt und umfassend das Steuersystem der Shabaab aufgebaut ist. Bewaffnete Kommandos treiben Steuerschulden umgehend ein. Wichtiger Teil des Erfolgs ist detailliertes Wissen: Die Shabaab beschafft sich über ihr Unterstützernetz genaueste Informationen – über Telefonbetreiber, Geschäftsleute, Verkäufer, Geldhändlern und selbst Kleinbauern. Wenn die Shabaab mehrmals jährlich Steuern eintreibt, weiß sie genau, was sie fordern kann, ohne die Geschröpften geschäftlich zu ersticken. So hält es auch die Cosa Nostra. Selbst die Ärmsten müssen ihre Steuern an die Shabaab aufbringen, um brutalen Strafen oder gar dem Tod zu entgehen. Die UN-Beobachter listen in ihrem Bericht mindestens sechs Arten von Steuern auf: »a. eine Konsumentensteuer, die auf alle in Geschäften erworbenen Waren erhoben wird; b. Unternehmenssteuern, die abhängig sind von Größe und Umsatz; c. Abgaben in Naturalien, in Form von Tausenden Tonnen Mais, Sesam, von Vieh oder anderen Produkten, mit denen Bauern und Nomaden handeln; d. eine Grundsteuer von 10 US-Dollar pro 40 Ar (ein Acre) landwirtschaftlicher Nutzfläche; e. eine Abgabe von 2,5 Prozent auf die jährlichen Geschäftsgewinne, die als Zakat bezeichnet wird, die im Koran verankerte Almosensteuer; f. individuelle ›Beiträge zum heiligen Krieg‹ als zusätzliche Abgabe etwa für Militäroperationen«. Die Einnahmen aus diesen Steuern lassen sich schwer beziffern, doch es handelt sich zweifellos um Millionenbeträge.

Nach Ansicht der UN-Experten tritt der Zweck, dem die vorgeblich islamistische Terrorgruppe wirklich dient, immer mehr zutage: »Die Shabaab entwickelt sich von einer bewaffneten Gruppe zu einem lukrativen Konsortium von Geschäftsinteressen, in Somalia wie im Ausland, dessen Mitglieder von Schmuggelkartellen, Steuerbefreiungen und gegenseitiger Förderung profitieren.« In anderen Worten: Während die somalische Bevölkerung finanziell bluten und dazu noch die Folgen des andauernden Bürgerkriegs ertragen muss, stößt sich eine kleine Führungselite in der Shabaab an den

Profiten gesund. Den Massen spiegelt diese Elite den Kampf für einen islamischen Heilsstaat vor, an den sie selbst nicht zu glauben scheint. Mit ihren Predigten legitimiert die Führung jenen Terror, der Grundlage des geschäftlichen Erfolgs ist. Ein scheinheiliges Geschäftsmodell, das Millionen generiert.

Einträgliche Wilderei

Was immer Geld abwirft, ist in dieser Schattenwelt erlaubt. Und so überrascht es nicht, dass al-Shabaab tief in die Jagd auf Elefanten und den illegalen Schmuggel von Elfenbein verstrickt ist. Das Gleiche gilt für die Verfolgung von Nashörnern. »Wilderei und der Handel mit Nashornhörnern sind Teil der internationalen Kriminalität – das sind mafiöse Gruppen, die ausnutzen, dass ein Nashornhorn heute pro Gramm mehr wert ist als Gold«, weiß Simon Stuart, der Vorsitzende der Artenkommission bei der Internationalen Naturschutzunion, IUCN. 2400 Nashörner sind nach Berechnungen der IUCN alleine in den vergangenen sieben Jahren von Wilderern getötet worden. Zwischen 2011 und 2012 ist die Zahl der getöteten Nashörner laut IUCN gleich um 43 Prozent gestiegen. Bei Elefanten sieht die Lage kaum besser aus: In Kenia wird rechnerisch mehr als ein Elefant pro Tag abgeschlachtet, in ganz Afrika sind es nahezu 100. Viele der kenianischen Nationalparks, durch die die Elefantenherden wandern, reichen weit in den Norden des Landes und sind von Somalia aus leichter zu erreichen als von Kenias Ballungsräumen.

Der Tsavo-Nationalpark etwa erstreckt sich zwischen dem kenianischen Hochland und den Stränden des Indischen Ozeans über mehr als 20 000 Quadratkilometer. Der Park von der Größe Hessens besteht vor allem aus Trockensavanne. Obwohl einer von Kenias größten Flüssen, der Galana, durch den Park fließt, kommt es wegen der großen Trockenheit immer wieder zu Savannenbränden, die kilometerweit schwarze Erde hinterlassen. Diese ist so fruchtbar, dass nach den ersten Regenfällen überall frisches Grün blüht. Meistens aber dominieren rote Erde und ihr Staub. Tsavo ist riesig, und die Elefanten leben weit verstreut. Ihre Herden ziehen durch Regionen, die die Ranger des Kenya Wildlife Service (KWS) nur selten befahren, von Touristen ganz zu schweigen. Tsavo bedeutet »Schlachtplatz« in der Sprache der Kamba, die hier heimisch sind; der Name soll an die erbarmungslosen Angriffe der Massai Anfang des 20. Jahrhunderts erinnern, bei denen den Kamba ihr Vieh gestohlen wurde. Zum Schlachtplatz wurde Tsavo auch in den 1980er Jahren, als »Shifta« genannte Banditen aus Somalia mit Maschinengewehren massenweise Elefanten töteten, um das Elfenbein zu verkaufen. Ende der 1980er Jahre waren von Kenias einmal gezählten 165 000 Elefanten noch 16 000 am Leben. Von den ursprünglich 35 000 Elefanten in Tsavo hatten Anfang der 1990er Jahre, als endlich ein weltweites Verbot des Handels mit Elfenbein beschlossen wurde, 4000 überlebt. Inzwischen sind es wieder doppelt so viele. Doch die Zahl der getöteten Elefanten steigt in den letzten Jahren wieder stark an. Oft sind es die Shifta von einst, die jetzt ihren neuen Herren von der Shabaab dienen.

Zum Auftakt ihrer Kampagne gegen Elefantenwilderei warnte die ehemalige US-Außenministerin Hillary Clinton im September 2013 vor neuen Allianzen, die sich gerade in Ostafrika abzeichnen: Triaden und andere Gruppen organisierter Kriminalität in Asien verfolgen ihre Interessen inzwischen gemeinsam mit Terrorgruppen wie der somalischen Shabaab. »Für den Verkauf illegaler Wildtierprodukte nutzen beide gemeinsam die gleichen globalisierten kriminellen Netzwerke, die für den Handel mit Drogen, Waffen und Flüchtlingen genutzt werden, und vergrößern zusammen die unregierten Zonen«, erklärte Clinton vor Journalisten. »Der illegale Elfenbeinhandel ist mafiös organisiert«, sagt auch Stefan Ziegler vom WWF (World Wide Fund for Nature). »In einigen Regionen ziehen gut ausgerüstete Banden mit Schnellfeuerwaffen und Walkie-Talkies für einige Tage durch die Schutzgebiete, laden die Beute auf einen Pick-up und flüchten.« Oft handelt es sich Ziegler zufolge um Auftragsarbeiten im Dienste von Kartellen, die das Elfenbein in Schiffscontainern mit doppelten Böden nach Asien schmuggeln. Die mit Abstand meisten Käufer sitzen in Japan und China, wo Elfenbeinschnitzereien begehrt sind und Elfenbeinpulver traditionellen Medikamenten und Kosmetika beigemischt wird. Bis zu 400 Tonnen Elfenbein, die Stoßzähne von 10 000 Elefanten, werden Schätzungen zufolge jährlich auf dem Schwarzmarkt gehandelt. Asien ist der Hauptmarkt für Elfenbein und auch für Nashornhörner. Die Nachfrage ist so groß wie nie zuvor. »Die Nashornwilderei ist auf Rekordniveau, der illegale Handel mit Elfenbein [...] hat besorgniserregende Ausmaße angenommen, und auch immer mehr andere Arten stehen kurz vor dem Aussterben«, warnt IUCN-Generaldirektorin Julia Marton-Lefèvre.

Ähnlich wie Tsavo wurde auch der im Norden Kenias gelegene Meru-Nationalpark in den 1980er Jahren von den Shifta heimgesucht. Jahrelang war der Park geschlossen: erst aus Angst, Urlauber könnten zwischen die Fronten geraten. Dann aus Not, denn nach den brutalen Massenmorden an den Elefanten gab es im Park nicht mehr viel zu sehen. Seit einigen Jahren gilt Meru wieder als Geheimtipp, öffnen Lodges, gibt es für die Bewohner der Region mit dem Tourismus wieder Geld zu verdienen. Ausgerechnet jetzt aber stoßen Wildhüter wieder häufiger auf Wilderer. »Wenn unsere Patrouillen Schüsse hören, machen sie sich sofort auf die Suche nach dem Tatort«, berichtet Samuel Tokore, der eine der Operationen des Kenya Wildlife Service in Meru leitet. Oft genug kommen die Ranger in dem unwegsamen und weiten Gelände zu spät, manchmal treffen sie auf ihre Gegner. »Wir stießen auf eine Gruppe, die noch dabei war, mit einer Machete die Stoßzähne aus einem jungen Elefantenbullen zu hacken«, berichtet Tokore. Die Wildhüter eröffneten sofort das Feuer, im Kugelhagel wurde einer der Wilderer getötet. »Wenn wir Wilderer finden, dann gehen wir kein Risiko ein«, so Tokore. Für ihn und seine Kollegen wird der Kampf gegen Wilderer immer gefährlicher. Bis zum Herbst 2013 kamen im laufenden Jahr 13 kenianische Wildhüter beim Kampf mit Wilderern ums Leben.

Eine halbe Million US-Dollar veranschlagt der Kenya Wildlife Service jeden Monat für die Bemühungen, den mafiösen Netzwerken aus Jägern und Händlern das Handwerk zu legen. Ranger sind ständig auf Patrouille, alle Parks werden inzwischen mit Kleinflugzeugen aus der Luft überwacht. Die wichtigste Waffe, um illegale Ausfuhren zu stoppen, sind aber die Elfenbein-Spürhunde, die in Nairobi ausgebildet werden. Ihnen entgeht wenig. Sogar eine in Särgen versteckte Ladung fanden sie: Stoßzähne von 13 Elefanten und mehrere Nashornhörner. Im Juli 2013 entdeckten kenianische Sicherheitskräfte im Hafen von Mombasa Elfenbein im Wert von mehr als drei Millionen Euro. Das Elfenbein – fast 1,3 Tonnen Rohware und 194 Kilo bearbeitete Stücke – hatten Schmuggler in einem Schiffscontainer mit Trockenfisch versteckt, erklärte der zuständige Zollkommissar John Changole. Der Fischgeruch habe die Spürhunde ablenken sollen. »Der illegale Handel mit Elfenbein hat stark zugenommen, deshalb suchen die Schmuggler nach neuen Methoden«, so Changole. Der Container befand sich auf dem Weg von Uganda nach Malaysia. Den Zollbehörden war aufgefallen, dass er von der vorgesehenen Route abgewichen war. Nur deshalb kontrollierten sie die Fracht. Drei Monate später ging den Fahndern in Mombasa sogar ein noch größerer Fang ins Netz: fast vier Tonnen Elfenbein, versteckt in zwei Containern unter Sesamsamen und Erdnüssen.

Doch solche Funde sind nur kleine Ausschnitte aus dem Gesamtgeschäft, warnen Naturschützer – auch weil Ostafrikas Häfen, allen voran Mombasa und der tansanische Hafen Daressalam, als hochgradig korrupt gelten. Wie viel Geld genau im Geschäft mit Elfenbein steckt, lässt sich schwer beziffern. Die UN schätzen den Gesamtwert des globalen Elfenbeinhandels auf sieben Milliarden Euro jährlich. Der Preis schwankt, seit Jahren weist die Tendenz aber nach oben. Trotz aller Bemühungen glaubt Paul Mbugua, Sprecher des Kenya Wildlife Service, nicht, dass seine Ranger den Wilderern Einhalt gebieten können. »Solange die Nachfrage bestehen bleibt, so lange wird gewildert.« Der Stoßzahn eines ausgewachsenen Elefantenbullen kann fünf Kilo wiegen. Ein Wilderer macht damit ein paar Hundert, die Shabaab Tausende oder Zehntausende Euro. Ein einziges Nashornhorn kann mehr als 300 000 Euro einbringen. Für eine Terrorgruppe wie die Shabaab ist das vergleichsweise leicht zu schmuggelnde weiße Gold buchstäblich Gold wert.

3
Reiseziel: Terror
Wie junge Männer zu heiligen Kriegern werden

Von Somalia nach Bonn sind es mehr als 6500 Kilometer Luftlinie. Gefühlt liegen zwischen der ehemaligen Bundeshauptstadt mit Altem Wasserwerk, Telekom und Museumsmeile und der staubigen, trockenen Landschaft am Horn von Afrika Welten. Und doch ist Hannah K. (Name geändert) in ihren Gedanken ständig in Somalia, einem Land, das sie noch nie gesehen hat. Ihr Sohn ist dort. Zuletzt hat sie ihn im Sommer 2011 gesehen. Dann war er auf einmal weg.

Zwei Jahre später weiß Hannah K. immer noch nicht, was genau ihren Sohn nach Somalia und in die Hände der islamistischen Shabaab getrieben hat. Dass Yusuf, der früher einen deutschen Vornamen trug und hier so genannt werden soll, gemeinsam mit seiner Frau und der inzwischen siebenjährigen Tochter in Somalia ist, hat er ihr selbst erzählt. Einmal, gut ein Jahr nach seinem Abschiedsbesuch, sagte er der Mutter: Ich bin bei der Shabaab. Ihm ist wichtig, dass er Mudschahid ist, kein Terrorist. Alle, die Yusuf kennen, sagen, dass er Gewalt ablehnt. Gotteskrieger zu sein, das heißt für ihn, ein gottgefälliges Leben zu führen. Unabhängige Quellen für das, was Yusuf K. tut oder nicht tut, gibt es nicht. Offiziell hat er sich nichts zuschulden kommen lassen, bei deutschen Behörden liegt nichts gegen ihn vor. Das versichert auch das Bundeskriminalamt. Wenn Yusuf K. heute am Kölner Konrad-Adenauer-Flughafen landen würde – er wäre innerhalb kurzer Zeit im alten Elternhaus. Seine Mutter würde ihn zweifellos mit offenen Armen empfangen. Allein, er will nicht. Somalia ist das Land seiner Träume, soll er immer wieder gesagt haben – dort könne er wie ein rechtschaffener Muslim leben, in Europa gehe das nicht.

Ein guter Schüler

Wie bei vielen Deutschen, die irgendwann in den »heiligen Krieg« ziehen, weist in K.s Biografie nichts auf seine Entwicklung hin. Er wächst in der Nähe von Bonn auf, das jüngere von zwei Geschwistern, geboren 1972. Der Vater ist Berufsoffizier, die Mutter zu Hause. Die Familie ist das, was man aufgeklärt-bürgerlich nennt. Die K.s sind evangelisch, doch Religion spielt bei ihnen keine größere Rolle als in den meisten anderen deutschen Haushalten. Yusuf bringt gute Noten nach Hause, ist früh von Technik fasziniert. Zugleich demonstriert er immer wieder einen tiefen Gerechtigkeitssinn. Nach dem Abitur macht er eine Ausbildung zum Industriemechaniker, dann beginnt er an der renommierten Rheinisch-Westfälischen Technischen Hochschule in Aachen, Maschinenbau zu studieren. Von Aachen wechselt er an die Kölner Universität und lernt dort vermutlich die Männer kennen, die ihn zum Islam führen – und womöglich später nach Somalia. Im Januar 1998, mehr als 13 Jahre vor seinem Verschwinden, teilt Yusuf K. seinen Eltern mit, er sei zum Islam konvertiert. Sie sind verblüfft, aber denken sich nichts Schlimmes. Hauptsache, ihr Sohn ist glücklich mit seiner Entscheidung. Jeder soll nach seiner Fasson glücklich werden, sagt man im Rheinland – oder kurz: Jede Jeck es anders. Hier ist man stolz auf seine Toleranz.

Zudem ist es den K.s unvorstellbar, dass ihr Sohn, den sie haben aufwachsen sehen, sich in eine Schattenwelt verirren könnte, die sie nur aus dem Fernsehen kennen. Von rheinischer Toleranz allerdings ist beim Sohn immer weniger zu spüren. Wenn im Elternhaus ein Glas Wein auf dem Tisch steht, rümpft er demonstrativ die Nase. Seine Ablehnung allem Westlichen gegenüber geht einher mit einer übermächtigen Furcht vor der Hölle, in der seiner Überzeugung nach die Ungläubigen bis in alle Ewigkeit brennen müssen. Immer wieder versucht Yusuf, die eigene Mutter zum Übertritt zum Islam zu bewegen, damit sie später nicht leiden muss. Wie fremd der eigene Sohn ihr geworden ist, merkt die Mutter spätestens, als er ihr im Jahr 2000 ankündigt, zu heiraten. Die Braut: eine junge Eritreerin, die er noch nie gesehen hat. Yusuf K. fliegt zur Heirat in die eritreische Hauptstadt Asmara.

K.s konservatives Islambild entwickelt sich in der al-Muhajirin-

Moschee, die damals in der Bonner Theaterstraße nicht weit vom Rheinufer entfernt steht. Verfassungsschützern galt sie bis 2010 als ein Hort von Salafisten und ein Treffpunkt terroristischer Zellen. In ihrem Umfeld soll sich auch eine Gruppe vor allem aus Exil-Somalis gebildet haben, die sich die »deutsche Shabaab« nannte. Es ist unklar, ob Yusuf K. jemals Kontakt zu ihr hatte.

Ein langer Weg zur Shabaab

Es ist nicht einfach, sich einer Gruppe wie der Shabaab anzuschließen. Man kann nicht ins Flugzeug steigen, nach Mogadischu fliegen und dort nach der nächstgelegenen Terrorzelle fragen. Auch deshalb sind es nicht Tausende, die es von Deutschland aus jedes Jahr in die Stammesgebiete Pakistans, nach Somalia oder zuletzt nach Syrien schaffen, sondern allenfalls Dutzende. Jean-Paul Rouiller hat zwei Jahrzehnte für die staatliche Terrorbekämpfung in der Schweiz gearbeitet, bevor er das Geneva Centre for Training and Analysis of Terrorism (GCTAT) gegründet hat, ein Beratungsunternehmen in den Alpen oberhalb des Genfer Sees. Im Auftrag von Unternehmen und privaten Auftraggebern, unter ihnen Angehörige von mutmaßlich als Dschihadisten verschwundenen Jugendlichen, hat er auch Karrieren ausländischer Gotteskrieger durchleuchtet. Seine Erkenntnis: Bis ein Ausländer bis nach Somalia oder anderswo hin gelangt, kann es Monate oder gar Jahre dauern. Nur wer zahlreiche Gewissensprüfungen und andere komplexe Tests übersteht, darf sich Terrorgruppen wie der Shabaab anschließen. Die, die es schaffen, sind oft überdurchschnittlich intelligent – so wie Yusuf K. oder auch Majd N., ein Kind palästinensischer Flüchtlinge mit jordanischem Pass, die seit dem Jahr 2000 in der Schweiz Asyl genießen. Majd wächst in Biel auf, einer Stadt am Fuß des Jura und an der Grenze von deutsch- und französischsprachiger Schweiz. Außer für die Uhrenindustrie ist Biel in der Schweiz auch für seine islamistische Szene bekannt.

Den Fall Majd N., der in der Schweiz 2012 Schlagzeilen macht, hat Rouiller exemplarisch unter die Lupe genommen. Die Strukturen, so sagt er, gleichen sich, egal, ob in Biel oder Bonn. Am Anfang steht ein Rekruteur, eine Art »Talentscout«, der in Moscheen nach vielversprechenden Kandidaten Ausschau hält. Im Falle Majd N.s soll es sich um einen Somali namens Ibrahim A. gehandelt haben, der den damals 18-jährigen Gymnasiasten an die Shabaab vermittelt. Da besucht Majd N. schon seit längerem die Arrahman-Moschee am Seelandweg, einen fünfminütigen Fußmarsch vom Gymnase française in Biel entfernt. Die Moschee ist in der ganzen Schweiz verrufen: Die in einem baufällig wirkenden Gebäude untergebrachte Arrahman-Moschee ist Sammlungsort des fundamentalistischen Islamischen Zentralrats Schweiz, dessen Präsident, der Konvertit Nicolas Blancho, mal die Steinigung von Ehebrechern verteidigt, mal ganz generell die Einführung der islamischen Gerichtsbarkeit in der Schweiz fordert. Im Gymnasium ahnt man nichts: Majd N. gilt zwar als verschlossen und einzelgängerisch, aber zugleich als ehrgeizig und klug. Klassenkameraden sagen Schweizer Journalisten nach seiner Flucht, bei Gruppenarbeiten habe man gerne mit ihm gearbeitet. Majd N. ist im örtlichen Schachclub aktiv; dort heißt es, er sei ein schlechter Verlierer gewesen, einer, der stets der Beste sein wollte. Zwar ist Majd N. eindeutig ein praktizierender Muslim. So fastet er im Ramadan. Doch für einen Islamisten hält ihn an seiner Schule niemand. Zu sehr versucht der als blass und kränklich beschriebene Junge, sich in seiner Klasse zu integrieren.

Die Arrahman-Moschee hat auch der Tunesier Abu Sa'ad al-Tunisi besucht, bis er 2005 in den Irak reiste, um sich dort al-Qaida-Kämpfern anzuschließen. Ist auch al-Tunisi, der im Irak umkommt, von Ibrahim A. weitervermittelt worden? War der Ort, wo die beiden zum ersten Mal mit dem Terror in Berührung kamen, die Arrahman-Moschee? Dagegen spricht eine Aussage, die Majd N. selbst gemacht hat: nach seiner Festnahme im Mai 2012. Kenianischen Polizeibeamten soll er gesagt haben, er habe seinen Kontaktmann Ibrahim A. im Bieler Begegnungszentrum »Multimondo« kennengelernt. Möglich ist das. Doch genauso möglich ist, dass Majd N. gezielt von der Arrahman-Moschee ablenkt. Die kenianischen Polizisten, die Majd N. später in Haft verhören, bescheinigen ihm eine beeindruckende Fähigkeit, nichts preiszugeben. Man könnte auch sagen: Majd N. ist in Somalia effektiv indoktriniert und ausgebildet worden.

Für Rouiller jedenfalls steht fest, dass Shabaab-Talentscout Ibrahim A. den Gymnasiasten Majd N. gezielt auch wegen seiner geistigen Fähigkeiten ausgesucht hat. Doch das alleine reicht nicht aus, um zur Shabaab zugelassen zu werden, wie Majd N. schnell merkt. Sein Abgang geschieht – wie der von Yusuf K. – unbemerkt. Eines Abends feiert er noch in einer Bieler Pizzeria mit Klassenkameraden. Nie zuvor habe er derart entspannt und sorglos ausgesehen, sagt eine Schülerin Reportern der Schweizer *Sonntagszeitung*. »Er strahlte förmlich vor Freude. Auf mich wirkte er zum ersten Mal richtig selbstsicher.« Wenige Tage danach ist Majd N. verschwunden. Mit dem Zug fährt er nach Mailand, von dort fliegt er über Amsterdam nach Nairobi. Obwohl der Schweizer Geheimdienst da bereits weiß, dass Majd N. mit Kontaktleuten der Shabaab telefoniert hat und er wegen des Besuchs islamistischer Webseiten schon einmal verwarnt wurde, wird Majd N. an keiner Grenze aufgehalten. Wie die Reise finanziert wurde, will die *Sonntagszeitung* von niemand Geringerem als Abu Mansur al-Amriki (s. Kapitel 1) erfahren haben, der den Journalisten ein rares Interview gibt. Demnach soll die Shabaab 2500 US-Dollar an Majd N. geschickt haben – von Nairobi aus erst auf das Konto eines Shabaab-Sympathisanten in Genf. Dieser habe das Geld dann weitergeleitet nach Biel. Mehr Geld muss Majd N. sich selbst besorgt haben, denn er ist nach eigenen Angaben mit 3000 US-Dollar in Nairobi gelandet. Ob es tatsächlich stimmt, dass die Shabaab Majd N. vorab mit Geld versorgte, ist indes unklar. Terrorgruppen wie die Shabaab erwarten eigentlich, dass ausländische Rekruten Geld mitbringen und nicht Geld kosten. Denn ohne Geld läuft nichts, wie Majd N. bald feststellen muss. Den Weg in den heiligen Krieg lassen sich mit der Shabaab verbündete Schleuser teuer bezahlen. Sie sind Teil des Geschäfts mit dem Terror.

Majd N.s Reise zur Shabaab scheint wie folgt abzulaufen: Am internationalen Flughafen von Nairobi erhält Majd N. mit seinem Schweizer Pass problemlos das übliche Touristenvisum, das 90 Tage gilt. 20 Franken und zwei Formulare braucht es dafür, mehr nicht. Kurz darauf schaltet er sein Handy an und ruft noch vom Flughafen aus den von Ibrahim A. vermittelten Kontaktmann an. Der gibt ihm die Adresse eines Hotels in Eastleigh, Nairobis somalischem Viertel. Majd N. setzt sich ins Taxi und fährt dorthin. Noch während er im Hotel Nomad auf seine Schleuser wartet, überlegt sich Majd N. seinen Kunya, den Kampfnamen: Ab sofort will er Abu

Sa'ad al-Urduni genannt werden. Doch vom Kampf bekommt Majd N. vorläufig nichts zu sehen. Stattdessen beginnt eine Zeit der Prüfungen: Die Schleuser der Shabaab bringen ihn nach Garissa, dort wird er in ein Haus gesperrt. 2000 US-Dollar wollen die Schleuser von ihm haben, erklärt Majd N. später. Erst als er ihnen das Bargeld gibt, geht die Reise weiter – zunächst ins gigantische Flüchtlingslager Dadaab und von dort nach Dobley auf der somalischen Seite der Grenze. Dort wird Majd N. erneut eingesperrt und tagelang verhört – die Shabaab will ausschließen, dass es sich bei ihm um einen Spion handelt. Offenbar überzeugt der Bieler Schüler die Shabaab-Kader. Sie lassen ihn nach Baidoa bringen.

Der Traum vom gottgefälligen Leben

Ist die Reise von Yusuf K. und seiner Familie ähnlich verlaufen? Gesichert ist, dass er von Europa aus nach Kenia fliegt. In der Hafenmetropole Mombasa verliert sich dann seine Spur. Monatelang gibt es kein Lebenszeichen. Es ist nicht das erste Mal, dass Yusuf Deutschland den Rücken kehrt. Nur ist er bisher immer wieder zurückgekehrt. Nach seiner Konversion und noch mehr nach seiner Heirat redet Yusuf immer wieder davon, ein gottgefälliges Leben führen zu wollen – anderswo, an einem Ort, wo nicht – wie aus seiner Sicht in Deutschland – gegen alle muslimischen Regeln verstoßen werde. Es ist ein Traum vom Aussteigen, wie andere ihn auch haben, nur unter anderen Vorzeichen. 2002 ziehen er und seine Frau nach Dubai, wo Yusuf K. Lastkraftwagen vermieten und das ersehnte einfache Leben führen möchte. Doch im Emirat setzen die Behörden Yusuf K.s Traum ein profanes Ende: Seine Frau bekommt Probleme mit dem Visum. Nach gut zwei Jahren kehren beide zurück.

2006 kommt in Deutschland Yusuf K.s Tochter zur Welt. Doch die Hoffnung, das Kind könnte sein Leben zurück in geordnete Bahnen lenken, erfüllt sich nicht. K. scheint sich eher noch strenger an die Auslegung des Korans halten zu wollen, die er für die richtige hält. Alles spricht dafür, dass die K.s eine eng zusammenstehende Familie waren. Bis zu dieser Zeit, als der Zusammenhalt mehr und mehr an der zur Schau gestellten Intoleranz des Sohnes zerbricht, auch wenn Rituale wie das gemeinsame Sonntagsfrühstück immer beibehalten werden. Anfang 2007 reisen die K.s nach Bosnien. Als ihr Visum abläuft, werden sie umgehend ausgewiesen. Bosnien ist zu dieser Zeit Durchgangslager für angehende Dschihadisten auf dem Weg zur »Front« in Tschetschenien oder Usbekistan. Die Behörden sind sensibel. Womöglich wollte auch K. dorthin, doch wenn es so war, dann scheitert sein Plan. Er kehrt zurück ins Rheinland. Yusuf K. zieht sich in seinen salafistischen Freundeskreis zurück und kapselt sich ab. Verschlossen sei er gewesen, abweisend. Das Haus, in dem er zwischenzeitlich wohnt, ist dem Verfassungsschutz als konspirative Unterkunft von Islamisten bekannt.

Im März 2009 verschwindet Yusuf K. zum ersten Mal, ohne zu sagen wohin. Er kündigt an, sich um die kranke Familie seiner Frau kümmern zu müssen. Stattdessen fliegt er mit Frau und Kind nach Pakistan. Als Yusuf wochen-, monatelang nichts von sich hören lässt, ist die Mutter zunehmend besorgt. Doch sie findet nicht heraus, wo ihr Sohn tatsächlich steckt. Erst nach einem halben Jahr der Ungewissheit kommt ein Anruf deutscher Behörden. Yusuf K. sitzt in Haft, in einem Gefängnis des pakistanischen Geheimdienstes. Die Behörden werfen ihm vor, er habe sich einer Terrorgruppe anschließen wollen. Belege dafür gibt es nicht. Yusuf K. selbst bekräftigt in jedem Verhör, er habe sich lediglich in einem muslimischen Staat niederlassen wollen. Nach acht Monaten Haft wird er freigelassen und kann unbehelligt mit der Familie nach Deutschland zurückkehren. Was in der Gefangenschaft geschehen ist, behält er für sich. Nur so viel sagt er: Das Gefängnis habe ihn in seinem Glauben nur noch stärker gemacht.

Womöglich hat Yusuf K. in Pakistan tatsächlich einfach einen passenden Ort für sein Leben als Muslim gesucht. Es gibt keinen Beleg, nicht einmal einen Hinweis darauf, dass er tatsächlich ein Terrortraining in den pakistanischen Stammesgebieten nahe der Grenze zu Afghanistan absolvieren wollte, die von Taliban- und al-Qaida-Kämpfern kontrolliert werden. Ein solches gehört nach Rouillers Erkenntnissen zur »zweiten Phase« der Initiation, die angehende Islamisten nach Pakistan oder Afghanistan führt, wo die al-Qaida Trainingslager unterhält – und ein Netzwerk von Moscheen und sicheren Häusern, in denen die Ausländer unterkommen können.

Aus dem Gefängnis nach Pakistan

Kurze Zeit nachdem Yusuf K. aus Pakistan nach Deutschland zurückkehrt, macht sich ein anderer Deutscher nach Pakistan auf: Emrah E., Deutschtürke aus Wuppertal. Weil er schon als Jugendlicher mit vorgehaltener Pistole Läden überfällt, landet er mit 17 zum ersten Mal im Gefängnis. Er kommt frei, wird erneut verhaftet. Auch er sagt später, die Zeit in der Haft habe ihn stärker gemacht. Als E. im Sommer 2008 freikommt, ist er 20 Jahre alt und hat ein Ziel: den heiligen Krieg. Sein Terrorscout, den er vermutlich in der Wuppertaler Shababannur-Moschee kennenlernt, vermittelt ihn an die Islamische Bewegung Usbekistan (IBU), die im afghanisch-pakistanischen Grenzgebiet operiert. Im Frühjahr 2010 sitzt E. endlich im Flieger nach Pakistan. Seine Familie weiß angeblich von nichts, obwohl sein jüngerer Bruder Bünyamin zumindest etwas ahnen muss. Er folgt Emrah ein halbes Jahr später nach. Emrah E. kennt seine neue Heimat: Mit einem Schwager ist er schon einmal in Pakistan gewesen, hat dort eine Koranschule besucht. Der Schwager hatte danach wohl dem Vater erzählt, er habe Angst gehabt, Emrah könne nach Afghanistan türmen, weil er vom Dschihad so angetan gewesen sei.

Emrah und sein Bruder schaffen es bis nach Mir-Ali im Norden Waziristans, einen Tagesmarsch von der Grenze Afghanistans entfernt. Dort wohnen Bünyamin, Emrah und seine Frau, eine Deutsch-Marokkanerin aus Köln, in einem einfachen Gebäude aus Lehm. Imran al-Germani nennt sich Bünyamin, Emrah hat sich den Kampfnamen Salahuddin al-Kurdi ausgesucht. Tagsüber werden die jungen Männer nach eigenen Angaben in einem »Terrorcamp« von al-Qaida trainiert. Über die Fortschritte berichten die beiden am Telefon ihrem Vater, der angeblich im Bekanntenkreis mit seinen furchtlosen Söhnen prahlen soll. Der Kontakt ist eng, die Telefonate sind häufig und lang. Beschränkungen scheint es nicht zu geben. Aber es fehlt an Mitteln. Einmal heißt es, Emrah E. habe den Jüngsten der Brüder in Wuppertal aufgefordert, bei einem Überfall Geld zu beschaffen.

Was am 4. Oktober 2010 geschah, stellt sich unterschiedlichen Quellen zufolge so dar: Im Innengarten ihres Hauses empfangen die Brüder Gäste. Frau und Kind essen getrennt in einem Nebengebäude. Das rettet ihnen das Leben. Emrah E. tritt kurz vor die Tür, während sein Bruder und vier Kampfgenossen im Innengarten bleiben. Ein paar Atemzüge später verwandeln von einer US-amerikanischen Drohne abgefeuerte Raketen das Haus in einen Trümmerhaufen. Als Emrah E. unter den Überresten seinen Bruder findet, ist der bereits tot. Was er dann tut, versetzt Deutschland in Aufruhr. Denn Emrah E. meldet sich beim Bundeskriminalamt. Dort bietet er an, auszupacken – gegen eine üppige Belohnung, Hilfe bei der Flucht und Sicherheitsgarantien. Die BKA-Beamten sind skeptisch: Emrah E.s Vorgeschichte ist nicht dazu angetan, ihm Glauben zu schenken. Dabei gibt E. in seinen Telefonaten Informationen preis, die sich mit anderen Aussagen decken. Dazu gehört vor allem der Hinweis auf eine marokkanische Terrorgruppe, die sich bereits in Deutschland befinden soll – um Anschläge mit selbstgebauten, per Mobiltelefon fernzündenden Bomben zu verüben, womöglich auf den Bundestag. Die Beamten zögern. Doch während das BKA daran zweifelt, ob es E. mit dem Ausstieg ernst meint, gelten die Informationen über mögliche Terroranschläge als zu plausibel, um sie zurückzuhalten. Am 17. November 2010 erklärt der damalige Bundesinnenminister Thomas de Maizière, Deutschland schwebe in ernsthafter Terrorgefahr. An Bahnhöfen, Flughäfen und in Innenstädten werden Polizisten auf Patrouille geschickt. Die Besucherkuppel im Reichstag wird für mehrere Tage gesperrt.

Beim BKA meldet E. sich danach nicht mehr. Angeblich soll er noch die Familie angerufen und von Todesangst gesprochen haben. Doch auch von Prahlereien am Telefon ist berichtet worden. Handelte es sich um eine Finte? Dafür spricht, dass Emrah E. nicht als Verräter hingerichtet, sondern ausgeflogen wird. Ein halbes Jahr nach seiner Kontaktaufnahme steigt er in ein Flugzeug, das ihn nicht nach Deutschland bringt, sondern nach Nairobi. Von dort reist er weiter nach Somalia. Es ist Februar 2011. Emrah E. erreicht Somalia zeitgleich mit dem Schweizer Schüler Majd N. Die Analyse der Genfer Terrorforscher geht davon aus, dass die beiden sich bald anfreunden.

Bei der Shabaab

Yusuf K. reist im September 2011 nach Kenia und meldet sich zuerst regelmäßig in Deutschland. Dann bleiben seine Anrufe aus. Sein nächstes Lebenszeichen ist eine SMS in englischer Sprache, die er Anfang 2012 versendet. Auf Englisch offenbar deshalb, damit ein somalischer Kontrolleur verstehen kann, was Yusuf K. schreibt. Ein prominenter Sprecher der Shabaab postet später im Internet, Yusuf K. sei jetzt bei der Shabaab. Im Gegenzug schütze er Frau und Kind. Was Yusuf K. in diesen Monaten in Somalia treibt, ist unbekannt. Was verspricht sich die Shabaab von dem jungen Deutschen? Es ist eine Frage, die man sich auch für Emrah E. und Majd N. stellen kann. Über Majd N., der sich Abu Sa'ad al-Urduni nennt, geht wenige Wochen nach seiner Ankunft die Nachricht um, er sei ein brillanter Scharfschütze. In Biel, wo Schützen jedes Wochenende an kommunalen Schießständen trainieren, kann sich niemand an Majd N. erinnern. Ist er also in einem somalischen Terrorcamp zum Scharfschützen ausgebildet worden? Einiges stützt zumindest den Eindruck, dass immer mehr ausländische Dschihadisten in Somalia trainiert werden. Die Lebensbedingungen in den Landstrichen unter Kontrolle der Shabaab sind besser als die in Pakistan. Die Gefahr durch Drohnenangriffe ist (noch) kleiner, das Land noch dünner besiedelt. Staatliche Institutionen, die den Kämpfern das Leben schwer machen könnten, sind nicht vorhanden. Nach den schweren Kämpfen mit afrikanischen Truppen im Juni 2011 ist die Shabaab zwar geschwächt, kontrolliert aber immer noch weite Teile des Landes. Majd N. und Emrah E. scheinen sich in dieser Zeit im Süden Somalias in der Umgebung von Kismayo aufzuhalten. Dort hat die Shabaab zu diesem Zeitpunkt keine ernst zu nehmenden Gegner. Es herrschen Dürre und Hungersnot, doch die Shabaab zweigt ausreichend Hilfsgüter ab, um ihre Leute zu versorgen.

An den Kämpfen, die vor allem rund um die Hauptstadt Mogadischu toben, sind offenbar weder Majd N. noch Emrah E. beteiligt. Andere ausländische Kämpfer schon. Der norwegische Politologe Stig Jarle Hansen, der ein Buch über die Shabaab geschrieben hat, lässt zu diesem Zeitpunkt in mehreren Krankenhäusern Mogadischus die verletzten ausländischen Kämpfer zählen: Demzufolge liegen dort 38 Shabaab-Kämpfer aus westlichen und noch einmal 123 aus afrikanischen Staaten. Die große Zahl ist auch deshalb überraschend, weil die Shabaab ihre Verletzten normalerweise nicht zurücklässt. Sie zeigt, welch hohe Verluste die Shabaab in diesen Monaten hinnehmen muss. Unter den toten Dschihadisten aus dem Ausland, die auf den Schlachtfeldern gefunden werden, sind Männer aus Bangladesch, Belgien, Dänemark, Finnland, Frankreich, Großbritannien, dem Jemen, den Niederlanden, Norwegen und Saudi-Arabien. Nicht alle ausländischen Kämpfer sind gute Soldaten, analysiert Hansen. Doch ihre Präsenz hat für die Shabaab dennoch mehrere Vorteile. Zunächst gelten sie als »Kitt«, der die von Clanzwistigkeiten zerstrittenen somalischen Fraktionen zusammenhält. Diese Funktion ist wichtiger, als man denken mag: Dem Clan gehört in Somalia die größte Loyalität, sie geht allem anderen vor – auch den Befehlen der Shabaab-Führer. Gerade für Shabaab-Chef Godane sind die Ausländer von größter Wichtigkeit, weil er selbst einem Clan angehört, der im Kampfgebiet der Shabaab keine Macht besitzt (s. Kapitel 1). Dazu kommt das Außenbild, das die ausländischen Kämpfer von der Shabaab schaffen: Dank ihnen gilt die Bewegung als Teil des globalen Terrors und genießt entsprechenden Respekt – im In- wie im Ausland, bei Feinden wie Verbündeten, etwa bei al-Qaida. Schließlich schafft die Shabaab sich über ihre ausländischen Mitkämpfer ein internationales Netzwerk, das sie für ihre Aktivitäten und nicht zuletzt zur Generierung von Einnahmen nutzen kann. Als kenianische Soldaten Ende 2011 in Südsomalia vorrücken, finden sie Bilder von Emrah E. in Pose. Im Arm hält er eine Kalaschnikow. Sollten mit solchen Bildern neue Krieger in Europa gewonnen werden?

Die »Grundausbildung«, die ausländische Kämpfer in Somalia absolvieren müssen, besteht aus mehreren Einheiten: Waffen- und Sprengstofftraining, Umgang mit Granatwerfern, Kurse in islamischem Recht und Korankunde und der Bau von Sprengsätzen und Sprengfallen für Fortgeschrittene. Die Kurse sind modular aufgebaut; nur wer das Vertrauen der Shabaab behält und zugleich stets aufs Neue sein Können beweist, kommt weiter. Angeblich durchläuft jeder Neuankömmling bei der Shabaab diese Kurse. Ist Majd N. hier ausgebildet worden? Beantworten könnten das nur die Betroffenen selber. Doch sie schweigen.

Verwirrung in Kenia

Im Mai 2012 veröffentlicht die kenianische Polizei auf einmal einen Steckbrief. Angeblich soll Yusuf K. für Terroranschläge in Kenia verantwortlich sein – an einem Tag, wo er, wie sich zeigt, nachweislich in Somalia war. Erst spät stellt sich heraus, dass die kenianische Polizei die bei der Einreise nach Kenia eingescannten Fotos von Yusuf K. und Emrah E. vertauscht hat. Emrah E. ist es, den die Polizei eigentlich sucht. Der hat am 3. Mai 2012 die Grenze von Somalia nach Kenia überquert. Geheimdienste hatten zuvor stark gestiegenen »Background Noise« registriert: Ausländische Kämpfer telefonierten vermehrt nach Europa, bewegten sich in Richtung Kenia, womöglich, um sich von der militärisch unter Druck geratenen und intern zerstrittenen Shabaab (s. Kapitel 2) abzusetzen – oder aber, um Anschläge zu verüben, so befürchten die Geheimdienstler. Angeblich soll Emrah E. an Majd N.s Seite gewesen sein: Beide überqueren gemeinsam die Landgrenze. Später melden sie sich bei einem Polizeiposten in Garissa, behaupten, überfallene Hilfsarbeiter zu sein. Die Polizisten geben ihnen Essen und genug Geld, um nach Nairobi zu reisen. Während E. von dort weiterreist, mietet sich Majd N. in einem Billighotel ein. Es ist dort, wo die kenianische Polizei ihn eine Woche nach seiner Ankunft im Land verhaftet. Erneut gibt es eine Verwechslung. Die kenianische Polizei teilt deutschen Behörden mit, sie habe Yusuf K. festgenommen. Neun Tage glaubt man in Deutschland und selbst in der deutschen Botschaft in Nairobi, Yusuf K. sei womöglich schuldig. Erst dann erkennen die kenianischen Behörden ihren Fehler und informieren die Bundesrepublik, dass Yusuf K. nie unter Verdacht stand. Auch Majd N.s Schuld wird nie nachgewiesen. Emrah E., der mit Haftbefehl gesucht wird, wird einen Monat später in Tansania festgenommen, von wo er nach Deutschland ausgeliefert wird. Am 23. Januar 2014 wird Emrah E. wegen der Mitgliedschaft in zwei Terrorgruppen vom Oberlandesgericht Frankfurt zu sieben Jahren Haft verurteilt. Noch während der Urteilsverkündung verlässt Emrah E. unter Protest den Saal.

Yusuf K. ist unterdessen in Somalia. Anfang 2013 sucht er dort nach Frau und Tochter, die bei der Shabaab getrennt von den Männern an einem »sicheren Ort« leben. Doch offenbar weiß Yusuf K.

zu diesem Zeitpunkt nicht, wo genau seine Angehörigen sind. Ist es möglich, dass die Shabaab Frau und Tochter – mehr oder weniger offen – als Druckmittel oder zumindest als Rückversicherung nutzt, um ihre ausländischen Mitglieder von einer Flucht abzuhalten? Ist so die frühere Nachricht im Internet zu verstehen, die Shabaab »schütze« Frau und Kind? Der Schweizer Terrorexperte Rouiller hält es für gut möglich, dass es so ist. Ein solches Vorgehen könnte zudem erklären, warum Emrah E. und Majd N. nach ihrer Festnahme übereinstimmend erklären, sie seien gegen ihren Willen festgehalten worden. Oder handelt es sich bei diesen Aussagen doch nur um eine Kommunikationsstrategie, die gefassten Shabaab-Kämpfern helfen soll, Verhöre zu überstehen?

Offen bleibt die Frage, was Yusuf K. bei der Shabaab genau macht. Denkbar ist, dass neben seiner deutschen Staatsbürgerschaft auch sein technisches Wissen ein Kapital ist, das die Shabaab für sich nutzen möchte. Es gibt sichere Aussagen, nach denen Yusuf K. zumindest einmal einen anderen Deutschen getroffen haben soll, der nach Somalia gekommen ist, im Sommer 2013. Mehr ist nicht bekannt. Doch das verhindert nicht, dass Yusuf K. nach dem Westgate-Anschlag im September 2013 erneut von Kenias Polizei und Medien zum Drahtzieher der Attentate gemacht wird. »Plante dieser Deutsche den Geiselterror?«, fragt die *Bild-Zeitung*. Der *Focus* will einen anonymen Hinweis des israelischen Geheimdienstes Mossad erhalten haben, der dies beweist. Als Agenturmeldung wird dieser angebliche Hinweis verbreitet und immer wieder zitiert, obwohl der Mossad doch vor allem für eines bekannt ist: dafür, niemandem irgendetwas zu sagen. Es folgt ein regelrechtes Mediengewitter. Das Bild Yusuf K.s wird in der Tagesschau gezeigt. In manchen Berichten wird sein voller Name genannt. Selbst Monate später greifen Medien immer wieder die Behauptung auf, K. habe mit dem Westgate-Anschlag zu tun – obwohl dies längst widerlegt ist.

Tatsächlich sind mehrere kenianische Journalisten inzwischen davon überzeugt, dass Kenias Behörden das Gerücht über den israelischen »Hinweis« gestreut haben, um von ihren eigenen Ermittlungsfehlern und den kenianischen Verbindungen mehrerer Attentäter abzulenken. Ganz ähnlich erklärt sich die gezielt an britische Journalisten gestreute Information, die »Weiße Witwe« Samantha Lewthwaite, die Witwe eines der Attentäter auf die Londoner U-Bahn 2005, sei an dem Anschlag beteiligt gewesen. Für beides gibt es keine Beweise, im Gegenteil: Je mehr Details ans Licht kommen, desto deutlicher wird, dass Europäer an dem Anschlag offenbar nicht beteiligt waren.

Dass er nicht beteiligt war, versichert auch K. selbst. Und der Terrorexperte Rouiller urteilt: »Ausländer werden von der Shabaab-Führung mit Argwohn betrachtet. Die meisten werden in der Logistik eingesetzt oder in der Kommunikation – andere geben religiöse Kurse. Leitende Funktionen bei Terroroperationen haben sie nach meiner Einschätzung nicht.« Es ist ein tröstlicher Gedanke für die Familie, die zu Hause in Deutschland – mehr als 6500 Kilometer entfernt – bis heute rätseln muss, warum ihr Sohn bei der somalischen Shabaab untergekommen ist.

4
Attentäter für Europa
Was al-Qaida im Geheimen plant

Innerhalb des al-Qaida-Netzwerks gibt es unterdessen einige Strategen, die den Argwohn innerhalb der Shabaab und bei anderen afrikanischen Terrorgruppen gegenüber Kämpfern aus Europa überwinden möchten. Für sie stellen die Europäer, die zur dritten Generation der al-Qaida-Kämpfer seit Gründung des Netzwerkes gehören, ein ungenutztes Potenzial dar. Die dritte Generation gilt als noch radikaler als die ersten beiden, die Afghanistankrieger und ihre Nachfolger. Sie ist technologieaffin und stammt – wie schon die Vorgängergenerationen – überwiegend aus wohlhabenden Mittelschichtfamilien. Kritiker innerhalb von al-Qaida werfen der jüngsten Generation vor, es fehle ihr an ideologischem Unterbau. Sie sei geprägt durch die Anschläge vom 11. September und durch eine fundamentalistische »Schmalspurdoktrin«, suche eher das Abenteuer und den Kampf als ein Leben nach Allahs Geboten. Konvertiten aus westlichen Ländern, Deutschland, Großbritannien oder den USA sind indes vergleichsweise koranfest und zu allem bereit – und manche al-Qaida-Strategen würden diese Bereitschaft gerne nutzen. Vor allem Kinder von Exilanten, die anders als die Kämpfer aus der arabischen Mittelschicht in ihrer neuen Heimat oft benachteiligt werden, desillusioniert sind und sich chancenlos fühlen, gelten als leichte Opfer. Sie sind für die Heilslehre von al-Qaida empfänglich, auch weil sie das Gefühl haben, endlich eine Heimat gefunden zu haben.

Beispiel Minneapolis: In der US-Metropole leben mehr Menschen somalischer Herkunft als irgendwo sonst in den USA. Das soziale Netz ist eng; viele Somalis haben außerhalb der Exilcommunity kaum Kontakt. Nicht alle sprechen Englisch, die Mehrheit ist sozial unterprivilegiert. Ihre Kinder sind auf öffentliche Schulen gegangen und haben mit ihren Abschlüssen oft nur im Niedriglohnsektor eine Chance. Die Shabaab, die über die Moscheen und vor allem das Internet zu ihnen durchdringt, verspricht ihnen das, was sie am meisten ersehnen: einen Weg aus der Bedeutungslosigkeit. Solche Gründe sind es, die die US-Bundespolizei FBI für die seit Ende 2006 stetig wachsende Zahl junger Männer somalischer Herkunft verantwortlich macht, die sich auf den Weg nach Somalia begeben. Eine eigene Taskforce mit dem Codenamen »Rhino« befasst sich mit nichts anderem. Nach ihren Erkenntnissen werden die jungen Leute, die es bis nach Somalia schaffen, zuerst von der Shabaab in Lagern trainiert. Für die meisten von ihnen gehört Gewalt ohnehin zum Alltag, weil sie Mitglied der Gangs sind, die das »Little Mogadischu« genannte, heruntergekommene Exilantenviertel in Minnesotas Hauptstadt unsicher machen. Mindestens zwei Dutzend Somalis amerikanischer Herkunft sollen von Minneapolis aus nach Mogadischu ausgewandert sein, berichten amerikanische Medien. Das klingt nach wenig, doch die Angst ist groß, dass die Rekruten aus Amerika gezielt für Terrorakte in den USA trainiert werden.

Zumindest auf dem Papier scheinen Terrorgruppen dieses Ziel bereits zu verfolgen. Einen detaillierten Einblick in die Pläne, die al-Qaida und zumindest Teile der Shabaab für einige ausländische Kämpfer haben, gibt ein Dokument, das Anfang Juni 2011 in einem von Kugeln durchsiebten Geländewagen gefunden wird. Die Leiche im Wagen ist Fazul Abdullah Mohammed, der mutmaßliche Anführer von al-Qaida in Ostafrika. Er ist 38 Jahre alt, als er von somalischen Soldaten an einer Straßensperre getötet wird. Der gebürtige Komorer hat da bereits eine lange Terrorkarriere hinter sich: Er soll einer der Hauptverantwortlichen für die Anschläge auf die US-Botschaften in Nairobi und Tansania 1998 gewesen sein. Er galt als enger Vertrauter Osama bin Ladens, der sechs Wochen vor ihm stirbt. Die US-Regierung hatte zuletzt eine Belohnung von fünf Millionen US-Dollar auf Fazul Abdullah Mohammeds Kopf ausgesetzt. Die Dokumente, die bei ihm gefunden werden und später in die Hände von Journalisten gelangen, beschreiben detailliert Pläne für Attentate auf westliche Ziele – mit Hilfe ausländischer Gotteskrieger.

Ein Angriff auf Europa

Das Dokument mit der Überschrift »International Operations« wird mir von einem somalischen Informanten zugespielt. Die fünf Seiten sind in fast fehlerfreiem Englisch abgefasst, in nüchternen Worten, wie ein Businessplan. »Unser Ziel ist es, London mit kostengünstigen Operationen anzugreifen, die einen maximalen Schlag gegen die regierende Elite und die jüdische Gemeinschaft darstellen«, heißt es gleich zu Anfang des Papiers. »Dies soll entweder durch eine Vielzahl einzelner, wahlloser und deshalb nicht verfolgbarer Anschläge geschehen oder durch den Anschlag einer Gruppe, die an einem einzigen Ziel maximalen Schaden anrichtet.« Diese Angriffe müssten flankiert werden »von einer sorgfältig geplanten Medienkampagne, die [...] alle Zweifel bei Muslimen ausräumt und muslimische Jugendliche dazu animiert, die Anschläge zu kopieren.« Die Ziele möglicher Attentate sind so einfach wie brutal gewählt: Restaurants in einem jüdischem Wohnviertel in London zum Zeitpunkt des Lichterfests, wenn traditionell auswärts gefeiert wird; das Internat von Eaton, eine der Schulen, auf die die britische Politik- und Wirtschaftselite ihre Kinder schickt – als Zeitpunkt wird die Einschulung oder der Tag der offenen Tür vorgeschlagen, wenn möglichst viele Eltern und »Schüler über 16« (nach muslimischem Verständnis Volljährige) erschossen werden können; die Hotels Ritz oder Dorchester zu Neujahr, am Lichterfest oder am Valentinstag, wenn in diesen über Großbritanniens Grenzen hinaus berühmten Hotels große Feiern stattfinden.

Die Pläne sind einfach und detailliert: Sie listen auf, welche Gruppen in welchen Etagen in bestimmter Reihenfolge Brandsätze und Waffen einsetzen sollen. Sie belegen auch, dass die Anschläge langfristig geplant werden sollen. Hotelräume sollen frühzeitig gebucht und mit bombenfähigem Material gefüllt werden, so wie im Westgate-Einkaufszentrum in Nairobi Waffen und Sprengstoff in einem Ladenlokal gelagert worden sein sollen. Dreh- und Angelpunkt sind jedoch die Attentäter selbst: Sie sollen aus London stammen, heißt es in dem Papier, um sich dort unauffällig bewegen zu können. Eine solche Strategie – die Gewinnung ausländischer Kämpfer, die zur Verübung von Anschlägen in ihre Heimatländer zurückgeschickt werden – ist von Geheimdiensten lange befürchtet worden. Das al-Qaida-Papier belegt, dass zumindest genaue Pläne dafür existieren.

»Das Training für jeden Märtyrer [Selbstmordattentäter] soll zwei Monate betragen«, heißt es darin. »Die Männer, die wir zurückschicken wollen, kennen nur ihre eigene Mission und kennen keinen anderen Gotteskrieger.« Nach der Ausbildung sollen die Kämpfer getrennt, aber zeitgleich zurückgeschickt und erst in Europa bewaffnet werden. Die Attentäter werden gezielt für ihre Verwendung trainiert: »Sie werden in den Fähigkeiten ausgebildet, die sie zur Ausführung ihres Attentats brauchen. Sie werden zahlreiche Gefechte durchstehen müssen, so dass wir sehen können, wie sie unter Druck reagieren und ob sie standhaft bleiben. Sie werden psychologische Tests bestehen müssen, um zu entscheiden, ob sie intelligent genug für ihre Aufgaben sind. All das machen wir in einem Wettlauf gegen die Zeit, weil unsere Brüder zurückgeschickt werden müssen, bevor ihre Visa ablaufen.« Für die von der Shabaab kontrollierten Gebiete Somalias selbst sind keine Visa nötig. Gemeint sind vermutlich die vergleichsweise einfach erhältlichen Touristenvisa im Transitland Kenia, die maximal 90 Tage gültig sind. Mehrere Dschihadisten sind nur deshalb festgenommen worden, weil sie bei der Ausreise in Nairobi abgelaufene Visa in ihren Pässen hatten. Es ist eines der wenigen Details, die bei Kenias Ausreisekontrollen genauestens überprüft werden.

Die Attentäter sollen folgende Kriterien erfüllen: »Wir brauchen jemanden, der unerkannt nach [in diesem Fall] Großbritannien zurückkehren kann; wir müssen sicher sein, dass er in der Lage ist, seinen Auftrag auszufüllen; er muss den nötigen Charakter und den Wunsch haben, den Auftrag auszufüllen; er muss beweisbar eine reine Moral besitzen, eine schnelle Auffassungsgabe und sich möglichst bereits mit Waffen auskennen.« Nach der Ankunft in Somalia sollen die Rekruten in sichere Häuser gebracht werden und »absolut minimalen Kontakt zu den Brüdern in Somalia« haben. Jedem Rekrut wird je ein Trainer für den Umgang mit Waffen sowie für Taktik zur Seite gestellt. »Er wird lernen, wie er unentdeckt in einer Stadt operiert [...], ebenso Aufklärungsfähigkeiten.« In den zwei Monaten Sondertraining sollen die Rekruten keinen Kontakt zur Außenwelt haben: Telefonate sind in dieser Zeit verboten. »Die ganzen zwei Monate über wird [der Rekrut] auf seine Eignung hin geprüft – sobald wir größere Verfehlungen erkennen, wird der Kandidat aus dem Programm genommen.« Geheimhaltung ist dem Papier zufolge oberste Priorität. So sollen die Rekruten vor einem möglichen Zusammentreffen maskiert werden. Selbst die Trainer sollen keine Details der geplanten Operationen kennen. Das soll sicherstellen, dass keine Informationen durchsickern.

Die Ausbildung zum Attentäter

Der Ausbildungsplan ist präzise vorgegeben. Eine halbe Stunde Fitnesstraining jeden Morgen. Am Schießstand muss auf feste und bewegliche Ziele geschossen werden, »mindestens 100 Schuss aus Pistole, Kalaschnikow und Maschinengewehr«. Wie beim Militär sollen die Rekruten lernen, ihre Waffen unter erschwerten Bedingungen auseinanderzunehmen und wieder zusammenzusetzen. Nahkampf mit Händen und Messern steht ebenfalls auf dem Plan, ebenso Entwaffnungsstrategien. Gegenspionage und der sichere Gebrauch von Mobiltelefonen werden unterrichtet – dazu gehört auch Wissen über die Methoden, die Geheimdienste zum Abhören einsetzen. Die Rekruten sollen zudem lernen, Überwachungskameras zu erkennen und auszuschalten. Zeit wird auch darauf verwendet, den künftigen Attentätern Unauffälligkeit einzuimpfen: »wie man sich in London so kleidet, bewegt und verhält, dass man nicht auf das Radar des Geheimdienstes gerät.« Kern der Ausbildung sind praktische Übungen – die Erstürmung von Häusern und die »schnelle und doch akkurate« Eliminierung von möglichen Feinden. Die Rekruten sollen lernen, wie sie Geiseln aus verschiedenen Räumen in einem Raum versammeln und diesen sichern. Und nicht zuletzt prüfen die somalischen Ausbilder, wie der Rekrut auf plötzliche Änderungen im geplanten Ablauf reagiert: »Zum Beispiel wenn die Mission lautet, einen schlafenden Mann im Haus zu töten, sich dieser dann aber – wach – vor dem Haus befindet [...] oder der Rekrut wird von hinten angegriffen. Wenn wir für diese Übung Trainingsmunition bekommen können, wäre das besonders gut.«

Obwohl es keine Belege dafür gibt, dass diese »Terrorintensivkurse« (erhoffte Dauer laut Dokument: sechs bis acht Wochen) wie geplant umgesetzt wurden, spricht dennoch einiges dafür, dass zumindest Teile davon in die reguläre Ausbildung übernommen wurden. Denn der Trainingsplan liest sich wie eine Anleitung für das Westgate-Attentat, erklärt viele Verhaltensweisen der dortigen Angreifer. Haben sie, haben europäische Dschihadisten ein solches Training genossen? Es erscheint gut möglich. Die Täter sollen gemeinsam aus Somalia nach Nairobi gereist sein. Womöglich haben sie die Zeit davor in einem Trainingslager verbracht.

Unterricht im Umgang mit Waffen und Sprengstoffen ist – neben der Versorgung mit den dafür nötigen Materialien – einer der attraktivsten Faktoren für afrikanische Terrorgruppen, sich al-Qaida anzuschließen. Die Qaida-Führung entsendet häufig Spezialisten in die Terrorcamps, selbst in die, in denen lokale Kämpfer ausgebildet werden. Dadurch sichert sich al-Qaida zugleich unabhängige Informationen über das, was dort geschieht, und beeinflusst die Trainingsprogramme maßgeblich mit.

Zu den Gruppen, deren Kämpfer von al-Qaida trainiert wurden, gehört auch die Boko-Haram-Bewegung, die seit vielen Jahren den Norden Nigerias (und zunehmend auch den Rest des Landes) unsicher macht (s. Kapitel 10). Nigerianische Geheimdienstakten belegen, dass führende Funktionäre von Boko Haram in Terrorcamps der Qaida in Afghanistan ausgebildet wurden – und zwar schon 2007. Noch früher, nämlich 2002, sollen spätere Boko-Haram-Kämpfer in Mauretanien und dann in Algerien ausgebildet worden sein. Algerische Salafisten, die heute als »al-Qaida im Islamischen Maghreb« (AQMI) firmieren, hätten den Nigerianern Kampftaktiken und den Bau von Sprengsätzen beigebracht. Die Polizei war ahnungslos: Mehrere Boko-Haram-Funktionäre wurden zeitweise festgenommen und dann doch wieder freigelassen, weil ihre Identität nicht geklärt werden konnte.

Mit Hilfe von al-Qaida ausgebildete Kämpfer dürften auch zu denen gehören, die im Fall einer Krise – so zuletzt im Norden Malis, wo Kämpfer von Shabaab, Boko Haram und anderen Terrorgruppen gesichtet wurden – verbündete Gruppen unterstützen. Das ist ein weiterer Vorteil des Netzwerkes. Zudem gibt es – aus der gemeinsamen Zeit in Afghanistan, Pakistan oder in afrikanischen Camps – persönliche Kontakte, die einzelne Anführer für ihre eigene Karriere innerhalb ihrer Terrorgruppe zu nutzen wissen. In dieser Hinsicht unterscheidet al-Qaida sich kaum von einem transnationalen Konzern mit seinen Karrierewegen und Machtoptionen.

Unterstützung von al-Qaida?

Überschätzt wird nach Ansicht vieler Analysten die Bedeutung direkter Geldflüsse von der al-Qaida-Führung an verbündete afrikanische Terrorgruppen. Außer mit Personal hilft al-Qaida vor allem mit Waffen, Munition oder Sprengstoffen aus, Material, das das Netzwerk auf dem globalen Schwarzmarkt vergleichsweise leicht beschaffen kann. Während im arabischen Raum Zuwendungen reicher Familien an die Qaida offenbar eine bedeutende Rolle spielen, versorgen sich die meisten afrikanischen Gruppen weitgehend selbst. Eine vertrauliche Analyse der US-Botschaft in Algier darüber, wie sich al-Qaida im Islamischen Maghreb finanziert, kommt auf hohe Millionenbeträge, die in Algerien selber erwirtschaftet werden. Neben Schmuggel und der Entführung von Touristen, von denen in späteren Kapiteln noch die Rede ist, sei die Entführung von Kindern reicher algerischer Familien eine der Hauptfinanzierungsquellen. Zwischen März 2006 und Juni 2007 sollen nach Erkenntnissen der US-Botschaft 89 solcher Entführungen alleine in der Kabylei, einer algerischen Bergregion entlang der Küste östlich von Algier, stattgefunden haben. Nach Berechnungen der Botschaftsangestellten erlösten die Entführer damit mehr als sechs Millionen Euro. Die Entführungen, so bestätigen algerische Analysten, würden oft ohne genauen Plan durchgeführt; die Kidnapper führen einfach in ein wohlhabendes Viertel und schnappten sich ein geeignetes Opfer. Die Verhandlungen seien im Regelfall schnell abgeschlossen, nach ein bis zwei Tagen werde das Lösegeld gezahlt – je nach Vermögensverhältnissen der Familie könne dies auch eine Million Euro oder mehr betragen.

Weitere Einnahmen sichert sich AQMI mit Überfällen auf Lastwagenkonvois gerade in entlegenen Regionen oder mit Banküberfällen, aber auch mit der Erhebung von Schutzgeldern bei Großbauern und Geschäftsleuten, ähnlich dem Modell der Shabaab.

Diese Einnahmen aus illegalen Quellen werden nicht einfach nur gewaschen, sondern zunehmend auch investiert. Der algerische Terrorspezialist Hmida Ayachi etwa glaubt, dass zahlreiche Sand- und Kiesbetriebe in Algerien inzwischen AQMI-Leuten gehören. Sand und Kies wird von Algerien aus im großen Stil ins Ausland exportiert; kaum etwas anderes eignet sich so gut, um Schmuggelgut zu verbergen. Andere Investitionen sind noch banaler und nur durch die Tatsache, dass Terroristengelder zunehmend alle Aspekte der algerischen Gesellschaft durchdringen, bedenklich: der Kauf von Fast-Food-Ketten etwa, von Farmen oder Farmland oder der Bau von Wohnblöcken, die AQMI dann vermietet. Im Vergleich dazu, so folgern die Analysten der US-Botschaft, seien Zuwendungen von europäischen Zellen, die ihr Geld überwiegend mit dem Dealen von Marihuana und Diebstählen von Luxusgütern machen, verschwindend gering.

Welche weiteren Vorteile ein offizieller Beitritt zur al-Qaida den afrikanischen Terrorgruppen bietet, darüber lässt sich trefflich streiten. Die Marke »al-Qaida« als eine Art Qualitätslabel des islamistischen Terrors sorgt zweifellos für eine größere Durchschlagskraft von Attentaten. Die Angst in der Bevölkerung, vor allem aber der internationalen Gemeinschaft vor »al-Qaida im Islamischen Maghreb« dürfte ungleich größer sein als die vor einer »Salafistischen Gruppe für Predigt und Kampf«, obwohl es sich um die gleiche Bande handelt. Der Name al-Qaida spiegelt seit dem 11. September 2001 Größe, Macht und Skrupellosigkeit vor. Doch nicht alle sind glücklich darüber.

Dokumente, die angeblich in Osama bin Ladens Unterschlupf in Abottabad gefunden wurden, sollen belegen, dass bin Laden den Namen seines Terrornetzwerks schon kurz nach 9/11 gerne geändert hätte. »Die Umma, die muslimische Gemeinschaft, könnte das Gefühl verlieren, dass wir zu ihr gehören«, soll bin Laden zu bedenken gegeben haben. Später fügt er hinzu, dass die USA seit 9/11 einen weltweiten Kampf gegen al-Qaida führe, ohne dass die Mehrheit der Muslime dies ablehne. Für bin Laden ist nicht die Erzeugung von Furcht zentral, sondern der Zusammenhalt der muslimischen Gemeinschaft gegen die Ungläubigen. Das, glaubte er, scheint mit dem Namen al-Qaida nicht mehr möglich zu sein.

Zu den Alternativen, die bin Laden auf einer Liste zusammengetragen haben soll, gehören Namen wie »Gruppe für Eingötterglauben und heiligen Krieg« oder »Gruppe muslimischer Einheit«. Keiner von ihnen setzt sich durch.

Dass das Label »al-Qaida« selbst unter den Terrorgruppen umstritten ist, die sich als Teil von al-Qaida bezeichnen, zeigt die Tendenz, dass viele Gruppen ihre eigenen Namen behalten. Die Shabaab hat davon abgesehen, sich »al-Qaida in Ostafrika« zu nennen, obwohl sie diese Rolle faktisch wahrnimmt. Ein Grund dafür dürfte sein, dass die Shabaab mit ihrem Namen deutlich macht, dass für sie somalische Interessen im Mittelpunkt stehen. Die Umbenennung wäre dagegen für nahezu alle Somalis als Zeichen gewertet worden, dass die Shabaab aus dem Ausland fremdbestimmt wird. Auch Boko Haram hat seinen Namen bislang behalten. Der Name »al-Qaida«, so scheint es, ist von einem Vorzug zu einer Belastung geworden – oder zumindest ist diese Frage derart umstritten, dass Terrorgruppen lieber ihren eigenen Namen wählen und damit ihre Eigenständigkeit unterstreichen.

Einen selbstkreierten Namen mit Angst und Schrecken zu erfüllen, ist ohnehin leichter, als man denken mag. Seit einem Vierteljahrhundert wütet im Osten Afrikas eine Gruppe, deren Gründer Joseph Kony ihr den widersinnigen Namen »Lord's Resistance Army« (LRA), »Widerstandsgruppe des Herrn« gab. Weder ist die LRA christlich noch leistet sie Widerstand, außer vielleicht gegen die Bevölkerung, die unter ihrer Brutalität leidet. Die LRA ist die erste Terrorgruppe in Afrika gewesen, die kein politisches Ziel verfolgte – und Joseph Kony eine Art Urterrorist.

5
Joseph Kony, Terrorpionier
Wie ein »christlicher« Milizenführer im Herzen Afrikas wütet

Die Hauptstraße von Tapili ist ein schmaler Lehmpfad. Rechts und links wird sie vom dichten Unterholz des Regenwalds begrenzt, der in dieser entlegenen Ecke des Kongobeckens noch weitgehend unberührt ist. Tapili liegt im äußersten Nordosten der Demokratischen Republik Kongo, die früher einmal Zaïre hieß. Strom oder ein Mobilfunknetz gibt es nicht. Die Menschen leben in Hütten. Den Platz dafür und für einen kleinen Gemüsegarten haben sie dem Regenwald abgetrotzt, in Ermangelung von Werkzeugen meist mithilfe des Feuers. Die Hauptstadt Kinshasa ist mehr als 3000 Kilometer entfernt; über die Piste, die durch Tapili führt, ist selbst die Provinzhauptstadt Dungu nur in der Trockenzeit und bei guten Bedingungen zu erreichen. So erklärt sich, dass die Welt erst Ende März 2010 von dem Massaker erfuhr, dass sich hier über drei Monate zuvor zur Weihnachtszeit abgespielt hatte.

»Aus dem Busch kamen gut 20 Männer und haben behauptet, sie seien Soldaten der kongolesischen Armee«, erinnert sich der Dorfpfarrer von Tapili, Joseph Nzala. Im Nordosten Kongos, wo seit Jahrzehnten Bürgerkrieg herrscht, ist das nichts Ungewöhnliches. Doch bei den vermeintlichen Beschützern handelte es sich in Wirklichkeit um Kämpfer einer brutalen Terrorgruppe: der Lord's Resistance Army (LRA), zu Deutsch: »Widerstandsarmee des Herrn«. Die LRA wird vom selbsternannten Propheten und international gesuchten Kriegsverbrecher Joseph Kony geleitet.

Als er seinen Bericht ablegt, hat Pfarrer Nzala mit einigen Dutzend Bewohnern von Tapili nach mehreren Monaten im Busch endlich Dungu erreicht. Menschenrechtler tragen zusammen, was am 14. Dezember 2009 in Tapili passierte, nachdem die LRA-Kämpfer sich zu erkennen gegeben hatten: Sie töten Hunderte Dorfbewohner wahllos mit Äxten und Macheten. Jungen und Mädchen wurden gefesselt und entführt. Das gehört zu den Markenzeichen der LRA: Jungen werden zu Kindersoldaten ausgebildet. Mädchen werden als Arbeiterinnen und Sexsklavinnen missbraucht. Manche Erwachsene können im Tumult fliehen, andere Überlebende werden als Träger rekrutiert. In den kommenden fünf Tagen wiederholt sich in den Nachbardörfern das Grauen von Tapili. Nach jedem Überfall, berichtet der 17-jährige Jean-Claude Singbatile, werden willkürlich zuvor entführte Träger ermordet. Er selbst kann fliehen, weil ihm ein LRA-Kämpfer, der seiner Ethnie angehört, die Gelegenheit dazu gibt. Adam Matsaga, der in der Region eine Menschenrechtsgruppe leitet, hat Buch über die Toten geführt. 321 hat er gezählt, unter ihnen Merci Zunane, drei Jahre alt. Matsaga und viele andere halten es für gut möglich, dass die Zahl der im dichten Urwald verscharrten Opfer noch viel höher liegt.

Dass die ursprünglich aus Norduganda stammende LRA im Norden Kongos derart brutal zuschlägt, ist nichts Neues. Während der Weihnachtsfeiertage 2008, etwa ein Jahr vor den Massakern in und um Tapili, überfällt die LRA das Dorf Faradje, gut 200 Kilometer weiter östlich, und ermordet dort mehr als 900 Bewohner. Im Norden Kongos spricht man voller Angst von den »Weihnachtsmassakern« und davon, dass sie sich jederzeit wiederholen können. »Die LRA streute schon lange vorher Gerüchte hier: Wir feiern mit euch Weihnachten«, erinnert sich Matsaga. Die kongolesische Armee verstärkte die Truppen in der Region, allerdings nur in den wenigen Städten. Im Busch und in den Weilern waren die Menschen ihren Mördern hilflos ausgeliefert. Die LRA macht das Leben der Menschen im entlegenen Grenzdreieck von Kongo, Zentralafrikanischer Republik und Südsudan zur Hölle – bis heute. Und das, obwohl ugandische, kongolesische und südsudanesische Armee mit Unterstützung aus den USA die LRA und Joseph Kony jagen.

Terror aus dem Busch

Die LRA umgibt eine Aura des Geheimnisvollen. Ihre Kämpfer kommen scheinbar aus dem Nichts, und dahin verschwinden sie auch wieder. Die Frage, wer eigentlich zur LRA zählt, ist oft schwer zu beantworten. Wenige Tage, nachdem das Massaker von Tapili bekannt geworden ist, wendet sich ein Mann an die Öffentlichkeit, der sich Justin Labeja nennt. Er will ein »Sprecher« der LRA sein und weist jede Verantwortung für das Blutbad in Tapili zurück. »Es handelt sich um einen vollkommen unbegründeten Vorwurf«, sagt er im britischen Rundfunksender BBC. Labeja behauptet, hinter den Angriffen steckten kriminelle Banden, die sich nur als LRA-Kämpfer ausgegeben hätten. Menschenrechtler halten das für Unsinn. Augenzeugen hätten hochrangige LRA-Kämpfer identifiziert, erklärt mir Anneke van Woudenberg, LRA-Expertin bei Human Rights Watch. Unklar ist, welche Verbindungen zur LRA Labeja tatsächlich hat. Der in Nairobi lebende Informant behauptet seit Jahren, für LRA-Chef Joseph Kony zu sprechen. Friedensverhandlungen, bei denen Labeja und andere Kony vertreten hatten, scheiterten aber an der Weigerung Konys, das ausgehandelte Dokument zu unterschreiben. Unabhängige Belege dafür, dass Labaja für die LRA arbeitet, gibt es nicht. Wie auch? 2006 ist Kony zum letzten Mal von einem glaubwürdigen Zeugen gesehen worden, vom damaligen UN-Untergeneralsekretär Jan Egeland. Seitdem gibt es nur Gerüchte. Eine Gruppe von Männern auf einem abgelegenen Pfad, Spuren im Wald, ein Schatten: Ein wenig davon reicht, um Schrecken zu verbreiten. Für eine Terrorgruppe ist diese Angst ihr vielleicht wichtigstes Kapital.

Was die Angst vor Konys Leuten mit den Bewohnern ihrer Heimat macht, weiß kaum jemand so gut wie Angélique Namaika. Ich treffe die Nonne im Herbst 2013 in der gläsernen Zentrale des UN-Flüchtlingshilfswerks in Genf. Am Abend wird der UN-Hochkommissar für Flüchtlinge, António Guterres, ihr den Nansen-Preis überreichen, eine Art Nobelpreis für die, die Flüchtlingen beistehen. Das tut die 46-jährige Augustinerin seit zehn Jahren. Im kongolesischen Bürgerkrieg hat sie viel Leid gesehen, doch niemals so viel wie seit Weihnachten 2008, als die LRA erstmals in ihrer Nachbarschaft zuschlug. »Seitdem kümmere ich mich um die Mädchen und Frauen, die Opfer der LRA werden – sie sind die ärmsten von allen.« Es sind Mädchen, deren Eltern und Geschwister von der LRA verschleppt oder getötet wurden. Andere wurden verstümmelt, misshandelt, vergewaltigt oder selbst entführt. »Wenn sie es irgendwann schaffen zu fliehen, bringen sie fast alle uneheliche Kinder mit – und werden deshalb von der eigenen Familie oft verstoßen«, weiß Namaika. Ihnen allen widmet die Schwester ihre Zeit. Sie bringt ihnen bei, wie man liest und schreibt, wie man einen Garten bestellt oder auch näht und kocht. Vor allem aber bringt sie ihnen das Backen bei. »Brot wird viel gegessen bei uns, wenn die Frauen backen und das Brot auf dem Markt verkaufen, können sie ihr eigenes Geld verdienen.« Das brauchen die Frauen für ihre Kinder, fürs Schulgeld – und nicht zuletzt für Medikamente. Viele der LRA-Opfer kommen mit Geschlechtskrankheiten oder anderen Leiden aus dem Busch zurück, die ärztlich behandelt werden müssen.

Etwa 2000 Frauen hat Schwester Angélique in den vergangenen Jahren versorgt, schätzt sie. Den Schrecken der LRA hat sie am eigenen Leib erfahren, beim ersten Weihnachtsüberfall, als die Terrorgruppe auch in der Nähe von Dungu zuschlug. »Eine meiner Ordensschwestern wurde ermordet«, sagt sie mit leiser Stimme. Sie selbst konnte fliehen. »Wir sind von Versteck zu Versteck gehetzt und haben versucht, uns mit Blättern unsichtbar zu machen und gegen den Regen zu schützen. Wir hatten nichts zu essen, keine Kleidung, nur Angst – erst nach Wochen haben wir uns wieder nach Dungu zurück getraut, da war die LRA endlich abgezogen.«

Zehntausende fliehen und kehren nicht zurück. In Faradje, wo das Weihnachtsmassaker 2008 seinen Ausgang nimmt, erzählt man sich das Geschehene bis heute so: Die Bewohner hatten sich gerade zu einem Weihnachtskonzert in der katholischen Kirche niedergelassen, als sie draußen Schreie hörten. Die Kirchenbesucher drängten nach draußen und wurden dort brutal hingerichtet. »Sie haben die Bewohner angezündet und bei lebendigem Leib verbrannt, mit Macheten zerhackt oder totgetreten«, berichtet der Geschäftsführer der Caritas im Kongo, Bruno Mitewo, mit stockender Stimme. Mindestens zwei weitere Dörfer folgen in den Tagen danach. »In Duru haben sie eine Kirche angezündet, etwa 75 Menschen sind verbrannt«, sagt Mitewo. »Die Rebellen wollten die Bevölkerung traumatisieren und vertreiben.« Das gelingt ihnen. Zeitweise kampieren 6500 Flüchtlinge auf dem Kirchengelände in Dungu. Mehr als 20 000 irren irgendwo in der Wildnis herum, ganze Dörfer sind entvölkert. Viele der Flüchtlinge kehren nie mehr zurück.

Trotz all dem Grauen und der ständigen Angst vor neuen Überfällen lächelt Angélique Namaika. Ihre Augen blitzen schelmisch, wenn sie vom neuen Backofen erzählt, den sie mit dem Preisgeld vom UNHCR bauen will. »Wir lachen, wir singen, wir sprechen miteinander, und all das hilft den Frauen, ihr Trauma zu bewältigen«, beschreibt sie den Alltag. Anstatt zu schweigen, würden die Frauen jetzt öffentlich Zeugnis ablegen über das, was ihnen zugestoßen sei. »Wir Frauen sind stark, und wir zeigen den anderen, dass wir zur Gesellschaft gehören und nicht akzeptieren, ausgestoßen zu sein.« Wer Joseph Kony ihrer Ansicht nach ist, will ich von ihr wissen. Schließlich beschreibt er sich selbst als einen Mann Gottes. »Mit Gott hat Kony nichts zu tun«, antwortet sie. »Es gibt kein Gebot, dass dieser Mann nicht gebrochen hat, selbst der Antichrist könnte nicht schlimmer sein.« Erst an dem Tag, an dem Joseph Kony gefangen ist, werde das Leid in Dungu enden, glaubt Schwester Angélique. »Wir alle beten dafür – wir Frauen brauchen den Frieden.«

Der Terrorpionier

Wer ist der Mann, der seit bald drei Jahrzehnten eine ganze Region in Angst und Schrecken versetzt? 1986, er ist gerade 25 Jahre alt, ereilt Kony der »Ruf Gottes«, im Norden Ugandas einen Staat auf Grundlage der Zehn Gebote zu errichten. Das ist die Legende, die Kony selbst verbreitet. Willkürliche Massenmorde und Folter gehören ebenso zu seinem Markenzeichen wie brutalste Verstümmelungen und die Versklavung von Kindern, die schon im Alter von sechs Jahren als Soldaten in seiner »Widerstandsarmee des Herrn« an der Waffe dienen müssen. Mädchen des gleichen Alters werden als Sexsklavinnen an verdiente »Generäle« der Rebellenarmee verteilt. Im Norden Ugandas verstecken sich zeitweise mehr als eine Million Menschen, eine ganze Generation, in Lagern vor Kony und seinen Schergen. Kinder wandern jeden Abend kilometerweit, um bei Einbruch der Dunkelheit hinter den hohen Zäunen der Gelände von Hilfsorganisationen vor Entführungen sicher zu sein. Erst 2007 flüchtet die LRA vor einer gemeinsamen Offensive der ugandischen und kongolesischen Armee aus ihrem Stammland. Das macht sie nicht weniger gefährlich: Immer neue Überfälle werden seitdem aus dem Kongo, dem Südsudan und der Zentralafrikanischen Republik gemeldet. Selbst im westsudanesischen Darfur sollen Kony und seine Leute zeitweise gesehen worden sein.

Der Internationale Strafgerichtshof (ICC) wirft Kony Kriegsverbrechen und Verbrechen gegen die Menschlichkeit vor. Die Anklage lautet auf vorsätzliche Tötung, Versklavung, Vergewaltigung, schwere Verletzungen der körperlichen und geistigen Gesundheit, grausame Behandlung von und vorsätzliche Angriffe auf Zivilpersonen, Plünderung, Anstiftung zur Vergewaltigung und Zwangsrekrutierung von Kindern. Insgesamt 33 Punkte hat die Anklage am ICC zusammengetragen. Nicht nur gegen Kony, auch gegen vier seiner wichtigsten Kommandeure gibt es Haftbefehle. Einen davon, Vincent Otti, soll Kony selbst getötet haben, weil er zu Verhandlungen bereit war. Ob das stimmt, lässt sich nicht eindeutig sagen. Wie so vieles, was die LRA angeht.

Als zwischen dem Norden und dem Süden des Sudan noch Krieg herrschte, war allgemein bekannt, dass sich die LRA in die unkontrollierten Landstriche des Südsudan jenseits der Grenze zu Uganda zurückzog, wo sie vom sudanesischen Regime mit Waffen, Geld und Ausrüstung versorgt wurde. Im Gegenzug machte die LRA nicht nur den Menschen im Norden Ugandas, sondern auch den südsudanesischen Rebellen das Leben schwer. Hemmungen, seine Truppe als Söldner an die islamistische sudanesische Regierung unter Staatschef Omar al-Baschir zu verkaufen, hat Kony nicht. Auch das zeigt, wie oberflächlich der von Kony geschaffene Mythos um die Zehn Gebote und um seine Person ist. Als die Regierungen im Norden und im Süden des Sudan 2005 ein Friedensabkommen schließen, entzieht al-Baschir Kony die Unterstützung.

Ein Interview mit Kony

Sam Farmar, ein britischer Filmemacher, erkennt zu diesem Zeitpunkt die Gunst der Stunde. Er will als erster Journalist Kony treffen und interviewen. Ein Jahr lang sucht Farmar den Kontakt zu Kony über LRA-Kämpfer, die er in der südsudanesischen Hauptstadt Juba trifft. Der Bürgerkrieg ist gerade erst vorbei. Zwischen den zerstörten Häusern der Stadt, die bis zuletzt von der sudanesischen Armee gehalten wurde, stehen noch Panzerwracks. Am

Nilufer hat ein Camp aus Militärzelten geöffnet, in dem erste Entwicklungshelfer und Geschäftsleute unterkommen – für 200 Dollar pro Nacht. Wenn die Sonne untergeht, finden sich Glücksritter, Helfer und Rebellen an der Bar ein, die notdürftig am schlammigen Strand aufgebaut worden ist. Hier trifft Farmar seine Kontaktleute, hier schwärmen sie ihm in den höchsten Tönen von Kony vor. Er sei von höheren Wesen beseelt, mindestens dreien, sagt ihm ein Anhänger. Töten könne man Kony nicht, selbst dann nicht, wenn man ihm eine Kugel direkt durchs Herz jage.

Nach einer beschwerlichen Reise, die Farmar in seinem Film abbildet, gelingt es ihm tatsächlich, Kony im Dschungel zu treffen. Das Zusammentreffen ist vielleicht gerade wegen seiner Banalität interessant. Kony trägt ein blaues T-Shirt, während um ihn herum alle in Militäruniformen gekleidet sind. Er spielt mit einem Satellitentelefon herum und trinkt Tee aus einem billigen Plastikbecher. Auf die Frage, wer er sei, antwortet Kony in brüchigem Englisch. »Ich bin ein Soldat, ich kämpfe für die Freiheit in Uganda – ich bin kein Terrorist.« Die Verschleppungen, die Verstümmelungen, die Gräueltaten – das alles seien die Truppen des ugandischen Staatspräsidenten Yoweri Museveni gewesen. »Die LRA hat nichts mit solchen Taten zu tun.« Zu diesem Zeitpunkt ist Kony bereits vor dem ICC angeklagt. »Ich bin unschuldig«, sagt er. »Wenn die Friedensverhandlungen erfolgreich sind, werde ich mich stellen und das beweisen.« Kony habe keinerlei Schuldgefühl gezeigt, sagt Farmar später. Konys Vize Vincent Otti sagt: »Wir kämpfen für die Zehn Gebote.« Kony selbst erklärt, er kämpfe für Demokratie und freie Wahlen in Uganda. »Gott hat mir nicht aufgetragen, diesen Krieg zu führen«, sagt er. Dass höhere Wesen zu ihm sprächen, ja, das stimme – wie viele genau, könne er nicht sagen. »Viele, es sind viele, die zu mir sprechen.«

Kony, ein verkannter Freiheitskämpfer? Will er der Volksgruppe der Acholi, die als Anhänger des 1985 durch einen Militärputsch entmachteten Diktators Milton Obote lange Zeit vom neuen ugandischen Regime vernachlässigt wurden, mehr Rechte erstreiten? Wohl kaum. Die Heimat der Acholi, Konys Heimat, war die erste Region, die er mit seinem Terror überzog. Zwei Millionen Flüchtlinge und 25 000 Tote zählen die UN, als ich 2004 zum ersten Mal in den Norden Ugandas komme. Dort herrscht nackte Angst vor Kony und seinen Kämpfern. Dass die LRA eine Befreiungsbewegung sein soll, die das Joch unter Präsident Museveni abstreifen will, glaubt hier niemand. Fast alle haben Angehörige verloren oder wissen von Freunden, denen die LRA ihre Kinder geraubt hat. Schulkinder werden abends, sobald die Sonne untergeht, auf vergitterten Grundstücken eingeschlossen. 40 000 Kinder hat die LRA bis dahin auf brutalste Weise verschleppt.

Die Mädchen von Aboke

Gräuelgeschichten wie die des 9. Oktober 1996, die mir die Uganderin Florence Lakor erzählt, haben sich ins kollektive Gedächtnis der Bevölkerung im ländlichen Norden Ugandas eingebrannt. Die besagte Oktobernacht sei so schwarz gewesen, wie es Nächte nur in Afrika sein könnten, beginnt sie. Der Mond war von einer dicken Wolkenschicht verborgen. Sogar die Sterne waren verschwunden. In dieser Dunkelheit griff die LRA an. Aus dem St. Mary's College, einem Internat nahe des Dorfs Aboke im Norden Ugandas, raubten ihre Kämpfer 139 Mädchen zwischen zwölf und 17 Jahren aus den Schlafsälen und verschwanden mit ihnen im Busch. Florence Lakor ist 2004 Betreuerin in einem Lager für ehemalige Kindersoldaten in Gulu, dem Zentrum Nordugandas. Die meisten Menschen aus den umliegenden Dörfern sind hierher geflohen. Denn die Kindersoldaten der LRA morden immer noch, vergewaltigen, setzen Häuser in Brand. Lakor setzt die Geschichte fort. »Eine der Lehrerinnen, Schwester Rachelle, hat am nächsten Morgen gesehen, was passiert ist, und ist trotz aller Gefahr sofort losgezogen, um der LRA zu folgen.« Sie holt die Rebellen ein und bettelt um die Freilassung ihrer Mädchen. Schließlich darf sie ziehen – und 109 Schülerinnen mit ihr. Fast ein Happy End. 30 Kinder müssen bleiben. Unter ihnen auch Florences Tochter Angela.

»Ich war mit anderen Frauen bei einer Versammlung«, erinnert sich Florence. Ihre Stimme stockt. Dort verbreitet sich die Nachricht vom Überfall wie ein Lauffeuer. Florence fährt nach Aboke und harrt einen Tag und eine Nacht aus, bis Schwester Rachelle mit den befreiten Schülerinnen zurückkehrt. Sie tröstet die weinenden Mädchen, versucht ihnen beizustehen. Auf Angela wartet sie vergebens. »Als ich gehört habe, dass sie bei den Rebellen bleiben musste, bin ich gegangen. Mehr musste ich nicht wissen.« Damals war Angela 17. Ein Jahr später entscheidet Florence Lakor, sich um entflohene Kindersoldaten zu kümmern. Sie kannte die Übeltaten der LRA-Soldaten: Wie sie Dorfbewohnern ohne Grund Lippen und Ohren abschneiden. Wie ganze Dörfer in Brand gesteckt werden, nachdem die Bewohner gefesselt zurückgelassen werden. »Aber was die Kinder im Busch täglich durchmachen müssen, davon hatte ich keine Ahnung. Ich wollte all die Geschichten hören, um zu erfahren, wie es meiner Tochter wirklich geht.« Was sie hört, ist schlimmer als alles, was sie sich je vorgestellt hat. Die verschleppten Jungen müssen morden – auch in den eigenen Reihen. Offiziere zwingen die Kinder, jenen, die die Flucht versuchen, die Beine abzuhacken oder sie zu Tode zu treten. Mädchen werden als Prämien an besonders brutale Soldaten vergeben.

All diese Geschichten erträgt Florence, Tag für Tag. Nie fragt sie nach ihrer Tochter. Trotzdem erfährt sie irgendwann, dass die Mädchen von Aboke im Hauptquartier von LRA-Führer Joseph Kony gelandet sind, der die Entführung der Mädchen persönlich in Auftrag gegeben haben soll. Ihre Hoffnung begräbt sie nie. Florence Lakor wartet. Jeden Tag betet sie für ihre Tochter. Am 6. August 2004 wird sie ins Büro gerufen. Am Telefon ist ein Kommandeur der ugandischen Armee: Angela ist frei. »Am nächsten Tag haben wir zum ersten Mal miteinander gesprochen«, strahlt Florence, während ihr Tränen über die Wange laufen. Angela sagt nicht viel. »Mami, ich habe auf dich gewartet.« Dann legt sie auf. Das nächste Telefonat geht besser. Es kommt der Tag, auf den Mutter und Tochter so lange gehofft haben: Angela wird nach Gulu geflogen. »Da haben wir uns einfach nur in den Armen gelegen.«

Angela ist 25, als ich sie kennenlerne. Bei den Rebellen war sie eine von 20 Frauen eines Kommandeurs. Als der bei einem Angriff getötet wird, kann sie fliehen. Nach sieben Jahren und elf Monaten hat die Geschichte der Mädchen von Aboke für Florence und ihre Tochter ein glückliches Ende genommen.

Immer wieder reise ich in den Norden Ugandas, um mit Opfern und Tätern zu sprechen. Viele sind beides zugleich. Das wird besonders offensichtlich, nachdem die LRA nach Westen weitergezogen ist und in Norduganda Frieden herrscht – nach mehr als 20 Jahren Angst und Krieg. Viele Jugendliche, einst als Kinder verschleppt, setzen sich von der LRA ab und kehren zurück in die Dörfer, die einst ihre Heimat waren. Doch dort wartet niemand auf sie. Zum Hass der anderen kommen die Selbstzweifel, die die meisten Exkämpfer der LRA plagen. Was haben sie den anderen und sich selbst bloß angetan?

Unter dem Papayabaum

An einem heißen Tag im Sommer 2008 setze ich mich zu gut 20 Jugendlichen, die unter einem Papayabaum einen Kreis gebildet haben. Die LRA hat seit einem guten Jahr keine Überfälle mehr im Norden Ugandas verübt. Die Jugendlichen von Onyama, einem der vielen Vertriebenenlager am Stadtrand von Gulu, reden. Manchmal lachen sie gemeinsam, doch meistens herrscht aufmerksame Stille. Die Mädchen und Jungen erzählen von der Vergangenheit, die sie alle gezeichnet hat. Die einen leben seit ihrer Kindheit in Lagern, auf der Flucht vor den Kinderräubern der LRA. Die anderen unter dem Papayabaum sind nach und nach aus dem Busch zurückgekehrt, wo sie für Joseph Kony kämpften. Sie sind diejenigen, vor denen die neuen Nachbarn in Onyama einst geflohen sind.

»Wenn Kony nachts beten ging, habe ich ihm seinen Betstuhl hinterhergetragen«, erzählt der 21-jährige Deogratius Okema. Er ist nach acht Jahren an der Seite Konys der Alptraumwelt entkommen. Viele Kinder mussten nahe Verwandte umbringen, um sich selbst den Rückweg in die Gesellschaft abzuschneiden, erzählt er. Bei Deogratius war das nicht anders: Ein Kommando der Kinderarmee nahm damals ihn und zwölf andere Kinder mit, die sich gleich hinter einem Militärlager versteckt hielten. Von den Soldaten der Regierungsarmee war nichts zu sehen. »Wir sind sieben Tage zu Fuß bei praller Sonne in die Lager im Südsudan marschiert«, erinnert er sich. »Es gab kein Wasser und nichts zu essen – zwei machten schlapp, die wurden erschlagen und mit der Machete in Stücke gehackt.« Damals war Deogratius gerade 13 Jahre alt. Vielleicht erklärt das, warum der immer noch kahlgeschorene Exsoldat seinen Blick beim Reden unbeweglich starr nach vorne richtet und spricht wie ein Automat, der das Erlebte vergessen will, aber nicht kann.

Nur wenn Deogratius über Kony selber spricht, wird seine Stimme etwas weicher. »Kony will die Armut in Norduganda beenden, er betet Tag und Nacht für die Menschen hier und will niemandem etwas Böses.« Für die Gewalt, die Überfälle und all das Schlimme, das er selbst erlebt hat, macht Deogratius »die anderen« verantwortlich, die Konys Befehle missachteten. »Kony kann nichts dafür, er weint oft, weil seine Männer so ungehorsam sind.« Der Führer selbst, so behauptet Deogratius, habe ihm das Leben gerettet, als er nach dem Gewaltmarsch im Lager ankam. »Im Camp war ein Commander, der mich umbringen wollte. Aber Joseph Kony hat mich gerettet.« Okemas Stimme wird mit jedem Satz zuversichtlicher, selbstsicherer. »Kony hat an mich geglaubt, er hat mich mit nach Khartum genommen, mich an der Waffe ausbilden lassen und schließlich zum Captain befördert.« Wegen seiner Treue habe Kony ihn schließlich als Leibwächter eingesetzt. »Da konnte mir niemand mehr etwas anhaben.« Zum ersten Mal klingt seine Stimme wirklich entspannt. Schließlich aber, sagt Okema, habe Kony selbst ihm geraten: »Geh nach Hause.« Da sei er aus dem Busch geflohen. Dann schweigt Deogratius. Die anderen Jugendlichen schweigen mit ihm.

»Eigentlich sollte man erwarten, dass die Rückkehrer Kony hassen«, meint Lucy Apiyo, die Gruppentherapien wie die unter dem Papayabaum leitet. »Aber das Gegenteil ist der Fall: Die Opfer halten mühsam ein Bild des strahlenden Führers aufrecht, damit ihnen ihr Leben nicht sinnlos erscheint.« Bei manchen reißt diese selbstgebaute Fassade irgendwann ein. Die Selbstmordrate in den Flüchtlingscamps, in denen über Norduganda verstreut mehr als eine Million Menschen auf engstem Raum zusammengepfercht sind, steigt seit Jahren. Alle paar Wochen erhängt, erschießt oder ersticht sich jemand in Onyama. Meistens sind es Kinder oder Jugendliche. Depressionen, sagt Apiyo, sind ein riesiges Problem in allen Camps. »Bisher haben Hilfsorganisationen so etwas als Luxusproblem empfunden, Hauptsache, keiner war unterernährt oder physisch krank.« Erst jetzt ändert sich das, durch engagierte Therapeuten wie Apiyo. Die Mädchen und Jungen sprechen, malen, spielen und weinen zusammen, immer wieder. »Wir waren sehr skeptisch, ob das klappt«, sagt Lucy Apiyo, »schließlich bieten wir nur die Therapie an, kein Geld, kein Essen, nichts sonst.«

Noch mehr als die Täter brauchen die Opfer Apiyos Hilfe. Denn Nordugandas Lagergeneration kennt keine Perspektiven. James Opio, der in Onyama lebt, so lange er sich erinnern kann, ist gerade einmal 16. »Als ich acht war, ist mein Vater gestorben, ein paar Jahre später meine Mutter – auf einmal war ich allein mit meinen fünf jüngeren Geschwistern.« Im Dorf hätte sich wohl die Großfamilie um ihn gekümmert. Im Lager war James auf sich allein gestellt. »Ich habe versucht, Geld zu verdienen, aber es gab keine Jobs. Ich habe versucht, Lebensmittel oder andere Hilfe von den Organisationen zu bekommen, aber da waren so viele andere, dass ich kaum was abbekommen habe.« Irgendwann wusste er nicht mehr weiter. »Ich habe mich nutzlos und wertlos gefühlt und gedacht: Da kann ich mich auch gleich umbringen, dann ist der Druck wenigstens weg.« Dass er noch lebt, glaubt James, hat er einzig der Hilfe von Lucy Apiyo zu verdanken.

Die 16-jährige Jacqueline Akumo ist stolz, dass sie seit ihrer Therapie wieder arbeiten geht. Samstags klopft sie Steine im nahen Steinbruch, für umgerechnet einen Euro am Tag. Ihre Freundin, die gleichaltrige Jennifer Adoteh, hat den Mut gefunden, ihren zehn Monate alten Sohn Sunday alleine großzuziehen. Sie lächelt: »Das konnte ich mir vorher nicht vorstellen.« Kinderschwangerschaften sind normal im Flüchtlingslager. Nur Alkohol gibt es in Massen: Wer kann, braut abenteuerliche Mixturen, Hauptsache hochprozentig. Schon am Morgen liegen Männer mit glasigen Augen zwischen den Hütten aus Lehm. Traditionell sollten sie die Felder bestellen, doch die gibt es nicht. Die ersten sind zwar in sogenannte Satellitenlager gezogen, wo die Regierung Parzellen bereitstellt. Doch viele haben seit 20 Jahren keine Schaufel mehr in der Hand gehalten, und sie sind ohnehin skeptisch, ob sie die Ernte auf diesem Land einbringen werden oder ob die LRA, die Regierungsarmee oder beide ihnen nicht einfach alles wieder stehlen. Sophia Ayena hat versucht, auf den Hof zurückzukehren, von dem sie vor zehn Jahren geflohen ist. »Ich musste mehrere Tage lang reisen, meist zu Fuß, weil so selten Autos vorbeikamen.« Als sie endlich ankam in der alten Heimat, waren da schon Leute auf ihrem Hof. »Als ich gesagt habe, ich will mein Land zurück, haben sie mich nur ausgelacht und fortgeschickt.« Jetzt sitzt die fünffache Mutter wieder im Lager und weiß nicht, was sie tun soll. Die Polizei hat ihr erklärt, dass sie nicht helfen kann. Angeblich steckt sie groß mit drin in den Geschäften mit dem fruchtbarsten Land, das Uganda zu bieten hat. Helfen kann die Polizei auch nicht gegen die Viehdiebe, die über die Lager herfallen, seit sie Konys Kinderarmee nicht mehr fürchten müssen. Neue Gangster haben die alten abgelöst. Von Hoffnung ist jenseits des Papayabaums, unter dem Lucy Apiyo die Jugendlichen zusammenruft, nicht viel zu spüren.

Nicht einer der ehemaligen Kindersoldaten, mit denen ich sprach, hat jemals von politischen (oder auch anderen ideellen) Zielen gesprochen, die er, die LRA als Ganzes oder Joseph Kony als Anführer verfolgt haben. Die Einzigen, die ich jemals vom Staat auf Grundlage der Zehn Gebote faseln hörte, waren Konys Vize Vincent Otti sowie die Unterhändler, die sich in Nairobi und Kampala als Beauftragte Konys ausgaben und auf Kosten der internationalen Gemeinschaft in Luxushotels übernachteten – monatelang, bis die Gespräche wieder einmal scheiterten; angeblich am Einspruch Konys.

Was hingegen nahezu alle Geschichten der Exkindersoldaten gemeinsam haben, ist der Zwang, ständig neue Dörfer zu überfallen und zu plündern. Die LRA rekrutierte sich aus Verschleppten, und sie lebte von dem, was ihre Kindersoldaten erbeuteten. Die Dynamik war die einer Diebesbande, sagt mir Thomas Kwoyelo. Anders als Deogratius Okema lässt er kein gutes Haar am angeblichen Heiligen Kony. »Ich wurde auf dem Weg zur Schule entführt, als ich 15 war«, berichtet Kwoyelo. Kony und seine Kommandeure hätten unbedingten Gehorsam eingefordert. »Ich war wie ein Hund: Ein Vorgesetzter gab einen Befehl, ich führte ihn aus.« Was Kwoyelo erbeutete, musste er abliefern. Immer wieder wurden Diebe oder angebliche Verräter vor den Augen aller gefoltert und hingerichtet. »Mein eigener Bruder hätte mich umbringen können, man konnte nie sicher sein«, sagt Kwoyelo, der 20 Jahre bei der LRA verbracht hat. Kony selbst hält er für einen Psychopathen: »Er kann dich anlächeln und freundlich zu dir sprechen, und im nächsten Augenblick gibt er den Befehl, dich auspeitschen zu lassen.« Kwoyelo legt die Arme um seinen schmalen Körper, ihn fröstelt, wenn er sich an seinen einstigen Herrn zurückerinnert.

Konys Terror

Die systematische Verbreitung von Angst und Schrecken ist es, was Politikwissenschaftler als Terror bezeichnen. Daran, dass Kony und die LRA Terror verbreiten, besteht kein Zweifel. Doch sind sie Terroristen? Terrorismus definiert der deutsche Politologe Andreas Bock in seiner Einführung zum Thema als »nichtstaatliche, genauer: anti-staatliche Gewalt, die sich willkürlich gegen jeden richten kann, um durch das Gefühl des Terrors [...] ein bestimmtes Verhalten zu erzwingen«. Der US-amerikanische Intellektuelle und Philosoph Noam Chomsky beschreibt Terrorismus unter Rückgriff auf eine Definition der US-Armee als »kalkulierten Einsatz von Gewalt oder Gewaltandrohung zur Erreichung von Zielen, die politisch, religiös oder ideologisch sind. Dies wird durch Einschüchterung, Nötigung oder die Verbreitung von Angst erreicht.« Dass Kony terroristische Mittel einsetzt – und zwar nach innen wie auch nach außen –, daran besteht kein Zweifel. Aber welche Ziele verfolgt Kony? Er selbst spricht nicht von einem »Staat auf Grundlage der Zehn Gebote«, den seine Stellvertreter in ihren öffentlichen Statements beschwören. Das Ziel der »Befreiung« Nordugandas ist durch Konys Aktionen widerlegt. Sonstige Ideologie ist nicht erkennbar, ebenso wenig wie weiterreichende Ziele.

Vielleicht hat Kony ja Recht, und er ist tatsächlich kein Terrorist im Sinne einer politikwissenschaftlichen Definition. Das macht ihn natürlich nicht zu einem besseren Menschen, und es mag akademisch klingen, sich mit der Frage auseinanderzusetzen. Falsch und verwerflich ist das, was Kony tut, allemal. Trotzdem hat mich die Frage lange nicht losgelassen. Heute glaube ich, Kony ist ein Krimineller, der sich die Mittel des Terrorismus zu eigen gemacht hat – und dabei als einer der Ersten nicht einmal mehr einen ideologischen Unterbau vorspiegelt. Bis zur Gründung der LRA verfolgten bewaffnete Gruppen in Afrika zumindest vordergründig politische Ziele, sei es die Befreiung ihres Staates von Kolonialisten oder Diktatoren oder der Kampf für ein anderes Gesellschaftssystem. Damit waren sie, in Chomskys und Bocks Sinne, echte Terroristen. Es bestand zumindest die Aussicht, mit ihnen zu verhandeln, Kompromisse zu schließen und so das Morden zu beenden. Das ist mit Gruppen wie der LRA aussichtslos, weil ihre wahren

Interessen mit kriminellen Geschäften zu tun haben. Es geht um Geld und Ausbeutung – auch wenn es, wie bei den Lumpenkämpfern der LRA, manchmal nicht so scheint. Der Terror ist ein Mittel zum kriminellen Zweck. In dieser Hinsicht ist Kony der Pionier einer neuen Art von Terrorist, wie er derzeit überall in Afrika zu sehen ist: der Gangster-Dschihadist, der den Sahel unsicher macht, der Narko-Mafioso in Westafrika und selbst das in so viele illegale Geschäfte verstrickte Mitglied der somalischen al-Shabaab.

Krieg im Niemandsland

Seit die LRA ihre Basen im Südsudan 2006 zum ersten Mal aufgeben musste und vor der gemeinsamen Offensive der ugandischen, südsudanesischen und kongolesischen Armee flieht, hinterlässt sie eine blutige Spur. Neben dem Osten der Zentralafrikanischen Republik und dem Nordosten Kongos ist es der Südsudan, aus dem die meisten Überfälle gemeldet werden. Und so reise ich nur ein paar Wochen, nachdem ich in Norduganda unter dem Papayabaum Lucy Apiyo, Deogratius Okema, Thomas Kwoyelo und die anderen getroffen habe, im Sommer 2008 in die südsudanesische Hauptstadt Juba. Mit den unmissverständlichen Worten »Die LRA führt wieder Krieg« empfängt mich dort Informationsminister Gabriel Changson Cheng. Bei Angriffen auf die zwei südsudanesischen Garnisonsdörfer Nabanga und Yamba, die in einer abgeschiedenen Region nahe der Grenze zum Kongo liegen, wurden Dutzende Menschen ermordet. Die LRA, so Cheng, habe Nahrungsmittel, Waffen und Vieh gestohlen. Die bisherigen Bemühungen um einen Frieden seien damit hinfällig. »Es wäre sinnlos für uns, weiterhin als Vermittler zwischen LRA und ugandischer Regierung tätig zu bleiben.« Es ist ein willkürlicher Schlusspunkt. Aus dem Niemandsland zwischen dem Osten des Kongo, der Zentralafrikanischen Republik und dem Südsudan werden seit Monaten Angriffe nach dem gleichen Schema gemeldet. Während der auf 600 Kämpfer geschätzte Kern der LRA gut 1000 neue Kinder und Jugendliche verschleppt und zwangsrekrutiert hat, verschob Kony unter fadenscheinigen Ausreden immer wieder die geplante Unterzeichnung eines seit 2006 verhandelten Friedensvertrags. »Kony hat die Zeit genutzt, um aufzurüsten und neue Soldaten zu entführen«, erklärt mir Ugandas Armeesprecher Paddy Ankunda wütend. Damals geht Ugandas Armee gegen einen LRA-Stützpunkt im Norden des Virunga-Nationalparks im Ostkongo vor, gemeinsam mit kongolesischen und UN-Truppen. »Auch die US-Armee unterstützt den Vorstoß.« Doch auch dieser Versuch, den Konflikt mit Kony militärisch zu lösen, bleibt erfolglos. Die LRA ist schon wieder auf der Flucht, als die Militärs zuschlagen – diesmal in Richtung Westen. Oder doch nicht?

Im Oktober 2013, heißt es, Kony habe sich schon 2010 in die Enklave Kafia Kingi zurückgezogen, einen umkämpften Teil des Südsudan, der bis heute von der sudanesischen Armee kontrolliert wird. Dorthin sei Kony mit Unterbrechungen immer wieder zurückgekehrt, versorgt von der sudanesischen Regierung von Omar al-Baschir. Neuer Terror im Südsudan würde der sudanesischen Regierung helfen, ihre Grenzansprüche in ölreichen Gegenden durchzusetzen. Ähnlich hat al-Baschir bereits im Darfurkonflikt agiert. Dass die LRA sich für Söldnerdienste kaufen lässt, hat sie bereits bewiesen. Sollte das zutreffen, zeigte es erneut, dass es der LRA-Führung mit ihrem Terrorkampf einzig um Ressourcen geht.

Selbsternannte LRA-Sprecher haben in der Vergangenheit immer wieder behauptet, die Bewegung werde zu Unrecht des Söldnertums verdächtigt. Justin Labeja etwa erklärte mir nach den Überfällen im Südsudan, fremde kriminelle Banden würden im Namen der LRA töten. Er räumt allerdings auch ein, dass die LRA sich auf der Flucht in zahlreiche Grüppchen zersplittert habe. »Ob die miteinander oder gar mit Joseph Kony in Kontakt stehen, weiß niemand«, sagt er. Die meisten Kämpfer haben nie eine Schule besucht und sind in der LRA aufgewachsen. Dass sie weiter morden und plündern, schlicht weil sie nichts anderes kennen, wäre kaum überraschend. Die Weihnachtsmassaker tragen unverkennbar Konys Handschrift: Überlebende wurden grausam verstümmelt, vielen wurden die Lippen abgeschnitten. Dafür weist David Nekorach Matsanga, der sich ebenfalls LRA-Sprecher nennt, jede Verantwortung von sich. »Die Morde im Nordosten Kongos, das waren nicht wir – das war Bataillon 105 der ugandischen Armee, das aus geflohenen Kämpfern von uns rekrutiert wurde.« Die ugandische Armee habe dieses Bataillon auf unschuldige Zivilisten gehetzt, um die Rebellen beschuldigen zu können, so Matsanga. Welche Behauptungen zutreffen, ist schwer zu sagen. Klar scheint jedoch, dass die LRA zersplittert ist.

Lebt Kony noch? Auch diese Frage lässt sich nicht klar beantworten. Angeblich soll er mit seinen Anhängern über Funk kommunizieren. Eine jahrelange Suche hat keine Spur von ihm ergeben. »Der Mann versteckt sich im Busch und kommt nur raus, um zu morden und zu plündern«, sagt mir in Kampala Ruth Nankabira, Staatssekretärin im ugandischen Verteidigungsministerium. Warum ist es so schwer, ihn zu finden? Schließlich sind sogar US-Spezialtruppen an der Suche beteiligt. »Es handelt sich um sehr dichtes Buschland, und Kony bewegt sich zu Fuß, das bereitet uns viele praktische Probleme.« Dazu kommen administrative Hürden, sagt Nankabira. Die multinationale Truppe habe keine klare Führungsstruktur. »Wir operieren auf ausländischem Territorium, da muss man Anträge stellen und um Genehmigungen bitten, das erschwert unsere Arbeit sehr.« Die größte UN-Blauhelmtruppe der Welt, MONUSCO, ist mit den anderen Krisenherden im Kongo ausgelastet. Es sieht so aus, als würde der Terror im Herzen Afrikas vorerst weitergehen. Auch nach mehr als einem Vierteljahrhundert ist die LRA nicht aufzuhalten.

6
Gangster-Dschihadis
Wie Schmuggel und Kidnapping den Islamismus finanzieren

Statt dichtem Grün wie im Kongobecken beherrschen Brauntöne und schmutziges Gelb den Marktflecken Aguelhok im äußersten Norden Malis, mitten in der Sahara. Doch so unterschiedlich Dschungel und Wüste sind, so ähnlich ist der Schrecken, den die Bevölkerung erleidet. Es ist der 30. Juli 2012. Mehrere Männer, jeder im weißen Gewand und mit langem, buschigen Bart, tragen über der einen Schulter Kalaschnikow-Gewehre, über der anderen Schaufeln. Es ist kurz nach fünf am Morgen, der Himmel färbt sich an den Rändern hellblau. Die Bärtigen stoßen einen Mann und eine Frau vor sich her, bis sie vor zwei Löchern stehen bleiben, die neben der größten Kreuzung des Marktfleckens ausgehoben wurden. Die Grenze nach Algerien ist von hier eine halbe Tagesfahrt mit dem Geländewagen entfernt, manche Schmuggler schaffen es noch schneller. Doch an diesem Morgen verlässt niemand die Stadt. Die neuen Herrscher von der al-Qaida im Islamischen Maghreb (AQMI) haben es verboten.

In Aguelhok sind die spärlich wachsenden Dornbüsche die einzigen Farbtupfer. Die quaderförmigen Lehmhütten verteilen sich entlang einer Sandpiste. Selbst die Luft ist braun, wenn wieder einer der Saharawinde den Sand vor sich hertreibt. 8000 Einwohner gibt es angeblich in Aguelhok, doch die meisten von ihnen sind irgendwo in den Dünen unterwegs, ziehen mit Kamelen oder Jeeps durch die Wüste. Die Tuareg stellen hier im äußersten Nordosten Malis 95 Prozent der Bevölkerung. Der einzige Grund, Aguelhok zu kontrollieren, ist, dass es keine anderen Städte in dieser Gegend gibt. Und dass die malische Armee hier eine Garnison besitzt, die Tuaregrebellen schon am 17. Januar 2012 erstmals einnahmen. Kurz darauf eroberte die Armee Aguelhok zurück, bis eine Woche später die Rebellen mit Verstärkung zurückkehrten. Die Verstärkung, das sind Islamisten. Als die malischen Soldaten sich angesichts der Übermacht ergeben, werden sie abgeschlachtet. Beim Massaker von Aguelhok sollen knapp 100 unbewaffnete Soldaten brutal ermordet worden sein.

Ein halbes Jahr später, am 30. Juli 2012, haben sich jene Bewohner Aguelhoks, die nicht geflohen sind, an den alltäglichen Terror der Islamisten gewöhnt. Doch das, was sie an diesem Morgen erleben, übertrifft die übliche Grausamkeit noch. Bis zu den Schultern werden der Mann und die Frau eingegraben. Dann erhebt einer der bärtigen Männer die Stimme. »Er sagte, Allah habe diese Strafe befohlen«, erinnert sich ein Augenzeuge. »Die beiden sollen Sex miteinander gehabt haben, obwohl sie nicht verheiratet waren.« Bei Malis Islamisten steht darauf die Todesstrafe. Ehemalige Bewohner berichten, wie sie vor Angst versteinert zusehen, als die Islamisten beginnen, mit Steinbrocken nach den Köpfen der beiden Eingegrabenen zu werfen. »Die Frau hat laut geschrien, aber schon bald hing sie nur noch da – beim Mann hat es 15 Minuten gedauert, bis er tot war.« Viele der verbliebenen Einwohner Aguelhoks fliehen nach dem Exempel – weg aus dem Norden, weg aus Mali, aus Angst, die nächsten Opfer zu sein. Wer bleibt, gehorcht.

Musterstaat Mali

Drei Jahre zuvor gilt Mali noch als westafrikanische Vorzeigedemokratie, die Hauptstadt Bamako als Boomtown im Sahel. Überall wird gebaut, mit chinesischem Geld und auch mit Einnahmen aus dem Goldexport – Mali ist nach Südafrika und Ghana der drittgrößte Produzent auf dem Kontinent. Die Stimmung in den Bars über dem träge dahinfließenden Niger-Fluss ist gut: Uranfunde und jüngst entdeckte Ölvorkommen lassen Geschäftsleute auf einen lang anhaltenden Aufschwung hoffen, und auch das Tourismusgeschäft wächst. Ich lande nur durch Zufall in einem der pompösen Hotelneubauten aus Beton, Stahl und Glas, weil mein Weiterflug in die mauretanische Hauptstadt Nouakchott gestrichen wurde – die dortige Fluggesellschaft ist wieder einmal pleite. In Bamako treffe ich Mohamud al-Faroukh. Er stammt aus dem Norden

Malis und ist Tuareg. »Wir Tuareg bekommen vom neuen Reichtum Malis nichts ab«, erzählt er mir im Lauf des Abends verbittert. Wir sitzen auf dem Dachgarten, lauschen dem Stimmen- und Verkehrsgewirr auf der Straße und trinken süßen Tee. Über uns leuchtet der sternklare Himmel. »Das ist nichts im Vergleich zu den Gestirnen, die man in der Sahara sehen kann«, sagt er. »Und direkt darunter, unter dem Wüstensand, liegen die Reichtümer, die die Politiker hier in Bamako verschachern – aber wir leben trotzdem in absoluter Armut.« So sehr al-Faroukh in dieser warmen Nacht von der Sahara schwärmt, so desillusioniert ist er von Malis politischer Klasse. »Das Einzige, was etwas ändern kann, ist eine Revolution«, sagt er. Die scheint in dieser lauen Sommernacht weit entfernt. Selbst al-Faroukh rechnet wohl nicht ernsthaft mit der Möglichkeit.

Doch Anfang 2012 ist es auf einmal so weit. Die Zeichen für einen Aufstand der Tuareg stehen so günstig wie nie. »Nach dem Fall Gaddafis sind militärisch gut ausgebildete Tuaregkämpfer aus Libyen nach Mali zurückgekehrt«, erklärt mir Gilles Olakounlé Yabi, Westafrika-Direktor der International Crisis Group (ICG), einer mit vielen ehemaligen internationalen Politikern und Diplomaten bestückten Nichtregierungsorganisation, die sich der Prävention und Lösung kriegerischer Konflikte verpflichtet hat. »Sie kamen mit sehr vielen Waffen, mit Munition und Fahrzeugen – für die Tuareg im Norden Malis war das die entscheidende Gelegenheit.« In Libyen werden die einstigen Söldner Gaddafis gnadenlos verfolgt – und nicht nur sie. Selbst harmlose Gastarbeiter, Tagelöhner, Flüchtlinge auf dem Weg nach Europa werden auf offener Straße umgebracht. Da sind die einstigen Elitesoldaten Gaddafis schon weit im Süden des Landes in der Sahara verschwunden und bereit, für jeden zu kämpfen, der ihnen Gewinn verspricht. Als die Armee in Bamako Ende März 2012 auch noch den scheidenden Präsidenten Amadou Touré aus dem Amt putscht – unter anderem, weil er dafür verantwortlich gemacht wird, das Massaker von Aguelhok im Januar 2012 nicht verhindert zu haben – besetzen Tuaregkämpfer des Mouvement National pour la Libération de l'Azawad (Nationale Bewegung für die Befreiung Azawads, MNLA) innerhalb eines langen Wochenendes den Norden Malis und rufen ihren eigenen Staat aus. »Azawad« beginnt nördlich der Stadt Mopti und ist größer als der verbleibende Rest Malis. Eine Fluchtwelle setzt ein. Mehr als 200 000 Vertriebene innerhalb Malis zählen die UN in dieser Phase der Krise, noch einmal ebenso viele Malier fliehen in Nachbarländer.

Die Islamisten übernehmen

Doch selbst Sympathisanten der Tuaregbewegung, die in den Städten Timbuktu, Gao und Kidal (der einzigen Stadt, in der die Tuareg die Mehrheit stellen) und den spärlich besiedelten Landstrichen dazwischen die Rebellion begrüßen, feiern nicht lange. Gerade Gaddafis Exsöldner erwerben sich schnell einen Ruf als Diebe, Plünderer und Vergewaltiger. Sie holen sich ihren Lohn, so wie sie es aus Libyen gewohnt sind, und gelten als hoffnungslos undiszipliniert. Anders verhalten sich die Verbündeten der Tuareg im Kampf gegen Malis Staatsmacht: islamistische Gruppen, die mehr oder weniger eng mit der al-Qaida im Islamischen Maghreb (AQMI) verbandelt sind. Seit gut zehn Jahren haben sich ihre Zellen im Norden Malis eingenistet. »Im malischen Exil haben die Terroristen, deren Anführer zum ganz überwiegenden Teil aus Algerien stammen, immer mehr an Stärke gewonnen: Sie haben Leute entführt, Lösegelder kassiert und sich damit Kapital für ihren Kampf beschafft«, weiß Analyst Yabi. »Zudem profitieren sie vom Schmuggel von Drogen, Waffen und Menschen durch die Sahara – wenn sie das Geschäft nicht selbst betreiben, verlangen sie zumindest Schutzgelder.« Die im Bürgerkrieg in Algerien gestählten Terroristen nutzen die erste Chance, die sich ihnen bietet, um die vermeintlich siegreichen Tuareg von der MNLA zurück in die Wüste zu schicken. Nach nicht einmal einem Vierteljahr ist der Traum vom Tuaregstaat ausgeträumt. Stattdessen rufen die Islamisten einen Kalifatsstaat aus.

Was im Norden Malis zu dieser Zeit geschieht, bleibt lange unklar. Die Geschichte von der brutalen Steinigung aus Aguelhok ist eine der wenigen, die als belegt gelten können. Nur wenige Journalisten, die meisten von ihnen Malier, trauen sich in diesen Tagen noch in den von Islamisten kontrollierten Norden. Einer von ihnen ist »Yusuf«, der zwischen Bamako und Gao hin- und herpendelt und anonym bleiben soll. Über SMS und E-Mails über seinen französischen Yahoo-Account schickt er Nachrichten aus Gao, der größten Stadt im Norden Malis. Knapp 70000 Menschen lebten hier bis zum Einmarsch der Tuareg Ende März 2012; ein paar Wochen später sind es noch knapp die Hälfte. Doch nach nur zwei Monaten wurden die säkularen Tuaregrebellen auch hier vertrieben: Gao wird zur Basis des islamistischen Mouvement pour l'unicité et le jihad en Afrique de l'Ouest (Bewegung für die Einheit und den heiligen Krieg in Westafrika), kurz Mujao, erklärt. Die Mujao ist von arabischstämmigen Maliern gegründet worden, die die Hoffnung aufgegeben haben, in die Führungsriege der AQMI aufgenommen zu werden – algerische Salafisten verhindern das.

Nach der Machtübernahme der Mujao herrschen in Gao Verhältnisse wie in Aguelhok. »Ein Scharia-Gericht hat eine Bande von Straßenräubern verurteilt, fünf Männer«, berichtet Yusuf im Juli 2012. »Sie haben allen je einen Fuß und eine Hand amputiert, einem davon öffentlich auf dem Marktplatz.« Danach brachten die neuen Herrscher die Verstümmelten in eine Klinik, um Bein- und Armstümpfe behandeln zu lassen. »Wir haben ihnen neue Kleider gegeben, und wenn sie entlassen werden, geben wir ihnen Geld, weil sie unsere Brüder sind«, wird der Kommandant der neuen Religionspolizei zitiert, die in die Wachen der staatlichen Sicherheitskräfte eingezogen ist. Längst nicht alle der strengen Sittenwächter (und der Kämpfer) sind Malier: Nigerianer sollen unter ihnen sein, Mitglieder der islamistischen Terrorbewegung Boko Haram (s. Kapitel 10). Es gibt Mauretanier, Nigrer, Senegalesen und nicht zuletzt Männer aus der Westsahara, die seit Mitte der 1970er Jahre gegen die (von den UN verurteilte) marokkanische Besatzung kämpfen – weitgehend unbeachtet von der Welt. Gut 300 Westsaharer sollen in den Reihen der malischen Islamisten stehen, die meisten für die Mujao.

Sympathisanten aus der Wüste

»Viele Westsaharer sind im Flüchtlingslager geboren und dort aufgewachsen«, beschreibt der westsaharische Lyriker Limam Boisha die Lebensbedingungen seines Volkes nach fast vier Jahrzehnten Vertreibung. Mehr als 110000 Flüchtlinge leben alleine in den

Wüstenlagern rund um die algerische Stadt Tindouf. »Wir Saharer pflegen traditionell einen toleranten Islam«, sagt Boisha, dessen Gedichte von Palmen und Weite, aber auch von Einsamkeit und Trauer handeln. »Aber in den Lagern gibt es nichts zu tun, die Männer wissen nicht, was sie mit sich anfangen sollen.« Aus Frust und Perspektivlosigkeit schließen vor allem junge Männer sich der al-Qaida an. Islamismus ist unter den Westsaharern kein neues Phänomen: Schon in den 1990er Jahren rekrutierten algerische Salafisten Kämpfer in den Lagern rund um Tindouf, wo geschätzte 50 000 Westsaharer mitten in der Wüste leben. Sowohl in Mauretanien als auch im Norden Malis wurden seit 2007 Westsaharer, die AQMI nahestanden, als mutmaßliche Terroristen verhaftet. Im Oktober 2011 schließlich wurden humanitäre Helfer – zwei Spanier und ein Italiener – in einem westsaharischen Flüchtlingslager entführt. Als sie neun Monate später freigelassen werden, wird in Gao ausgelassen gefeiert. »Angeblich soll die Mujao an diesem Tag 15 Millionen Euro Lösegeld kassiert haben«, sagt Journalist Yusuf, der die Feste in Gao beobachtet hat.

Das Lösegeld investieren die Islamisten zunächst auf kluge Weise. »Die Leute fliehen nicht mehr, viele kommen sogar zurück«, beobachtet Yusuf im August 2012, wenige Wochen nach der Machtübernahme durch die Mujao. »Die Angst hat nachgelassen. Es gibt keine Kriminalität mehr, und mit ihrem Geld kauft die Mujao nicht nur neue Rekruten, sondern auch Unterstützung in der Bevölkerung.« Statt mit der Peitsche herrschen die Islamisten in Gao zu diesem Zeitpunkt mit viel Zuckerbrot. »Die Mujao achtet zum Beispiel genau darauf, dass die Krankenhäuser offen sind und funktionieren«, sagt damals Hannes Stegemann, Afrika-Experte der Caritas, der fast zwei Jahrzehnte auf dem Kontinent gelebt hat. Stegemann, der mit Bewohnern von Gao, Timbuktu und Kidal telefonisch in Verbindung steht, registriert damals insgesamt eine weitgehende Rückkehr zur Normalität. »Die Märkte sind voll, frische Lebensmittel und Benzin werden aus Algerien importiert. Die Islamisten bemühen sich erfolgreich um Rückhalt in der Bevölkerung, und die Bevölkerung hat sich mit den neuen Machthabern weitgehend arrangiert.« Zwar gelten nach wie vor drakonische Strafen für jeden, der raucht, Alkohol trinkt oder auch nur Musik hört. Doch die neue Härte hat auch positive Seiten: Gewaltsame

Übergriffe wie unter den Tuareg sind unmöglich geworden – außer, die Übeltäter sind Islamisten. In Somalia war es ähnlich, als dort die islamischen Gerichtshöfe, die sogenannte Union islamischer Gerichte, regierten. Die Bewohner Gaos lieben ihre Besatzer nicht, aber sie lieben die Stabilität und relative Sicherheit – und sie sind bereit, dafür Opfer zu bringen.

Offiziell sind es drei Gruppen, die seit der Vertreibung der MNLA den Norden unter sich aufgeteilt haben: Die Mujao hält Gao, al-Qaida im Islamischen Maghreb hat das Kommando in Timbuktu, und Kidal im Nordosten Malis wird von der Ansar-Dine-Miliz kontrolliert, einer islamistischen Abspaltung der MNLA. Ihr Gründer, Iyad Ag Ghali, hatte früher einmal vergeblich versucht, die Führung der säkularen MNLA zu übernehmen. Als ihm das nicht gelang, sattelte er um auf Islamist. Dass die MNLA jetzt die Unterstützung seiner Truppe benötigt, ist für ihn eine besondere Genugtuung. Es ist das erste Mal, dass der Islam bei einer Tuaregrebellion eine Rolle spielt. Im Norden Malis, wo Führungsrollen nicht durch Wahlen, sondern durch Abstammung oder Kampf bestimmt werden, könnte die Scharia als adäquates Mittel akzeptiert werden, um den Machtanspruch der Tuareg zu legitimieren und durchzusetzen, so das Kalkül. Die Ansar Dine (der Name bedeutet »Verteidiger des Glaubens«) betont zudem immer wieder ihre engen Verflechtungen nach Algerien, das nach Gaddafis Sturz die neue Vormacht im Sahel werden will. »Algerien kennt uns gut und weiß, dass wir keine terroristische Gruppe sind«, sagt der Ansar-Dine-Unterhändler Sheikh Awisa. Der Sprecher der Miliz, Sanda Ould Bouamama, betont dagegen: »Wir sind eine islamistische Bewegung und pflegen eine brüderliche Beziehung zu al-Qaida.« Iyad Ag Ghali schließlich hat ohnehin den Ruf eines Wüsten-Wendehalses. Überhaupt ist die Loyalität einzelner Sippen, Clans und Banden zu den Terrorgruppen – egal ob Ansar Dine, MNLA oder AQMI – bestenfalls vorübergehend: Außerhalb der Städte sind nicht nur Gaddafis Exsöldner, sondern die meisten Kämpfer vor allem denjenigen verpflichtet, die am besten zahlen – bis jemand anderes besser zahlt.

Gangster-Dschihadis

Wieder einmal stellt sich die Frage nach dem Vermögen der Terrorgruppen. Woher stammt das Geld, über das die Islamisten verfügen? Analyst Gilles Olakounlé Yabi charakterisiert die AQMI-Kämpfer als »Gangster-Dschihadis« – Kriminelle, die vor allem den rechtsfreien Raum in der Wüste erhalten wollen, in dem sie ihre illegalen Geschäfte abwickeln. Von denen gibt es in der Sahara einige – allen voran: Entführungen. Der beninisch-französische Afrikaexperte Serge Daniel spricht bezüglich der AQMI von einer regelrechten »Entführungsindustrie«. So heißt auch sein Buch über die AQMI, das er inzwischen veröffentlicht hat. Vor allem Saharatouristen werden immer wieder von der Terrorgruppe verschleppt, so wie im Januar 2009.

Dutzende festlich dekorierter Zelte inmitten eines nahezu unendlichen Meers aus Sand, dazwischen eine Bühne und ein Versammlungszelt, wo bis in die Nacht hinein gelesen, gesungen und diskutiert wird. Das Takoubelt – das bedeutet »Treffen« in Tamashek, der Sprache der Tuareg – findet seit 1997 in einer entlegenen Sahararegion Malis im Grenzgebiet zum Nachbarland Niger statt und ist eines der bedeutendsten Festivals der Tuaregkultur. Vier Touristen, ein Schweizer Ehepaar, eine Deutsche und ein Brite, sind auf dem Rückweg in Nigers Hauptstadt Niamey. Auf der Piste geraten sie in einen Sandsturm. Als der Sturm nachlässt, schlagen die Entführer aus einem Hinterhalt zu. Gabriella Barco Greiner, eine der Entführten, erinnert sich später an Schüsse. Bewaffnete Männer stürmen auf die Gruppe zu, wenig später liegen die Geiseln auf der Ladefläche des Pick-ups. Ein weiteres Fahrzeug mit europäischen Urlaubern wird beschossen, kann aber entkommen. So gelangt die Information von dem Überfall rasch nach Deutschland. Die Bundesregierung bildet einen Krisenstab, auch die Behörden in der Schweiz, in Großbritannien und in Mali bemühen sich um die Freilassung. Nach anderthalb Tagen übergibt das Überfallkommando die vier Europäer der Bande, die jetzt die Lösegeld-Verhandlungen aufnehmen wird.

Zum Zeitpunkt der Entführung gelten Reisen in die Sahararegionen Malis, Nigers und Algeriens bereits als riskant. Immer wieder gibt es Überfälle auf Touristen. Im Wüstendreieck zwischen Algerien, Mali und Niger kämpfen militante Tuaregrebellen für mehr Autonomie und ein Ende ihrer Benachteiligung. Sie begründen ihre Rebellion damit, dass sie an den in der Sahara ausgebeuteten Rohstoffen – vor allem Uran – nicht profitieren. Seit Jahren hat sich der Konflikt zugespitzt, auf Seiten der Armeen und der Tuareg gab es zahlreiche Tote. An der Benachteiligung der Tuareg in allen drei von der Rebellion betroffenen Ländern besteht kein Zweifel: Die Nomaden gehören zu den ärmsten Bevölkerungsgruppen. In ihrem Siedlungsgebiet gibt es praktisch keine Infrastruktur, keine Schulen, keine Krankenhäuser.

Von al-Qaida entführt

Im Fall der Entführung im Januar 2009 stellte sich jedoch bald heraus, dass nicht Tuaregrebellen, sondern al-Qaida-Kämpfer die Urlauber entführt haben. Al-Qaida im Islamischen Maghreb nutzt seit Jahren das weitgehend unkontrollierte Wüstengebiet für den Drogenschmuggel, das Schleusen von Flüchtlingen und das Entführungsbusiness. Die Grenzen zwischen AQMI, Tuaregrebellen und Banditen sind hier fließend. Man arrangiert sich und teilt im Zweifel die Einkünfte.

Im Frühjahr 2009 fordert die Gruppe im Gegenzug für die vier Europäer die Freilassung zweier Terroristen aus Mauretanien, die in Mali festgehalten werden, und Lösegeld. Gabriella Barco Greiner, die nach drei Monaten ohne ihren Mann freikommt, erinnert sich in den wenigen Interviews, die sie gibt, mit großem Widerwillen an die Umstände der Entführung, obwohl sie ein gutes Gedächtnis für Details zu besitzen scheint. So bemerkt sie die Reaktionen ihrer Entführer auf die Nationalität der Geiseln, wie sie dem Schweizer *Tages-Anzeiger* berichtet: »Al-Kaida bevorzugt Geiseln, die aus Ländern stammen, die sich direkt am Kampf gegen die Terrororganisation oder an Kriegshandlungen im arabischen Raum beteiligen, wie etwa Italien, Frankreich oder England.« Außer der Nationalität spiele auch die berufliche Position der Geiseln eine Rolle, um die Höhe des Lösegelds festzulegen. Je bedeutender die Nation im Anti-Terror-Kampf und je höher die Stellung der Geisel innerhalb dieses Staats, desto höher ist die von den Entführern erwartete Summe.

Auch für Gabriella Barco Greiner soll Lösegeld gezahlt worden sein. Medien spekulieren nach ihrer Freilassung über rund vier Millionen Euro. Die Schweiz weist jeden Kommentar zurück, offiziell lässt sich kein Staat der Welt erpressen. Greiner selbst äußert sich ebenfalls nicht, betont, man sei von den Verhandlungen total abgeschirmt gewesen. Als Malis Regierung behauptet, einer der mauretanischen Kumpane, dessen Freilassung die Entführer fordern, sei inzwischen tot, reagieren die Entführer flexibel. Dann sollen eben andere Gefangene freigelassen werden. Doch in den Verhandlungen spielen all diese Forderungen letztlich keine Rolle, es geht in erster Linie um Geld. Die Gleichung der Kidnapper geht dennoch auf: Wer nur Lösegeld fordert, gilt »nur« als Entführer – wer zusätzlich die Freilassung islamistischer Genossen fordert, als Dschihadist. Europäische Medien folgen dieser Darstellung ebenso wie die eingeschüchterte Bevölkerung vor Ort.

In den wechselnden Wüstencamps, in denen die Greiners, die deutsche Geisel und der Brite Edwin Dyer gemeinsam festgehalten werden, erfährt Gabriella Barco Greiner unfreiwillig eine Sonderbehandlung. »Al-Kaida entführt bevorzugt Männer«, sagt sie dem *Tages-Anzeiger*. »Es ist mit Frauen schwieriger, weil sie keinen direkten Sichtkontakt mit ihnen wollen und deshalb an den jeweiligen Standorten Unterkünfte bauen müssen.« Es handelt sich um primitive Hütten aus Reisig und Ästen. Über Details ihrer 90 Tage in der Wüste spricht Barco Greiner kaum. Doch sie lässt keinen Zweifel daran, dass es eine furchtbare Zeit gewesen sein muss. Sie erwähnt, dass einigen Geiseln trotz schwerer Verletzungen und gesundheitlicher Probleme alle Hilfe verwehrt worden sei. In einem Interview mit ihrem Heimatblatt, der *Zürichsee-Zeitung*, spricht sie noch vier Jahre später von furchterregenden Ritualen, die die Entführer regelmäßig durchgeführt hätten. »Ich war so angespannt, dass es mich fast zerriss, weil ich nie wusste, in welche Richtung ihre Stimmung schlagen würde.« Am meisten Angst habe sie aber vor einem Befreiungsversuch gehabt. »Ich wusste, wenn uns jemand befreien wollte, wären wir auf der Stelle tot. Die Dschihadisten hätten keinen Grund, uns Geiseln lebendig zu übergeben.«

Abu Said – ein gerissener Schmuggler

Für die angespannte Atmosphäre unter den Geiseln ist vor allem der Anführer der Entführer verantwortlich. Ein kleiner, hagerer Mann, der selbst in den eigenen Reihen als kaltblütig und brutal gilt: Abdelhamid Abu Said. Für mindestens 20 Entführungen von Europäern soll der Algerier verantwortlich sein: so für die Verschleppung von zwei österreichischen Touristen in der tunesischen Sahara im Februar 2008. Auch die Entführung von Franzosen in Niger, die erst nach drei Jahren Geiselhaft (und acht Monate nach Abu Saids Tod) Ende Oktober 2013 freikommen, soll er verantwortet haben.

2012 wird Abu Said mit seinen Truppen die malische Wüstenstadt Timbuktu einnehmen. Doch schon als er die europäischen Touristen festhält, hat Abu Said eine lange kriminelle Karriere hinter sich: Geboren wird er am 12. Dezember 1965 als Abid Hamadou in Hassi-Messaoud. Neun Jahre zuvor ist in der Kleinstadt im Osten Algeriens Öl gefunden worden. In Abu Saids Kindheit entwickelt die Stadt sich zu einem der Zentren der Ölindustrie in dem gerade erst von Frankreich unabhängig gewordenen Staat. Die Stadt heißt nach der ersten hier entdeckten Ölquelle. Größtes Gebäude hier ist nicht die Moschee, sondern eine gigantische Raffinerie. Vielleicht 40 000 Menschen leben hier, in der von der Sahara umgebenen Stadt, in der das Thermometer in den Sommermonaten täglich über die 40-Grad-Marke steigt. In der Wüste fühlt sich Abu Said zuhause. Bereits als junger Mann erwirbt er sich einen Ruf als geschickter Schmuggler. Er kennt scheinbar unsichtbare Routen und schleust über sie bis 1997, vielleicht auch länger, Waffen von Tunesien und Libyen nach Algerien. Unter Schmugglern und Schleusern macht eine Geschichte die Runde, die Abu Saids außerordentliche Gerissenheit belegen soll. Als Abu Said an der Spitze eines Konvois mit Waffen auf dem Weg von Libyen nach Algerien auf algerische Grenztruppen stößt, erklärt er, er habe mit seinen Kämpfern Schmuggler aufgespürt und festgenommen. Die Militärs glauben dem jungen Mann und steigen aus ihren Jeeps. Als sie sich anschicken, die Schmuggelware zu untersuchen, eröffnen Abu Said und seine Kämpfer das Feuer auf die nichtsahnenden Soldaten. Die Waffen erreichen pünktlich ihr Ziel.

Im Lager erlebt Gabriella Barco Greiner Abu Said als einen unberechenbaren Anführer, den alle fürchten. »Gerade noch spricht er ruhig, im nächsten Atemzug fällt er die grauenvollsten Entscheide.« Andere beschreiben Abu Said auf ihre Weise ganz ähnlich. Wie ein Schäfer seine Lämmer hütet, so kümmere er sich um sein »Katibat« genanntes Regiment, heißt es. Er ist sich nicht zu schade, für seine Männer zu kochen, ihnen Wasser nachzuschenken oder ein kaputtes Auto zu reparieren. Bei den Mahlzeiten füllt er sich stets zuletzt auf. Doch dieser fast zwanghaften Ablehnung jeder Überordnung über die Mitkämpfer steht eine paranoide Angst gegenüber. Abu Said, so heißt es, vertraue niemandem. Ein Unterhändler, der mit ihm über das Lösegeld für die Freilassung der europäischen Geiseln verhandeln soll, sagt später, er sei durch neun verschiedene Lager geschleust worden, bevor er endlich Abu Said gegenübergestanden habe. Mauretanier empfängt Abu Said generell nicht, weil er glaubt, sie seien Teil einer Verschwörung gegen ihn. Das Gleiche gilt für die Bérabiches, einen arabischen Stamm aus der Region um Timbuktu.

Barco Greiner fällt auf, dass in Abu Saids Einheit die unterschiedlichsten Männer vertreten sind. »Mich erstaunte, dass auch Intellektuelle darunter waren, einige davon hatten im Ausland studiert.« Zwei dieser Intellektuellen stehen Abu Said vermutlich am nächsten, sie weichen nur selten von seiner Seite. Der eine, Nock, wird als mächtiger Marabut beschrieben, ein religiöser Führer, dem unerklärliche Fähigkeiten nachgesagt werden – etwa die, einen Wüstensturm heraufzubeschwören. Innerhalb von Abu Saids Terrorgruppe ist Nock für die Rekrutierung von Kämpfern zuständig. Der zweite Mann, Aness genannt, gilt als vorzüglicher Kämpfer und Kenner des Korans. Beiden Männern werden außerordentliche rhetorische Fähigkeiten nachgesagt, während Abu Said vor allem als geduldiger und aufmerksamer Zuhörer gilt.

Angeblich sollen Nock und Aness nicht nur die rhetorischen Defizite ihres Anführers ausgleichen sollen. Wie es heißt, soll Abu Said selbst nur rudimentäre Kenntnisse des Korans besitzen. Dass er sich schließlich der al-Qaida im Islamischen Maghreb angeschlossen habe, sei eine Entscheidung, die vor allem durch Abu Saids unerschütterlichen Hass auf den Westen getrieben sei. Vermutlich aber auch dadurch, dass Abu Said die Terrorkämpfer der algerischen Salafistengruppe für Predigt und Kampf (GSPC), die sich 2007 in AQMI umbenennen, aus Schmugglerzeiten persönlich kennt und von der Verbindung profitiert. Schon bei der Gründung der GSPC 1998 – die Gruppe hat sich gerade von der GIA, der Groupe Islamique Armé (Islamische bewaffnete Gruppe), abgespalten – ist Abu Said als Repräsentant der »südlichen« (saharischen) Gruppen dabei.

Groß ist Abu Saids Zelle offenbar nicht. Die Entführte Barco Greiner schätzt sein Katibat auf vielleicht 150 Männer. Das deckt sich mit Angaben von Geheimdiensten. »Ich habe nicht damit gerechnet, dass sie es jemals schaffen könnten, Städte wie Timbuktu einzunehmen und die Scharia einzuführen«, sagt Barco Greiner 2013 in der *Zürichsee-Zeitung*. »Das war einfach unvorstellbar. Ihr Aufenthaltsort und auch ihr Kampfplatz war zu jenem Zeitpunkt die Sahara, mitten im Nirgendwo.« Es sind Abu Saids geschickte Bündnispolitik, die die Einnahme von Timbuktu 2012 möglich macht, sowie Geld – nicht zuletzt die Lösegelder, die aus der »Entführungsindustrie« stammen.

Die Geiselnahmen sind für Abu Said – wie für vergleichbare kriminelle Terrorgruppen in der Sahara – ein Geschäft. Er lässt seine Geiseln töten, wenn sie keinen Gewinn mehr versprechen. Eines der Opfer ist der Brite Edward Dyer, mit dem Gabriella Barco Greiner im Januar 2009 entführt wurde. Die britische Regierung lehnte es ab, ein Lösegeld zu zahlen. Abu Said lässt Dyer vor den anderen Geiseln enthaupten. So taugt er zumindest noch als Warnung an andere Nationen. Gabriella Barco Greiners Mann Werner kommt 82 Tage nach ihr frei. Er ist der Letzte aus der Reisegruppe, der entkommt. Es ist anzunehmen, dass auch für ihn ein Lösegeld in Millionenhöhe gezahlt wurde.

Abu Saids Kampfkasse ist also prall gefüllt, als er sich 2012 dem Sturm der Tuaregrebellen und den verbündeten Kämpfern von Ansar Dine in den Norden Malis anschließt. Ihr Ziel: Timbuktu.

7
Unheilige Herrscher
Wie Timbuktu von den Islamisten übernommen wurde

Timbuktu: Kaum eine andere Stadt weckt schon in ihrem Namen so viele Sehnsüchte. Timbuktu ist der Traum vom Ende der Welt. Wenn sich der Abend über die aus Lehm gebaute Altstadt senkt, tauchen die immer noch heißen Sonnenstrahlen alles in tiefes Rot. Die Sanddünen der Sahara schimmern rosa, sogar noch, als die Sonne schon vom Himmel verschwunden ist. Binnen Minuten verfärbt sich der türkisfarbene Himmel in hell-, dann dunkelblau, schließlich schwarz. Bis die Augen sich an die Dunkelheit gewöhnt haben und die Lichter der Millionen Sterne wahrnehmen, die den klaren Himmel über der Wüstenstadt im Norden Malis in ein magisch weißes Licht tauchen.

Vor gut 1000 Jahren haben die Tuareg Timbuktu gegründet. Die Aura längst vergangener Zeiten macht die Stadt bis heute einzigartig. Verantwortlich dafür sind nicht nur die in traditionell arabischer Bauweise errichteten Flachbauten und jahrhundertealten Moscheen. Es sind nicht nur der Harmattan, der heiße Wüstenwind, der die meiste Zeit durch die engen Gassen fegt, oder die wie kleine Türme geformten öffentlichen Backöfen, vor denen sich in der Morgendämmerung die Frauen eines Stadtviertels versammeln, um frisches, duftendes Fladenbrot zu backen. Vermutlich ist es die Melange von alledem, verbunden mit der absoluten Stille, die den Besucher umgibt, sobald er die belebteren Straßen verlässt. Kein Wunder, dass Timbuktu zuletzt so viele Touristen anzog. Dabei wurde bis Anfang des 19. Jahrhunderts in Europa noch darüber gestritten, ob die sagenumwobene Stadt überhaupt existiert. »Beleuchtet die Sonne im weiten Afrika tatsächlich eine Stadt, die so schön ist wie die Mythen alter Zeit?«, fragte der britische Dichter Alfred Tennyson noch 1829. »Oder ist Timbuktu nur ein Gerücht, ein zerbrechlicher Traum?« Da hatte der britische Afrikareisende

Mungo Park vergeblich versucht, vom nur zehn Kilometer entfernten Niger-Fluss nach Timbuktu vorzudringen. Die Tuareg ließen ihn nicht. Alexander Gordon Laing, der die Stadt 1826 als erster Europäer erreichte, wurde ermordet, nachdem er Timbuktu wieder verlassen hatte. Erst dem Franzosen René Caillié gelang es zwei Jahre später, von Timbuktu zu berichten. Er war enttäuscht: »Timbuktu ist nicht mehr als eine ärmliche Ansammlung von irdenen Gebäuden und staubigen Straßen.«

Wäre er ein paar Hundert Jahre früher nach Timbuktu gekommen, Caillié hätte gefunden, wonach er suchte. Im 15. Jahrhundert war Timbuktu der wichtigste Umschlagplatz im Transsaharahandel: Hier wurden Salz, Kupfer, Stoffe und Pferde aus dem Norden gegen Gold, Elfenbein und Sklaven aus dem Süden getauscht. Gefördert von der Herrscherdynastie, wurde die Stadt mehr und mehr zum Zentrum von Gelehrten. Bald gab es mehr als 150 Islamschulen in Timbuktu, die Schüler aus Afrika und der ganzen arabischen Welt anzogen. Ihre Schätze sind bis heute in Timbuktu verborgen. Nicht Gold und Silber, sondern unbezahlbare Manuskripte liegen in Kellern wie dem von Achmed Bul'Araf. Mit dem Schlüssel an einem klirrenden Bund öffnet der Familienvater eine unscheinbare Tür, dann knipst er das Licht an. Im Schein einer nackten Glühbirne hebt er den Deckel einer Blechkiste an, in der aufeinandergestapelt vergilbte Papiere liegen, dicht an dicht mit kunstvoll geschwungenen arabischen Schriftzeichen bedeckt. »Ob Mathematik, Astronomie, Pharmazie oder Philosophie, die Gelehrten waren ihrer Zeit damals weit voraus«, sagt Bul'Araf, der bis heute nicht alle Manuskripte der Familienbibliothek gelesen hat. »Mein Vater hat die Aufgabe an mich weitergereicht, die Manuskripte und Bücher zu erhalten«, sagt Bul'Araf. »Einige sind seit mehr als 600 Jahren in unserem Besitz.«

Islam, das ist in Timbuktu über Hunderte von Jahren ein Synonym für Aufklärung gewesen. Für Mahmoud Zouber, der seit den 1970er Jahren die vor der Einnahme der Stadt auf 50 000 Exemplare geschätzten Timbuktu-Manuskripte erforscht, steht fest: Die Geschichte Afrikas muss neu geschrieben werden. »Als die Kolonialisten kamen, haben sie gesagt, sie seien hier, um Afrika zu zivilisieren. Aber in Wirklichkeit haben wir nicht in der Dunkelheit gelebt: Es gab hier eine Menge Licht.« Nicht zuletzt eine mit südafrikanischer Hilfe gegründete moderne Bibliothek sollte helfen, die Manuskripte zu erhalten und ihren Inhalt Forschern zugänglich zu machen. Doch dann kamen die Tuareg der MNLA und mit ihnen die Islamisten der Ansar Dine und die al-Qaida-Kämpfer unter der Führung Abu Saids, die die Herrschaft der Stadt übernahmen. Ab da ist nichts mehr, wie es einmal war.

Die Invasion Timbuktus

Zeitpunkt und Ziel der Invasion waren gut gewählt. Die Tuareg nutzten die Gunst der Stunde, als in der 1000 Kilometer südlich gelegenen Hauptstadt Bamako das Militär putschte. Präsident Amadou Toumani Touré, der an entscheidender Stelle für die Freilassung von Gabriella Barco Greiner und der anderen Geiseln mit verhandelt hatte, wurde unmittelbar vor anstehenden Wahlen aus dem Amt gejagt. Mokhtar Belmokhtar und Abu Said, Konkurrenten innerhalb der al-Qaida im Islamischen Maghreb (AQMI), erkennen die Chance, ihre Machtbasis auszubauen, und schließen sich den Tuaregrebellen an. Vor allem Abu Said will eine starke AQMI präsentieren. Dafür ist Timbuktu der perfekte Ort. Hier will Abu Said ein islamistisches Potemkinsches Dorf errichten, mit garantierter Aufmerksamkeit überall in der Welt.

Doch als die Kämpfer von AQMI, Ansar Dine und Mujao am 30. März 2012 gemeinsam mit den Tuaregrebellen der MNLA Gao, Kidal und Timbuktu einnehmen, beherrscht das die Schlagzeilen im Westen nur kurz. Dann verebbt das Interesse wieder, während die neuen Herrscher der Bevölkerung drakonische Regeln diktieren. Hinter den historischen Fassaden hat auch in Timbuktu längst die Moderne Einzug gehalten. Jugendliche surfen im Internet oder verfolgen die britische Premier League live via Satellit. Sie sind entsetzt, als die neuen Herrscher jetzt die Zeit zurückdrehen. Sittenwächter durchkämmen den Markt und nehmen Frauen fest, die keinen Schleier tragen. Wer als Frau nach 23 Uhr noch auf der Straße ist, muss ebenfalls mit der Festnahme und einem Bußgeld rechnen. In den Vorstädten Timbuktus verbreiten sich Berichte über Vergewaltigungen. Die Tuaregmilizen sollen die Täter sein, heißt es.

Die Islamisten der AQMI haben gegenüber den Tuaregkämpfern der MNLA einen entscheidenden Vorteil. Der Islam gilt im Norden Malis unbestritten als verbindendes Element, das kulturelle Grenzen zwischen den Ethnien oder Rassismus zwischen den »weißen« Arabern und den »schwarzen« Afrikanern überwindet. Ein Nationalgefühl, das diese Kluft überwinden könnte, gibt es hingegen nicht. Man fühlt sich als Peul oder Songhai, nicht als Malier. Und innerhalb der Tuaregbevölkerung wird in den siegreichen Tagen 2012 ein Machtkampf ausgetragen – zwischen der zahlenmäßig größeren Gruppe, die in den vergangenen Jahren mit dem gestürzten Präsidenten Touré kollaboriert hat, und der traditionell herrschenden Ifoghas-Sippe. Deren Patriarch sagt sich erst Monate später von der Ansar Dine los. Zunächst rächen sich die Ifoghas an ihren Widersachern in den eigenen Reihen, es herrscht Pogromstimmung. Die Islamisten demonstrieren Stärke. Dutzende Jeeps und Technicals mit aufgebockten Maschinengewehren patrouillieren durch Timbuktu. Die schwarze Fahne der Islamisten wird an Hunderten Gebäuden gehisst. Manch einer hofft, dass die Scharia der Islamisten Vergewaltigungen und Gewalt ein Ende bereiten wird. Man hofft auf Ordnung, auf Recht und Gesetz.

Angriff auf die Kultur

Doch das Gegenteil geschieht. Stadt der 333 Heiligen wird Timbuktu genannt, wegen der Grabmale, die die Sufi-Priester hier errichtet haben. Die Mausoleen stammen aus dem 15. und 16. Jahrhundert, sie sind UNESCO-Weltkulturerbe. Über sie fallen die Islamisten als Erstes her. Ende Juni werden sechs der 16 Mausoleen dem Erdboden gleichgemacht, weitere folgen. »Unislamisch« seien sie, so der Vorwurf von Abu Said und seinen Kämpfern. Hintergrund ist die Verehrung der in den Mausoleen begrabenen Gelehrten als Stadtheilige. Salafisten wie Abu Said halten das für ketzerisch. Den in Timbuktu traditionell praktizierten toleranten Sufi-Islam bekämpfen die Islamisten genauso gnadenlos wie sie gegen die »Ungläubigen« vorgehen – auch, um ihre Position als Besatzer zu festigen und möglichen Widerstand frühzeitig zu unterdrücken.

Der Sprecher von Ansar Dine, Sanda Ould Boumama, kündigt gleich zu Beginn an, man wolle ausnahmslos alle Grabmäler zerstören. Das sorgt für Aufruhr weit über die Stadtgrenzen hinaus: Während die brutale Unterdrückung der Bevölkerung Timbuktus im Westen zunächst für wenig Aufmerksamkeit sorgt – dort sorgt man sich im Frühjahr 2012 eher um die Eurokrise – erhebt sich nach der Zerstörung des Kulturerbes ein Sturm der Entrüstung. Den hatten die Islamisten vermutlich fest eingeplant; zumindest aber war die Reaktion vorhersehbar. Der palästinensische Philosoph Edward Said schreibt in seinem Hauptwerk *Orientalismus:* »Während des entsetzlichen Bürgerkriegs von 1975/76 hatte ein französischer Journalist Beirut besucht und von dort wehmütig über die Innenstadt berichtet, ›die einst direkt dem Orient Chateaubriands und Nervals entnommen schien‹. Diese literarische Reminiszenz passt durchaus, zumal aus der Sicht eines Europäers: War doch der Orient fast eine europäische Erfindung [...] Vielleicht spielte es überhaupt keine Rolle, dass dadurch auch die Orientalen selbst etwas verloren [...], dass sie nun die Leidtragenden waren.« Europa, so Saids Analyse, trauerte mehr um das eigene Bild der Stadt, die vom Krieg so sehr in Mitleidenschaft gezogen worden war, als um die Stadt selbst oder gar ihre Bewohner. Das galt auch für Timbuktu: Kein Ort in Afrika hätte sich dazu wohl besser geeignet. Der Plan, mit der Einnahme Timbuktus Angst und Schrecken bis in Europas Hauptstädte zu verbreiten, geht auf – vielleicht sogar zu gut. Ein Brief, der Ende 2012 in Timbuktu gefunden wird, belegt das. Der führende AQMI-Kommandant Yahya Abu al-Hamam soll darin davor gewarnt haben, die sofortige und rücksichtslose Durchsetzung der Scharia in Timbuktu könnte eine ausländische Intervention provozieren. Ihm ist klar, dass eine europäische Präsenz die schmutzigen Geschäfte in der Wüste beeinträchtigen würde – zumindest vorübergehend.

Schauprozesse und die Einführung der Scharia

Wie in Aguelhok und Gao werden auch in Timbuktu Schautribunale der Islamisten zur Einschüchterung und Verbreitung des Terrors genutzt. Wenn der Lastwagen den großen Sandplatz am Stadtrand Timbuktus umkreist, versammeln sich die Zuschauer mit einer

Mischung von Neugierde und Grauen. Sie kommen zu Tausenden, auch aus Angst vor Strafen, die die Islamisten ihnen im Falle des Nichterscheinens angedroht haben. Von der Ladefläche des Lastwagens ruft ein Mann im weißen Umhang den Massen durch ein knackendes Mikrofon zu: »Hier wird die Scharia gesprochen, das Recht Allahs.«

Nur selten dringen in diesen Tagen zwischen April 2012 und Januar 2013 Informationen aus Timbuktu in die Welt hinaus. Doch ein Prozess kurz nach Neujahr 2013 ist so ungewöhnlich, dass Details aus gleich mehreren Quellen bekannt werden. Vielleicht ist das sogar gewollt, schließlich soll der Schauprozess diesmal beweisen, dass die Islamisten gleiches Recht für alle sprechen. Angeklagt ist Moussa Ag Mohammed, ein 40-jähriger Tuareg aus Goundam, einer Siedlung, gut 90 Kilometer südöstlich von Timbuktu gelegen, an der Hauptstraße in Richtung Mopti, der Frontstadt, die von Malis Armee gehalten wird. Ag Mohammed ist Viehhirte und Vater von vier Kindern. In der sozialen Hierarchie im Norden Malis steht er mehrere Stufen über dem schwarzen Fischer von der Ethnie der Bozos, den er umgebracht haben soll. Die Kälber Ag Mohammeds sollen die Netze des namenlosen Fischers zerstört haben, als sie am Ufer des bei Goundam gelegenen Lac Telé zur Tränke gingen. Die Auseinandersetzung eskalierte. Auf dem Höhepunkt soll Ag Mohammed den Fischer dann erschossen haben. »Er hat meinen Sohn umgebracht, er muss sterben«, schreit die Mutter des Fischers, während Ag Mohammed an Händen und Füßen gefesselt auf die improvisierte Bühne geführt wird. Ag Mohammed ist Mitglied von Ansar Dine, die ihn heute aburteilen lässt. Auch deshalb glaubte er wohl, er könne sich mit dem in der Region üblichen Blutgeld freikaufen. Doch die schreiende Mutter macht ihm das unmöglich. »Er hat der Familie 30 Millionen Francs angeboten«, sagt einer der Augenzeugen – umgerechnet sind das 45 000 Euro, für die Fischerfamilie ein kleines Vermögen. »Doch die Mutter hat das ausgeschlagen, und nach der Scharia gibt es dann keine Alternative, als den Mörder mit dem Tode zu bestrafen.«

Für die versammelte schwarze Bevölkerung, die die große Mehrheit in Timbuktu stellt, geht es bei dem Prozess des islamischen Gerichtshofs um Gerechtigkeit. »Bis zum Einmarsch der Islamisten hätte sich Ag Mohammed einfach freigekauft bei der korrupten

Polizei oder spätestens den korrupten Richtern«, sagt der Augenzeuge, der ungenannt bleiben möchte. »Für uns war das der ultimative Test: Jetzt, wo die Islamisten regieren – selber Araber und Tuareg – und uns Gerechtigkeit durch die Scharia versprechen: gilt das wirklich, oder sind das leere Worte?« Das wissen auch die islamistischen Gruppen, die sich aus diesem Grund vermutlich für ein hartes Urteil gegen Ag Mohammed stark machen. Imam Daouda Cissé verkündet das Todesurteil und Ansar-Dine-Sprecher Sanda Ould Bouamama sagt danach: »Die Scharia gilt für alle, schwarz oder weiß, und das schließt unsere eigenen Kämpfer ein.« Kurz nach dem Urteilsspruch wird Ag Mohammed von einem Kommando erschossen. Ein Raunen geht durch die Menge.

Am kommenden Morgen, die Sonne steht noch nicht am Himmel, wird Ag Mohammed mit dem Salat al-Janaza, dem islamischen Todesgebet, zur Ruhe gebettet. Dutzende seiner Mitstreiter sind gekommen. Viele halten das Urteil für zu hart, akzeptieren aber, dass es unwiderruflich ist. Einen Rekurs gibt es nicht von den Schariarichtern. Ag Mohammeds Richter predigt selbst, er verteidigt sein Urteil noch einmal.

Die Stimmung in Timbuktu ist vergleichsweise gut in den kommenden Tagen. Schutz vor Willkür, das ist einer der wenigen Punkte, mit denen die islamistischen Herrscher bei der breiten Bevölkerung punkten können – nicht nur in Mali. Auch in Somalia haben Islamisten so zuerst viel Unterstützung gewonnen.

Die Garanten der Stabilität

Als die Union islamischer Gerichte im Juni 2006 die Macht in Somalias Hauptstadt Mogadischu übernimmt, endet für die Bewohner ein 15 Jahre währender Zustand der Rechtlosigkeit. Seit 1991 hatten Warlords die Stadt beherrscht, es galt das Gesetz des Stärkeren. Das Nachsehen hatte die Mehrheit der Bewohner, die »einfachen Leute«, denen etwa an über die Stadt verteilten Checkpoints Geld abgepresst wurde. Als die Islamisten die Macht übernahmen, war diese Art der Wegelagerei über Nacht Geschichte. »Die islamischen Gerichtshöfe haben nach Jahren der brutalen Herrschaft der Warlords Stabilität geschaffen«, sagt mir der kenianische Politikwissenschaftler Ali Mazrui. »In den Teilen Somalias, die sie kontrolliert haben, haben die islamischen Gerichtshöfe mehr Stabilität hergestellt, als die meisten Somalis in den vergangenen Jahrzehnten erlebt haben. Sie haben versucht, Recht und Gesetz zu schaffen in einem Land, wo die Strafverfolgung schon lange zusammengebrochen war.«

Nach einigen Tagen der Ungewissheit wird in der somalischen Hauptstadt erst einmal gefeiert. Gründe gibt es genug. Zum ersten Mal seit der Herrschaft des autokratischen, 1991 gestürzten Präsidenten Siad Barre ist Mogadischu ungeteilt, gibt es keine Green Line und keine von Clanmilizen bemannten Straßensperren mehr. Jeder kann überall hingehen – und das in absoluter Sicherheit. Die Einführung der Scharia, des islamischen Strafrechts, stabilisiert die Stadt. Terror und Raubrittertum der mehr als ein Dutzend Warlords ist zu Ende. Die Freude hält allerdings nur kurz – nicht nur wegen der Verbote, die die Union islamischer Gerichte ausspricht. Fernsehspiele, Kino, Musik, all das ist nicht mehr erlaubt. Doch für die neue Sicherheit, versichern mir Bewohner Mogadischus, hätten die meisten das in Kauf genommen. Die islamischen Gerichtshöfe erobern nicht die Herzen, aber immerhin die Köpfe der Somalier. Das Ende der vergleichsweise moderaten und an Frieden und Stabilität interessierten, im Kern religiös-politischen Bewegung der islamischen Gerichtshöfe wird jedoch durch den Einmarsch der äthiopischen Armee eingeläutet, die von den vertriebenen Warlords zur Hilfe gerufen worden ist. Die Regierung von George W. Bush in Washington haben sie von der »islamistischen Gefahr« in Somalia überzeugt, und die Bush-Regierung unterstützt deshalb die äthiopischen Verbündeten bei ihrer Operation. Nach wenigen Wochen ist die Union islamischer Gerichtshöfe besiegt. Übrig bleiben die Extremisten, die teils religiöse, teils ganz eigene Ziele verfolgen. Es ist die Geburtsstunde von al-Shabaab, die im Untergrund stetig wächst.

Erfolgreiche Angstpolitik

Als die Shabaab in den folgenden Jahren ihre Macht in Somalia immer weiter ausbaut, spielt der Schutz vor Willkür keine Rolle mehr: Die Islamisten selbst agieren mit der größtmöglichen Härte. Ein besonders brutales Beispiel dafür sind die Zwangsrekrutierung neuer Kämpfer und ihre Ausbildung in Lagern. In meinem Somalia-Buch berichte ich ausführlich vom Schicksal Assad Abdis, eines Waisen, der mit 14 Jahren in eines der Shabaab-Trainingscamps gerät. Den schmächtigen Jungen treffe ich mehrfach. Seine Eltern sind bei einem Granatenangriff ums Leben gekommen, sein Bruder verließ ihn, ein Onkel schickte ihn zu einem Campus am Stadtrand von Mogadischu – einem Terrorcamp der Shabaab. »Die Lehrer hatten Tarnanzüge an. Morgens haben sie uns vor Sonnenaufgang mit Tritten geweckt und zum Frühgebet gezwungen – dann mussten wir exerzieren, laufen, mit Waffen schießen«, erzählt er mir. Auf Videos sehen die Jugendlichen, wie Menschen enthauptet oder von Kugeln durchsiebt werden. Einmal wird erläutert, wie man Bomben baut. Auch von Gastdozenten berichtet Assad, weißen Männern, Arabern oder Europäern, deren Vorträge ins Somalische übersetzt werden müssen. »Manchmal wurden Jungen als Selbstmordattentäter ausgewählt. Sie standen vor der Klasse und wurden von allen verabschiedet«, berichtet angstvoll Assad Abdi, dem es später gelingt, zu fliehen. Das schaffen nur wenige. Den meisten ergeht es so wie den Kindersoldaten Joseph Konys: Eine Mischung aus Angst und Schuld hält sie bei der Shabaab. Die wenigsten haben zudem jemanden, zu dem sie zurückkehren können. Gegenüber dem Rest der Bevölkerung dienen die Lager in mehrfacher Hinsicht der Einschüchterung: wegen der angeblichen oder tatsächlichen Gnadenlosigkeit der dort ausgebildeten Kämpfer und wegen der Angst der Eltern, eigene Kinder an die Shabaab zu verlieren.

»Angstpolitik«, so nennt der Hamburger Politologe Veith Selk die Strategie, die Terrorgruppen wie die Shabaab, AQMI und auch Konys LRA verfolgen. Dabei beruft er sich auf den politischen Philosophen Thomas Hobbes, der die Balance zwischen Gehorsam und Schutz in einem funktionierenden Staat beschreibt. Demnach sind die Bürger verpflichtet, den Gesetzen zu gehorchen, solange der Staat ihren Schutz garantiert. Das staatliche Gewaltmonopol erzeugt Sicherheit für alle und dient damit einem übergeordneten gemeinsamen Interesse, argumentiert Hobbes. Terrorgruppen versuchen dagegen, den Glauben an dieses Monopol zu zerstören. Das adäquate Mittel dafür: die Erzeugung von Angst. In einem Land wie Mali, in dem der Staat und seine Institutionen den Schutz seiner Bürger schon lange nicht mehr gewährleisten können oder wollen, ist die Zerstörung des ohnehin nur noch rudimentär vorhandenen Vertrauens in den Staat einfach – in Somalia, das gar keine staatlichen Strukturen mehr kannte, noch einmal mehr. Umso mehr sehnen sich die Menschen nach einer ordnenden Hand, die das Gleichgewicht von Schutz und Gehorsam wiederherstellt. Die Erzeugung von Angst schafft demnach für Terrorgruppen Chancen, akzeptiert zu werden – zumal wenn sie sich bei der Neuschaffung der von ihnen untergrabenen Ordnung allgemein akzeptierter Normen wie der Scharia bedienen. Als neuer Garant einer Ordnung ist es für die Terrorgruppen dann auch noch einfacher, Unterstützer zu gewinnen.

Operation »Serval«

Dass diese teuflische Strategie in Mali nicht aufgeht, liegt in erster Linie am überraschenden Eingreifen der französischen Armee. Am 11. Januar 2013 startet Frankreich nach langem Zögern die Operation »Serval«, die die Islamisten mit Luft- und Bodeneinsätzen vertreiben soll. Flüchtlinge berichten, wie die Islamisten versuchen, die Zivilbevölkerung mit hohen Geldsummen zum Kampf zu bewegen. Doch nur wenige sind zu diesem Zeitpunkt noch dazu bereit. Zehntausende fliehen, vor den Islamisten ebenso wie vor der an der Seite Frankreichs vorrückenden malischen Armee. Das UN-Hochkommissariat für Menschenrechte wirft beiden Seiten schwere Menschenrechtsverletzungen vor. Seit der Machtübernahme der Islamisten habe es immer wieder Massenerschießungen und willkürliche Ermordungen gegeben, heißt es in einer ersten Bilanz. Dutzende Zivilisten seien verschleppt, willkürlich hingerichtet oder vergewaltigt worden. Die Tuaregbewegung MNLA soll Studenten als menschliche Schutzschilder benutzt haben.

Inzwischen kämpft sie auf Seiten der malischen Regierung. Von »bewaffneten Truppen, die außer Kontrolle sind«, spricht der Westafrika-Spezialist von Amnesty International, Gaetan Mootoo. Tuareg und Islamisten haben ihm zufolge nachweislich Kindersoldaten in ihren Reihen. Die Islamisten sollen in mindestens zehn Fällen mutmaßlichen Dieben Gliedmaßen amputiert haben. Der Armee wirft die UN-Expertenkommission schließlich vor, mutmaßliche Gegenputschisten gefoltert, verschleppt oder ermordet zu haben. Vielen in der Bevölkerung ist es gleich, wer den Krieg gewinnt. Sie fürchten in jedem Fall neue Ausschreitungen.

In Timbuktu werden die Franzosen, die viele als einzige unparteiische Schutzmacht sehen, begeistert begrüßt. Auch noch Monate später ist unklar, wie lange die Aufräumarbeiten anhalten werden. Viele der uralten, kostbaren Manuskripte haben die Besatzer zerstört. Im Achmed-Baba-Institut, wo die alten Skripten archiviert und sicher verwahrt werden sollten, sind überall verkohlte Überreste zu sehen. Die Islamisten hatten hier eines ihrer Quartiere aufgeschlagen, in einem der modernsten Gebäude der Stadt. Von Abu Said, der zuletzt im weißen Gewand in einer schwarzen Mercedes-Limousine gesichtet wurde, fehlt zunächst jede Spur. Bei einem Gefecht zwischen AQMI-Truppen und französischen und tschadischen Einheiten wird er Ende Februar getötet, heißt es.

Bis Timbuktu sich erholt, dürfte es noch dauern. Fünf Millionen US-Dollar hat die UNESCO für die Renovierung der Sufi-Schreine zur Verfügung gestellt, sie werden vermutlich nicht reichen. Das Händlerviertel, in dem vor allem Araber ihre Läden hatten, wurde nach der Flucht der Islamisten geplündert. Wer helle Haut hat, muss als mutmaßlicher Kollaborateur der AQMI um sein Leben bangen. Wirtschaftlich liegt die Stadt am Boden. Touristen bleiben aus, weil das Umland immer noch unsicher ist. Auch die Sehnsucht scheint verschwunden, seit die Stadt von den Terrorgruppen entzaubert wurde. Alle paar Wochen gibt es Berichte über neue Gefechte zwischen malischer Armee und bewaffneten Gruppen, die sich in ihr Territorium, die Sahara, zurückgezogen haben. Werden sie zurückkehren? Am Ortseingang steht auch Monate nach dem Abzug der Islamisten das von ihnen errichtete Schild. »Timbuktu, Minarett des Islams – Wer die Scharia respektiert, ist willkommen.« Noch hat sich keiner getraut, es abzunehmen.

8
Dunkle Sahara
Wie Wirtschaft, Geheimdienste und Terror zusammenhängen

Die genauen Motive der Terrorgruppen in der Sahara liegen in vielerlei Hinsicht im Dunkeln. Anführer und ihre Gruppierungen sind dort im ständigen Fluss. Bündnisse und Ziele ändern sich fast so häufig wie die wandernden Lager der Terroristen. Und doch beschreiben europäische Politiker im Januar 2013, als die Islamisten nur noch 70 Kilometer entfernt von den Positionen der katastrophal ausgerüsteten malischen Armee stehen, eine Gruppierung, deren Motivlage endgültig geklärt zu sein scheint: »Wir müssen einen Terrorstaat vor den Augen Frankreichs und Europas verhindern«, erklärt etwa der französische Verteidigungsminister Jean-Yves Le Drian und rechtfertigt damit den Einsatz der französischen Armee in Mali. »Wir mussten reagieren, bevor es zu spät ist.« Auch Deutschland unterstützt Frankreichs Offensive. Am 11. Januar 2013 bombardiert die französische Luftwaffe erstmals Stellungen der Terrorgruppen im Norden, Bodentruppen rücken vor.

Ein Rohstoffkrieg?

Dabei gibt es bei allen Unklarheiten keinerlei Hinweise darauf, dass die Sahara für die Islamisten ein Zwischenstopp auf dem Marsch nach Europa ist (zumal sie in die andere Richtung marschieren). Im Gegenteil sind die Gruppen fest in der Wüste verortet und nutzen die Umstände der Region, die sie so gut kennen wie niemand sonst, zu ihrem Vorteil aus. Mujao, AQMI, Ansar Dine und ihre Verbündeten sind brutal, sie rauben, schmuggeln, entführen und machen so Millionen. Doch sie sind keine dschihadistische Front auf dem Weg nach Norden.

Trotzdem darf und kann man Anfang 2013 berechtigterweise

über die Lage in Mali besorgt sein. Einer der bis dahin stabilsten westafrikanischen Staaten droht im Chaos zu versinken – mit absehbar dramatischen Folgen für die Region, allen voran für das nahe Niger und den Tschad (s. Kapitel 11 und 12). Doch ähnliche Situationen gibt es in Afrika häufiger, und weder Frankreich noch andere Staaten sehen sich jedes Mal bemüßigt, einzugreifen. Es liegt also nahe, dass es noch andere Gründe für die rapide Operation Serval in Mali gibt. Und diese Gründe liegen unter dem Saharasand. »Den Militäreinsatz in Mali mit Sicherheitsinteressen zu begründen ist zynisch«, urteilt etwa die *Wirtschaftswoche* – ein Blatt, das linker Propaganda unverdächtig ist. Von einem »Rohstoffkrieg in Mali« ist dort die Rede. »Tief im Herzen will Staatspräsident Hollande die Versorgung seines Landes mit Uran sichern« – und mit Öl und Gas, die gerade erst im Norden Malis gefunden wurden.

Reichtümer unter dem Wüstensand

Im Norden Malis liegt ein großer Abschnitt des Taoudeni-Beckens, in dem reiche Öl- und Gasvorkommen vermutet werden. Angebliche Vorabsprachen mit dem französischen Staatskonzern Total wären gegenstandslos gewesen, wäre der Norden Malis unter Kontrolle der Rebellen geblieben – was seinerseits das Interesse Frankreichs an einer militärischen Intervention erklärt. Ölinteressen hat auch Algerien, das über seinen Staatskonzern Sonatrach an der Exploration beteiligt ist. Paris ist zudem sehr an möglichen Uranvorkommen interessiert: Die schwindenden Vorräte im Norden des Nachbarlands Niger reichen dem französischen Konzern Areva längst nicht mehr aus. Und die Sahara hält noch weitere Bodenschätze bereit: Gold, Phosphor und Gas sind nur einige von ihnen. Sie alle werden von westlichen Firmen ausgebeutet, die Verträge mit den Regierungen in fernen Hauptstädten haben. Die Saharabewohner sehen wenig von den Bodenschätzen und ihren Erträgen, wenn überhaupt. Es ist die gleiche Dynamik, wie man sie im nigerianischen Nigerdelta sieht: Die dortige Bevölkerung hat nichts von den Ölmilliarden, die in die Hauptstadt Abuja fließen. Kriminelle Banden holen sich deshalb mit Gewalt das, was nach Ansicht auch der friedliebenden Mehrheit der lokalen Bevölkerung zusteht.

Die Françafrique

Das Bündnis zwischen der Elite Frankreichs und den Eliten in den ehemaligen Kolonien hat einen Namen: Françafrique – ein Amalgam aus France, Frankreich und Afrique, Afrika. Manchmal wird der Begriff auch Françafric geschrieben, für France – Frankreich und Fric – Moneten. In der Vergangenheit nahm dieses Bündnis teils bizarre Formen an: Wenn etwa Valéry Giscard d'Estaing das Abenteuer suchte, ging er mit seinem Freund Jean-Bédel Bokassa, dem selbsternannten Kaiser der Zentralafrikanischen Republik, gerne auf Großwildjagd. Bei Putschversuchen in der Zentralafrikanischen Republik ist bis heute die französische Armee zur Stelle, um den Herrschenden zu schützen – oder um dem Neuankömmling ins Amt zu verhelfen (s. Kapitel 12). Jeder der zentralafrikanischen Herrscher nach der Unabhängigkeit 1960 ist durch einen Putsch an die Macht gekommen, und niemand ohne Unterstützung aus der Grande Nation.

Ob Mali, Gabun oder Madagaskar: Frankreich hat seine Kolonien nie wirklich aufgegeben – von Algerien einmal abgesehen. Erst vor wenigen Jahren wurde die Komoreninsel Mayotte zum 101. Département gekürt. Mayotte gehört zu den Trauminseln, die Frankreich sich bis heute mit Millionen aus Paris und Brüssel als Überseegebiete hält. Der winzigen Insel im Indischen Ozean geht es als Teil der EU so gut, dass die restlichen, seit 1975 unabhängigen Komoreninseln in Paris sogar den Antrag stellten, rekolonisiert zu werden – ohne Erfolg. Doch Geld bekommen auch sie, und auch auf den Komoren darf nur putschen, wer Paris genehm ist. Im Gegenzug sind französische Unternehmen, die oft noch dem Staat gehören, die ersten, die die Ressourcen der Exkolonien ausbeuten dürfen. In Mali sucht der französische Ölmulti Total gerade dort nach Öl, wo die Islamisten die Macht übernahmen. Und der Uran-Gigant Areva sucht in Mali nach neuen Vorkommen des Erzes, das Frankreichs Atomkraftwerke am Laufen hält. Franzosen haben ihre Finger in Mali in nahezu allen Wirtschaftssektoren, ob Tourismus, Nahrungsmittelverarbeitung oder Logistik. Air France sorgt dafür, dass das Land ohne Seezugang an die Welt – sprich: Paris – angeschlossen ist, obwohl die Direktflüge nach Bamako wie auch in die anderen Hauptstädte der Exkolonien oft defizitär sind.

Das alles kann man durchaus positiv bewerten. Was wäre wohl gerade aus den Sahelstaaten wie Mali geworden, fragen manche, wenn Frankreich nicht immer wieder mit Staatsgeldern und im Zweifel mit der Armee eingegriffen hätte? Stabilität kommt in dieser Weltregion nicht von alleine. Und die Schutzmacht aus Paris war stets da, um denen zu helfen, die der afrikanische Philosoph Frantz Fanon einmal als schwarze Männer hinter weißen Masken beschrieben hat: Die schmale herrschende Schicht des Landes, die das Geschick der meist bettelarmen Mehrheit bestimmt und auch das der französischen Investoren.

Nur ein Bruchteil der Malier hat die Chance zu studieren; wer es tut, zumal in Frankreich, steigt unweigerlich früher oder später in die Elite des Landes auf. Oft sind es französische Institutionen, die ein Studium in Frankreich durch Stipendien überhaupt ermöglichen. Doch es ist nicht einfach so, dass Frankreich seine Kolonien bis heute ausbeutet. Das Verhältnis ist komplizierter, gegenseitiger. 56 Staaten sind heute Mitglied der Francophonie, die französische Sprache und Kultur schützt. Wie global wäre wohl noch die Bedeutung des Französischen, wenn in Mali die Mehrheitssprache Bambara oder in der Zentralafrikanischen Republik das Sango Staatssprachen wären?

Mehr als elf Prozent aller Waren importiert Mali bis heute aus Frankreich, auch von Herstellern, die unter normalen Bedingungen kaum konkurrenzfähig wären. Malis Generäle werden von Frankreich trainiert und mit französischen Waffen ausgerüstet. Die Vielzahl von Geldflüssen, die Sprache und die allgegenwärtige Orientierung nach Paris machen es neokolonialen Mitbewerbern wie China oder der Türkei in den französischsprachigen Ländern schwerer als anderswo in Afrika. Frankreich und seine Exkolonien, das ist ein geschlossenes System. Dieses System wurde durch die Terroristen im Norden Malis bedroht. Auch deshalb griff Frankreichs Armee ein, obwohl Präsident François Hollande nach seiner Wahl versprochen hatte, Frankreichs Einmischung in afrikanische Angelegenheiten werde mit ihm ein Ende haben. Die Grande Nation verdankt ihre Größe – mental und real – heute zu einem guten Teil den ehemaligen Kolonien. Auf ihre Unterstützung zu verzichten, scheint nicht denkbar – nicht nur wegen der riesigen Ressourcen, die noch unerschlossen unter Afrikas Erde liegen, aber auch ihretwegen.

Der Anschlag von In Amenas

Für wen die Terroristen in der Sahara wirklich die größte Gefahr darstellen und welche Achillesferse die Ressourcen in der Sahara für Frankreich und den Westen insgesamt sind, das zeigt sich nicht einmal eine Woche nach Beginn der französischen Militäroperation im Norden Malis Anfang 2013. Am anderen Ende der Sahara – gut 3000 Kilometer auf unwegsamer Wüstenpiste von Timbuktu entfernt – ereignet sich ein Überfall, wie es ihn zuvor noch nicht gegeben hat. Das Ziel ist das Gasfeld von In Amenas im Südosten Algeriens, 1500 Kilometer südlich der Hauptstadt Algier und kaum mehr als 70 Kilometer von der libyschen Grenze entfernt. Was auf dem 15 Hektar großen Gelände geschieht, lässt sich erst später anhand der Aussagen vor allem von Opfern rekonstruieren, anhand von Fotos, die Geiseln von ihren Mobiltelefonen senden, anhand von Kurznachrichten und Anrufen, die Angehörige vor allem in Europa an Zeitungen, Radio- und Fernsehstationen weitergeben. Das ganze Bild haben indes allein das algerische Militär und der ihm angeschlossene Militärgeheimdienst. Ob alles stimmt, was von diesen Stellen kolportiert wird, darf bezweifelt werden.

16. Januar 2013. Der Übergang von der Nacht zum Morgen gehört zu den angenehmsten Tageszeiten in der Wüste. Viele der mehr als 800 Arbeiter – 700 Algerier, 130 Ausländer – sind bereits wach und bereiten sich auf den Schichtbeginn vor, als sie ein durchdringendes Geräusch hören. Es ist der Feueralarm, ausgelöst von einem algerischen Wachmann am Tor der Wohnanlage, die zum Gasfeld gehört. Es gelingt ihm noch, über das interne CB-Netz einen Funkspruch abzusetzen: »Die Bärtigen haben das Camp eingenommen, Terroristen, es ist ein Angriff von Terroristen.« Dann wird er von den Angreifern erschossen. Der Wachmann ist das erste Opfer an diesem Mittwoch.

Die Terroristen, das sind nach unterschiedlichen Schätzungen rund 30 Männer in Geländewagen. Handyfotos zeigen sie in gefleckten Militärhosen, in Tarnparkas und dem Tagelmust, der Kopfbedeckung aus leichtem, dunklem Tuch, die auch die untere Gesichtshälfte verdeckt. Einige haben Gewehre an Lederriemen über ihre Schulter geworfen. Sie tragen Funkgeräte. Das Team, so heißt es später, muss die Anlage gut kennen. Auf dem weitläufigen Gelände gibt es mehrere Wohnquartiere, getrennt nach Algeriern und Ausländern, dazu Casinos und die eigentlichen Förderanlagen mit ihren Nebengebäuden. Trotz der verwirrenden Weitläufigkeit finden die Terroristen sich gut zurecht.

Zuerst stoppen sie – es ist 5.50 Uhr – zwei Busse mit Arbeitern, die gerade zum Flughafen aufbrechen wollen. Während die Angreifer den Bus durchkämmen, rufen sie den Algeriern zu: »Algerische Brüder, geht in Frieden, wir sind alle Muslime.« Dann stoßen sie zu den Schlafräumen vor. Die Angreifer kommunizieren über das gleiche Funknetz wie die Arbeiter, die so hören können, was die Attentäter planen. Viele Arbeiter verstecken sich, auf Dachböden, in Kammern, unter ihren Betten. Von dort schicken sie Nachrichten an ihre Familien, die sich an ihre Botschaften wenden. Über Funk erfahren sie, wer die Angreifer sind: Eine islamistische Terrorgruppe, die sich »Blutzeugen« (al-Muwaqiun Biddam) nennt. Ihre Mitglieder treiben die Ausländer auf dem Hof zusammen, Japaner auf der einen, Europäer auf der anderen Seite. Einer Gruppe von Philippinos schreit ein Terrorist entgegen, man suche Franzosen, Engländer, Amerikaner. »Die haben gesagt: wir brauchen keine Asiaten«, erinnert sich später ein algerischer Ingenieur. Viele Algerier versuchen, ihre ausländischen Kollegen als Inländer zu verkleiden, teilen ihre Kleidungsstücke aus.

Manche Ausländer versuchen zu fliehen – in der flachen Wüste, gut 40 Kilometer von der nächsten Siedlung entfernt, eine Verzweiflungstat. Mehrere werden entdeckt und erschossen. In Paris und auch in London ahnt man bald, dass der Anschlag womöglich ein Vergeltungsschlag für den französischen Militäreinsatz in Mali sein soll. Später findet sich im Netz ein entsprechendes Bekennervideo, seine Authentizität ist ungewiss. Unter den 130 Ausländern in In Amenas sind viele Briten und Franzosen. Doch dieses Wissen halten beide Regierungen geheim, um den Terroristen nicht zu viele Hinweise zu geben. Diese ahnen offenbar nicht, dass oder zumindest wo sich noch Ausländer versteckt halten könnten.

Unter den Terroristen sollen sich mindestens drei erfahrene Bombenbauer befunden haben. Diese beginnen im Lauf des Mittwochs damit, den Ausländern Sprengstoffgürtel anzulegen: aus dem Plastiksprengstoff Semtex, versehen mit ferngesteuerten Zündern. Die Stimmung ist angespannt, selbst unter denen, die für

Krisensituationen ausgebildet wurden. Yann Desjeux war in den Spezialeinheiten der französischen Armee, bevor er ein Restaurant in Bayonne eröffnet hat. In In Amenas ist er nur, weil er über Neujahr einen britischen Freund besucht hat. Einer der Geiselnehmer reicht Desjeux sein Mobiltelefon, nachdem ein auf die Region spezialisierter Reporter der *Sud-Ouest France* ihn darauf erreicht hat. Es gehe ihm gut, sagt Desjeux, vermutlich unter Druck. Die französische Regierung müsse unbedingt verhindern, dass die algerische Armee die Anlage stürme, sagt er. Von dem Sprengstoff um seinen Körper berichtet er nicht. Im Schutz der Nacht hat der Soldat den Zünder bereits entschärft, anderen Mut zugesprochen. Als sich die Geiselnahme am nächsten Tag zuspitzt, kommt Desjeux dennoch ums Leben. Er wird erschossen.

Am Donnerstagmorgen, nicht einmal 24 Stunden nach Beginn des Angriffs, hat Algeriens Armee die Anlage bereits umstellt. Das ergibt sich nicht zuletzt aus dem Bericht einer französischen Krankenschwester, die gemeinsam mit einem Team aus Katastrophenschützern in einer Baracke nahe der Förderanlage untergebracht ist. Bis hierher sind die Terroristen am Mittwoch noch nicht vorgedrungen. In der Nacht zum Donnerstag bereiten die Krankenschwester, drei ausländische und mehrere algerische Kollegen ihre Flucht vom Gelände vor. Die Algerier warnen vor einer Flucht im Schutz der Nacht: Die algerische Armee sei sicher schon vor Ort, sagen sie, und würden in der Dunkelheit vermutlich wahllos jeden erschießen, der das Lager verlasse. Also wartet die Gruppe bis zum Sonnenaufgang, bevor sie – ausgerüstet mit schweren Seitenschneidern – ihr Versteck verlässt. Mit den Schneidern durchtrennen die Flüchtlinge den Sicherheitszaun, der die ganze Anlage umgibt: Zwei bis drei Meter hohe Zäune mit Stacheldraht an der Spitze folgen im Abstand von mehreren Metern hintereinander. Die Fliehenden erinnern sich: Jeder Schnitt sei in der absoluten Stille so laut erschienen, dass man sicher gewesen sei, dass gleich die Terroristen kämen. Doch niemand kommt. Die Gruppe schafft es, durch die kleinen Löcher unter den Zäunen hindurchzukriechen. Die Algerier haben weiße Tücher mitgebracht, die sie über den Kopf halten, während sie vom Zaun wegrennen. Nach einigen Hundert Metern werden die Fliehenden von bewaffneten Männern aufgegriffen. »Wir hatten gehört, dass die Terroristen Uniformen trügen, einen Moment lang wussten wir nicht, wem wir da begegneten«, sagt die Krankenschwester später. Der Moment zieht sich hin. Dann nehmen die Soldaten ihre Waffen herunter und fahren die Arbeiter zu einer nahen Polizeiwache. Für diese Gruppe ist der Alptraum vorbei.

Am Gasfeld von In Amenas sind neben der staatlichen algerischen Sonatrach auch die norwegische Statoil und der britische Konzern BP beteiligt. In den Hauptquartieren in London und Oslo wächst im Laufe des Donnerstags die Überzeugung, dass sich die Lage zuspitzt. Doch Details gibt es nur wenige. Angeblich, so heißt es vom algerischem Militärgeheimdienst, haben die Geiselnehmer die Zufahrt zu den Mitarbeiterbaracken vermint und fünf Raketenwerfer auf die Förderanlage gerichtet. Die Terroristen wollten ihre Geiseln dorthin bringen, um Menschen und Maschinen gemeinsam in die Luft zu sprengen, teilt ein algerischer Regierungssprecher später mit. Seit dem Morgen sollen die Terroristen die mit Bomben versehenen, mit Klebeband geknebelten und gefesselten Geiseln in Reihen aufgestellt haben, um sie dann auf fünf Geländewagen zu verteilen.

Als der Konvoi sich gegen 14 Uhr Ortszeit in Bewegung setzt, schlagen die algerischen Soldaten zu. Von Hubschraubern aus beschießen sie die Fahrzeuge. Die wenigen Überlebenden berichten, wie Terroristen Geiseln als menschliche Schutzschilde vor sich ziehen. Ein Geländewagen fliegt in die Luft, nur einer der Insassen kann sich – auf allen vieren – retten. Als die Hubschrauber abziehen, werden die Geiseln wieder in einer Reihe aufgestellt und mit Kopfschüssen hingerichtet. Die meisten der 37 ausländischen Geiseln, die bei der Geiselnahme von In Amenas ums Leben kommen, sterben an diesem Nachmittag – auch wenn es keine genauen Zahlen gibt. Am Freitag starten algerische Soldaten ihre zweite Offensive, doch auch die geht schief. Die verbliebenen sieben Geiseln werden von ihren Entführern hingerichtet, als die Soldaten ihren letzten Rückzugsraum im Zentrum der Anlage stürmen. Am Samstag durchsucht die Armee die Anlage nochmals, nur um sicherzugehen. Doch alle Attentäter sind tot, dazu kommen der algerische Wachmann und 37 ausländische Mitarbeiter. Kein Täter kann verhört werden und Details über die genauen Hintergründe des Attentats preisgeben. Manche sagen, das sei dem algerischen Militärgeheimdienst ganz recht.

Anschlag oder Inszenierung?

Habib Souaïdia war im blutigen algerischen Bürgerkrieg der 1990er Jahre Offizier der algerischen Armee. Offiziell kämpften er und seine Kameraden in diesen Jahren gegen die Islamisten der Untergrundarmee GIA, der Groupe Islamique Armé. In den 1990er Jahren kamen mehr als 120 000 Menschen ums Leben, die meisten bei brutalen Massakern, die der GIA und ihrer Folgeorganisation, der Salafistischen Gruppe für Predigt und Kampf (GSPC), zugeschrieben wurden. Tatsächlich aber, so legte Souaïdia in seinem Enthüllungsbuch *Schmutziger Krieg* offen, waren die islamistischen Gruppen von algerischen Agenten so sehr unterwandert, dass es in den meisten Fällen der algerische Militärgeheimdienst DRS (Département de Renseignement et de la Sécurité) war, der die Massaker zu verantworten hatte. Souaïdia geht so weit zu behaupten, dass die GSPC und der Vorgänger GIA als Ganzes eine vom algerischen Geheimdienst aufgebaute Organisation waren – mit dem Ziel, die algerischen Islamisten in ihren Hochburgen zu diskreditieren und zugleich ein hartes Durchgreifen des Staates auch gegen gemäßigte Islamisten zu legitimieren. Die hatte die Armee kurz vor der Gründung der GIA verboten, weil es so aussah, als würde sie bei den nächsten Wahlen die Mehrheit gewinnen. Gestützt wird Souaïdias These unter anderem dadurch, dass die brutalsten Anschläge ausgerechnet in den Regionen stattfanden, in denen die islamistische Partei FIS bei den Wahlen Anfang der 1990er Jahre die besten Ergebnisse erzielt hatte. Dass eine islamistische Terrorgruppe ausgerechnet in ihren eigenen Hochburgen wüten sollte, scheint tatsächlich unwahrscheinlich. Zumal es nicht das erste Mal wäre, dass in Algerien eine solche Taktik »unter falscher Flagge« angewandt würde: Solche Methoden des »Schmutzigen Kriegs«, auf den Souaïdia im Titel seines Buchs verweist, wurden von den Franzosen im Algerienkrieg der 1950er Jahre angewandt.

»Einfach gesagt: Die GIA ist vom Militärgeheimdienst, von der DRS, kreiert worden«, ist sich auch der US-Amerikaner John R. Schindler sicher, der früher als Offizier beim US-Geheimdienst NSA arbeitete und heute Professor für nationale Sicherheit am US-Naval War College in Newport an der Ostküste der USA ist.

Die algerische Regierung habe Methoden angewandt, die sie vom sowjetischen Geheimdienst gelernt habe. »Ein großer Teil der Führungsriege der GIA bestand aus DRS-Agenten, die mit ihrem skrupellosen Plan aus den Islamisten eine Gruppierung von Massenmördern machten, die kein Algerier mehr unterstützen wollte. Die meisten größeren Massaker der GIA tragen die Handschrift des Militärgeheimdienstes, inklusive der Bombenattentate 1995 in Frankreich.« Nach dem Ende der GIA hätten dieselben Agenten die Folgeorganisationen unterwandert, so Schindler.

Beim Anschlag auf In Amenas sieht Souaïdia, der seit der Veröffentlichung seines Buchs im Verborgenen lebt, die gleiche Handschrift wie bei inszenierten Angriffen von GIA und GSPC in den 1990er Jahren. In einem Bericht für die Menschenrechtsgruppe Algeria Watch beruft sich Souaïdia zudem auf Quellen innerhalb des algerischen Militärs. Ohne Hilfe des Militärgeheimdienstes, so erklärt Souaïdia, hätten die Terroristen das Gasfeld von In Amenas nicht einmal erreichen können. Die Grenze zu Libyen sei damals schon mit Luftaufklärung unter anderem der französischen Armee kontrolliert worden, die wenigen Straßen, die innerhalb Algeriens nach Süden führen, sind strengstens bewacht. Nicht umsonst hat es bis In Amenas nicht einen Überfall auf die ökonomisch für Algeriens Regierung so bedeutenden Öl- und Gasfelder gegeben – selbst auf dem Höhepunkt des Bürgerkrieges nicht. Von seinen Militärkontakten will Souaïdia zudem erfahren haben, dass die von den Terroristen mitgebrachten Raketen und Sprengstoffe für einen Anschlag auf die Förderanlagen gar nicht geeignet gewesen seien. Die angebliche Kampfkraft der Terroristen sei bewusst übertrieben worden. Algerien hatte vor Frankreichs Einmarsch in Mali stets gewarnt, französische Soldaten dort würden die Stabilität der ganzen Region bedrohen. Genau das habe der Anschlag von In Amenas beweisen sollen, glaubt Souaïdia. Frankreich sollte nicht in Mali operieren – in einer Zone, die Algerien, das als eine der wenigen stabilen arabischen Nationen nach dem »Arabischen Frühling« seinen Großmachtanspruch in der Region anmeldet, als seinen Einflussraum bezeichnet.

Souaïdia glaubt, dass die Terroristen mit Billigung und Unterstützung des algerischen Militärgeheimdienstes Geiseln in In Amenas nehmen sollten. Dass am Ende Dutzende Ausländer ums

Leben kamen, könnte demnach schlicht ein Fehler gewesen sein. Ein Fehler, der sich womöglich ereignete, weil Algeriens Militär sich als erfolgreiche Anti-Terror-Einheit produzieren wollte. Stattdessen, so Souaïdia, habe im Einsatzstab ein »beispielloses Durcheinander und Kompetenzgerangel« geherrscht. Zum Schluss habe die Devise gegolten: ohne Rücksicht auf Verluste – und: Kein Terrorist darf überleben.

Es ist eine Theorie, die für westliche Ohren wild klingt, so, als wären Verschwörungstheoretiker am Werk. Doch dass der algerische Militärgeheimdienst Terrorgruppen gründet und ihre Aktionen lenkt, belegen auch Depeschen aus der US-Botschaft in Algier, die Wikileaks veröffentlicht hat. So schreibt der Geschäftsträger in der US-Botschaft am 1. September 2011 über eine neue Islamistengruppe im Land, die Ansar al-Islam in der muslimischen Sahara: »Es ist unklar, ob AIMS sich als Teil der al-Qaida versteht [...] oder ob es sich um eine Erfindung des Militärgeheimdienstes handelt. [...] unsere Kontakte neigen zu letzterer Einschätzung.«

Unterstützung erhält Souaïdia auch von Jeremy Keenan, einem britischen Anthropologen und langjährigen Afrikakenner. Keenan, Professor an der renommierten London School of Oriental and Africa Studies, beobachtet die Lage in der Sahara seit Jahrzehnten. »In Amenas war mit an Sicherheit grenzender Wahrscheinlichkeit eine Geheimdienstoperation unter falscher Flagge, die unbeabsichtigt aus dem Ruder gelaufen ist«, urteilt der grauhaarige Mann mit dem gewinnenden Lächeln, der gerade wieder von einer seiner Afrikareisen zurückgekehrt ist. Beweise hat Keenan keine, aber Indizien. So glaubt er, im Artikel einer dem Geheimdienst nahestehenden Zeitung eine Warnung für den Westen erkennen zu können. »In diesem Artikel, der im November 2012 erschienen ist, wird von der Vereitlung eines geplanten Attentats auf die Anlage von In Amenas berichtet – von einer Terrorgruppe, deren Anführer Mohammed Lamine Bouchneb war. Bouchneb aber war der Anführer des Anschlags auf In Amenas im Januar 2013 – alles lief genau so ab, wie in dem Artikel vorhergesagt.« Als Drahtzieher wird eine weitere Person genannt, die beim Anschlag im Januar wieder auftaucht: Mokhtar Belmokhtar, eine der wichtigsten Figuren im Terrorgeflecht der Sahara. Belmokhtar, so viel steht fest, wurde vom algerischen Militärgeheimdienst ausgebildet. Nicht nur

Keenan glaubt, dass er bis heute für ihn arbeitet. »Dieser Artikel wirft viele Fragen auf: Wenn er zutrifft, warum wurden die Betreiberfirmen von In Amenas dann nicht gewarnt? Und wenn Bouchneb festgenommen wurde – wie konnte er dann zwei Monate später den Anschlag verüben? Weil der Militärgeheimdienst hinter der Tat steckte.«

Keenan will zudem Belege dafür haben, dass Bouchneb und sein Führungsagent General Rachid Lallali mehrfach gemeinsam in einem Camp gesehen wurden, das den Tarnnamen »Tamouret« trägt – einem Ausbildungscamp der al-Qaida im Islamischen Maghreb, finanziert und eingerichtet vom algerischen Militärgeheimdienst. Auch Belmokhtar soll regelmäßig in Tamouret gesichtet worden sein. Bis 2009 sollen dort nach Keenans Erkenntnissen jährlich bis zu 270 Terrorkämpfer auf algerischem Boden ausgebildet worden sein, bis das Camp über die nahe Grenze nach Mali verlegt wurde.

Bouchneb, Belmokhtar und ein General des algerischen Militärgeheimdienstes gemeinsam in einem al-Qaida-Terrorcamp: Für Keenan beweist das, dass der algerische Militärgeheimdienst in die Aktionen der Saharaterroristen mindestens verwickelt ist. Beispiel Nordmali. »Am Anfang der Rebellion im Januar 2012 war es die Tuaregbewegung MNLA, die mit mehreren Tausend Kämpfern den Norden Malis eroberte – gerade waren aus Libyen gut ausgerüstete Tuaregkämpfer dazugekommen. Islamistische Gruppen hatten dagegen viel weniger Mann, die Ansar Dine etwa gerade mal 100. Ohne Unterstützung des algerischen Militärgeheimdienstes hätten die Islamisten die Tuaregrebellen niemals verjagen können.« Die Niederlage der MNLA, so Keenans Fazit, sei für die Regierung in Algier von größter Wichtigkeit gewesen. Denn die Tuaregbewegung habe eine echte Bedrohung der Staatsmacht im südlichen Algerien dargestellt – die einzige bedeutende bewaffnete Gruppe, die nicht vom algerischen Militärgeheimdienst unterwandert gewesen sei. Keenans These erklärt einige Absonderlichkeiten: etwa die, warum Algeriens Regierung während der islamistischen Besatzung Nordmalis die Grenzen offen und Lebensmittel- wie Waffentransporte zugunsten der Islamisten ungehindert passieren ließ. Monatelang wurde ganz Nordmali von Algerien aus versorgt, trotz erheblicher Proteste von Malis Regierung in Bamako.

Ein Umstand, auf den Keenan zu Recht hinweist, ist die Tatsache, dass es auch fast ein Jahr nach dem Anschlag auf In Amenas keine unabhängige Untersuchung des Attentats und des algerischen Militäreinsatzes gegeben hat. Nicht einmal zu den Leichen haben westliche Forensiker Zugang erhalten. »In In Amenas sind so viele westliche Bürger bei einem Attentat ums Leben gekommen wie zuletzt bei den Bombenanschlägen auf die Londoner U-Bahn 2005 – im Normalfall wäre der Druck immens, so ein Attentat zu untersuchen.« Keenan glaubt, dass Frankreich, die USA und Großbritannien von der Existenz des Terrorcamps Tamouret wissen – und verhindern wollen, dass dieses bei der Untersuchung des Anschlags von In Amenas auffliegt. Auch für Journalisten ist das Gasfeld bis heute gesperrtes Gebiet.

Algeriens Kampf gegen den Terror

Dass es sich bei Militärgeheimdienst und Militär um die eigentlichen Herrscher Algeriens handelt, ist weitgehend unumstritten. So schrieb der damalige US-Botschafter in Algier, Robert Ford, am 19. Dezember 2007 in einer vertraulichen Lageeinschätzung nach Washington: »[...] General Toufik Mediène, Chef des algerischen Militärgeheimdienstes DRS, [wird] weithin als die Schlüsselfigur für die Kontrolle des Regimes und sein Überleben angesehen.« Im selben Bericht schreibt Ford auch, dass die Korruption innerhalb des Regimes ungeahnte Ausmaße angenommen habe. Unter diesem Gesichtspunkt ist die jahrelange Verzögerung einer geplanten Privatisierung des staatlichen Ölgiganten Sonatrach zu sehen, der gut 98 Prozent des Staatshaushaltes finanziert. Dass die für das wirtschaftliche Überleben der Regierung so wichtigen Öl- und Gasförderanlagen bis In Amenas nie von Terroristen angegriffen wurden, darf als weiteres Indiz dafür gelten, dass die Regierung Einfluss auf die Operationen der Terrorgruppen im Land und der Region hat.

Dass Algeriens Militär heute immer noch so viel Macht und Einfluss hat, verdankt es vor allem der Kooperation mit den USA. Spätestens nach den Terroranschlägen vom 11. September 2001 wurde Algerien für die USA zu einem wichtigen Partner im »Kampf gegen den Terror«. Die Armee profitierte von hohen Millionenzuwendungen im Rahmen der nach 9/11 gegründeten Pan-Sahel Initiative, die 2005 in Trans-Saharan Counterterrorism Initiative umbenannt wurde. In den 1990er Jahren wären Hilfen für Algerien noch undenkbar gewesen: Wegen der schweren Menschenrechtsverletzungen innerhalb der algerischen Armee hatten die USA sogar zeitweise ein Waffenembargo gegen Algerien verhängt. Nach 9/11 drehte sich der Wind: »Washington kann im Anti-Terror-Kampf von Algerien einiges lernen«, erklärte George W. Bushs Vizeminister für Verteidigung, William Burns, im Dezember 2002 bei einem Besuch in Algier. Hinter den Kulissen verhandelte man über Waffenlieferungen: Um die Terroristen erfolgreich bekämpfen zu können, brauche man Kampfhubschrauber, Nachtsichtgeräte, moderne Waffensysteme, forderte Algeriens Militärführung. Doch gab es ein Problem: In Algerien, so die damalige realistische Einschätzung im Pentagon, bestand überhaupt kein Terrorproblem, Algier hatte die Islamisten längst unter Kontrolle gebracht. Dafür mochte man keinen Streit mit der Menschenrechtslobby im Kongress eingehen. Dass die Sahara Terrorgruppen globaler Bedeutung beherbergte, wie es Algeriens Führung behauptete, galt im Pentagon als unbewiesen.

Das ändert sich 2003 abrupt, als angeblich die GSPC 32 europäische Touristen entführt – an Orten entlang von Hauptstrecken durch die Sahara, die bis dahin als sicher gegolten hatten. Unter den Entführten sind vor allem Deutsche, Österreicher und Schweizer. Einer schreibt und veröffentlicht ein Tagebuch, andere berichten später ausführlich von ihrem Schicksal bei den angeblichen Islamisten. Auch deshalb lässt sich die Entführung so gut nachvollziehen, dass Fragen aufkommen – Fragen, die in die gleiche Richtung führen wie zehn Jahre später in In Amenas.

Der Schweizer Reto Walther, der die Geiselnahme in einem Buch festhält, geht bald davon aus, dass das algerische Militär weiß, wo die Entführer zumindest seine Gruppe von Geiseln versteckt halten. Wochenlang harren Walther und 13 weitere Urlauber unter katastrophalen Bedingungen in einer Felsspalte im Tassili-Gebirge aus, einem Gebirgszug vom Ausmaß der Schweiz. »Wenn man da einfach mal planlos suchen muss – das ist unheimlich viel Platz, den man da abklappern muss«, sagt Walther kurz nach dem

Ende der Entführung der deutschen Journalistin Bettina Rühl. »Und weil die halt so zielsicher über uns geflogen sind, teilweise, ging ich zumindest davon aus, dass die wissen, wo wir sind.« Der deutsche Politologe und Nordafrikakenner Werner Ruf unterstützt Walthers Einschätzung. »Algier hat deutsche Versuche unterbunden, das Geiseldrama mit Hilfe von GSG 9, KSK oder BND zu lösen.« Experten aller drei Einheiten, von Polizei, Bundeswehr und Nachrichtendienst, sind in der deutschen Botschaft in Algier vor Ort, dürfen aber nicht aktiv werden.

Ruf sieht zudem viele praktische Probleme, deren Lösung ohne eine Unterstützung des Militärs kaum möglich gewesen wäre. So unterliege die Kontrolle von Treibstoff im Süden Algeriens komplett dem Militär – die Terroristen hätten mit ihren Geiseln aber riesige Strecken zurückgelegt, ohne je Treibstoffprobleme zu haben. Auch Überfälle auf Treibstofflager werden nicht bekannt. Als drei Fahrzeuge schwer beschädigt sind, besorgt der Anführer der Bande – Abderrazak »El Para«, der seinen Spitznamen führt, weil er in der algerischen Armee als Fallschirmspringer ausgebildet wurde – binnen weniger Tage Ersatzteile, deren Beschaffung in der Sahara unter normalen Umständen nicht möglich scheint. Jeremy Keenan sieht es zudem als bewiesen an, dass El Para ein DRS-Agent ist – bis heute. 2004 wurde er im Tschad verhaftet und nach Algerien überstellt; ein Prozess gegen ihn wurde nie eröffnet. Sein aktueller Aufenthaltsort ist unbekannt.

Am verdächtigsten ist jedoch die Befreiung der Geiseln. Der Deutsche Harald Ickler erinnert sich im Gespräch mit Bettina Rühl so daran: »Auf einmal fing eine Knallerei an. Von oben wurde geschossen [...], dann kamen Hubschrauber, ein weißer Hubschrauber stieg hoch [...], dann kamen Kampfhubschrauber, algerische, und es wurde geschossen.« Ickler schaut durch ein Loch im Felsspalt, in dem er sich versteckt, und sieht, wie seine Entführer weglaufen. »Dann kam ein Hubschrauber, hat auf die gezielt, aber nicht geschossen, hat auf einen Felsen geschossen, dass es eine Explosion gab [...]. Kriegsfilmmäßig.« Der Eindruck der Inszenierung verstärkt sich, als Ickler und die anderen Geiseln aus der Felsspalte klettern, nachdem die Schüsse aufgehört haben. Eine Kampfeinheit der algerischen Armee sei da gewesen, ein angeblich Verletzter, aus dessen angeblich durchschossenem Bein aber kein Blut sickerte. »Und da haben wir gesagt: Ja, was ist denn jetzt mit den anderen, was ist mit den Gotteskriegern?« Fünf seien tot, antwortet der Anführer der Einheit. »Und die anderen kommen auch nicht mehr raus.« Ickler und die anderen Geiseln sehen keine Leichen, nichts deutet auf einen echten Kampf hin. Wenigstens ist diese Gruppe frei. Die zweite Gruppe von Geiseln, zu der auch Reto Walther gehört, muss weiter in der Wüste ausharren. Eine Deutsche stirbt schließlich an Entkräftung.

Ickler wundert sich später, als er bei der algerischen Polizei Bilder von den Entführern oberhalb des Geisellagers sieht – gestochen scharf und aus seitlicher Perspektive. Ein Fotograf muss sie gemacht haben, mitten in einem abgelegenen Wüstengebirge. Noch mehr wundert sich Ickler aber, als ein Deutscher im Januar 2004 in der Sahara Fotos von Mitgliedern einer angeblichen Terrorgruppe macht – auf deren eigenen Wunsch. Nicht nur El Para ist auf diesen Bildern zu sehen, sondern auch mehrere der angeblich getöteten Entführer – und eines der Autos, das die deutschen Urlauber ihren Entführern überlassen mussten.

Wenn die Geiselnahme in der Sahara tatsächlich eine Inszenierung von Algeriens Militärgeheimdienst war, dann war sie erfolgreich. Die US-Regierung erhöht ihre Militärhilfe für den Sahel danach eklatant. Bald ist in Washington von der Sahara als »neuer Terrorfront« die Rede. Dabei schließen Ruf und Keenan in ihren Analysen nicht einmal aus, dass die US-Regierung um die fragwürdigen Umstände der Entführung wusste. Denn schließlich hat auch die US-Regierung von George W. Bush ein Interesse daran, als Rechtfertigung ihres »Kriegs gegen den Terror« eine möglichst globale Terrorgefahr darzustellen. Zudem errichten die USA im Zuge ihrer Anti-Terror-Strategie Basen in Afrika und erstmals ein Afrika-Kommando mit Sitz in Stuttgart. Ruf glaubt, dass die USA beides auch dazu nutzen, um sich die Kontrolle über Afrikas noch große Energieressourcen – allen voran Öl – zu sichern. Bis 2015, so die damalige Energiestrategie der USA (vor dem Beginn der Ausbeutung von heimischem Schiefergas), sollte der Anteil afrikanischen Öls am US-Energiebedarf auf 25 Prozent ansteigen – beinahe eine Verdopplung.

Die wachsende US-Militärpräsenz rüttelt nicht zuletzt an den historisch verbrieften Ansprüchen der alten Kolonialmacht Frankreich und deren Françafrique. So profitiert nicht nur Algerien, sondern auch Washington vom Vorhandensein einer terroristischen Gefahr in der Sahara – egal, wie real sie wirklich ist. Leidtragende sind allein die Bewohner der Region, die durch die Aufrüstung in der Sahara immer mehr Gewalt ausgesetzt sind. Die angeblichen Terroranführer dagegen arrangieren sich schnell mit den neuen Verhältnissen, wie das Beispiel von Mokhtar Belmokhtar, dem angeblichen Drahtzieher hinter dem Anschlag von In Amenas, zeigt.

9
Schnee in der Wüste
Wenn Terroristen Drogen schmuggeln

Mokhtar Belmokhtar, der Mann, der nach offizieller Lesart hinter dem Anschlag von In Amenas steht, trägt viele Namen. »Abu Khaled« ist der Kampfname, unter dem er bei al-Qaida im Islamischen Maghreb (AQMI) bekannt ist. »Einauge« ist ein weiterer, weil Belmokhtar in Afghanistan ein Auge verloren hat. Schließlich wird der Algerier in seinen Vierzigern – hinter seinem Rücken – auch Mr. Marlboro genannt. Ein ehrenvoller Name unter den Wüstenbewohnern, und ein hart erarbeiteter. Denn mit dem Schmuggel von Zigaretten ebenso wie dem von Drogen und Waffen hat der Wüstenkrieger vermutlich noch mehr Geld gemacht als mit seinen Entführungen. »Belmokhtar ist zu allererst ein Schmuggler und Ganove«, versichert mir der malische Journalist Hassan E., der die Karriere Belmokhtars seit langem verfolgt. »Er kennt die Wüste im Grenzgebiet von Mali, Niger und Algerien wie kein Zweiter, und dort sind seine Schmuggelrouten.« Dass Belmokhtar sich mit der algerischen GSPC (Salafistische Gruppe für Predigt und Kampf) einlässt, die später zur AQMI umfirmiert, ist nach Überzeugung Hassan E.s eine primär geschäftliche Entscheidung. Eine Rolle spielen aber sicher auch persönliche Kontakte zu seinem Freund und Kompagnon Abderrazak »El-Para«, dem angeblichen Anführer der Touristenentführung 2003.

Schmuggler, Islamist und Militärspion

Mokhtar Belmokhtar wird am 1. Juli 1972 in Ghardaia geboren, einer Provinzhauptstadt am Rande einer Oase im Süden Algeriens. Die Geschichte der Stadt reicht weit zurück; gemeinsam mit vier anderen Städten auf dem Hochplateau in diesem Teil der Sahara bildet Ghardaia eine Pentapolis, eine Fünferstadt mit mehr als 80 000 Einwohnern. Die ummauerte Stadt mit den engen, verwinkelten Gassen hat sich in den 1000 Jahren seit ihrer Gründung kaum verändert. Traditionen werden hier hoch gehalten. Der Anbau von Datteln, für den die Bewohner schon im 11. Jahrhundert ein für die Sahara einzigartiges, in Teilen unterirdisches Bewässerungssystem bauten, wird ebenso kultiviert wie das Knüpfen von Teppichen und das Weben von Tüchern. Überragt wird die wirtschaftliche Bedeutung dieser Traditionsgewerke von der Öl- und Gasförderung auf den Feldern südlich der Stadt, die die mit Abstand meisten Bewohner Ghardaias beschäftigt.

Belmokhtar tritt bereits als Jugendlicher der algerischen Armee bei. Ende der 1980er Jahre sieht es so aus, als ob die Islamische Heilsfront FIS eine Mehrheit bei den anstehenden Wahlen erringen und die ungeliebte Einheitsregierung ablösen könnte. Belmokhtars Entscheidung für die Armee ist demnach keine Entscheidung gegen die GIA (Groupe Islamique Armé), die erst einige Jahre später ihren bewaffneten Kampf aufnehmen wird. Als das geschieht, hat Belmokhtar Algerien allerdings bereits verlassen. Von 1991 an kämpft der Algerier in Afghanistan auf Seiten der Mudschaheddin gegen die Kommunisten. Nach deren Sturz 1992 kehrt Belmokhtar – vom Krieg gezeichnet – in seine Heimat zurück. Doch die hat sich grundlegend verändert, nachdem das Militär die Wahlen annulliert und die FIS verboten hat. Im Land herrscht Bürgerkrieg. Ob Belmokhtar in dieser Zeit noch seine früheren Kontakte zum algerischen Militärgeheimdienst DRS pflegt, ist ungewiss. Belege gibt es dafür wie nicht anders zu erwarten nicht, doch viele Gerüchte. Offiziell verlässt Belmokhtar die Armee und schließt sich einem Schmugglerring an. Er schmuggelt Waffen aus den Regionen südlich der Sahara nach Algerien – und Zigaretten. Diese werden in Schiffscontainern aus den USA etwa nach Zerouate im Norden Mauretaniens verschifft. Dort werden die Container auf Trucks nach Kidal im Norden Malis gefahren, wo sie auf wüstenfähige Pick-up-Trucks umgeladen werden. Quer durch die Sahara führen die Schmugglerpisten bis an die algerische Küste, wo die Ladungen mit Booten nach Italien gebracht und von dort nach ganz Europa verteilt werden. Auf diesem Weg umgehen die Schmuggler verschärfte Grenzkontrollen in Marokko und Spanien, der direkten Route. Die Strecke von Kidal durch die algerische Sahara kennt, so heißt es, niemand so gut wie Belmokhtar. Als der Einfluss der GSPC in der Region wächst, schließen Belmokhtar und sein vielleicht engster Kampfgenosse aus Afghanistan, Abderrazak El Para, sich der Bewegung an und übernehmen bald die Führung des Sektors in Südalgerien.

Spätestens zu diesem Zeitpunkt, so bestätigen unterschiedliche Quellen, nimmt Belmokhtar seinen Kontakt zum Geheimdienst DRS wieder auf. »Für jemanden wie Belmokhtar machte das vollkommen Sinn«, glaubt Hassan E. »Ein guter Schmuggler versucht immer, sich möglichst viele Optionen offen zu halten.« Rückhalt auf der malischen Seite der Grenze sichert sich Belmokhtar auf altmodische Weise: Er heiratet in einen der wichtigsten Tuaregclans dort ein, die Barabsha. Familienbande sind in diesem Teil der Welt eine der besten möglichen Absicherungen, wie sich für Belmokhtar später noch zeigen wird.

Zigarettenschmuggel ist ein lukratives Geschäft. Obwohl es sich bei Tabak um eine legale Droge handelt, sind die in Europa auf Zigaretten erhobenen Steuern so hoch, dass sich selbst komplizierte und langwierige Schmuggelpfade auszahlen. Ein Päckchen Marlboro oder Gauloises (die am meisten geschmuggelten Marken) kostet in Burkina Faso etwa 250 Francs CFA, gut 38 Euro-Cent. Die gleiche Packung gewinnt auf dem Weg nach Europa immer mehr an Wert: In Mali kostet sie schon einen Euro, in algerischen Küstenstädten wird sie für 1,30 Euro gehandelt. In Deutschland kostet das gleiche Päckchen im Laden mehr als fünf Euro. In einem einzigen Zigarettenpäckchen stecken also potentiell mehr als 4,50 Euro Gewinn – genug, um für alle Beteiligten reichliche Einnahmen abzuwerfen, denn natürlich werden keine Päckchen oder Stangen geschmuggelt, sondern Kartons mit Hunderttausenden von Stangen. Die Schmuggler auf der Transsahararoute, meist junge Malier, bekommen pro Fahrt rund 100 000 Francs CFA bar auf die Hand, knapp 150 Euro – in Gao entspricht das drei Monatseinkommen, vorausgesetzt, man bekommt überhaupt einen Job. Die meisten Jugendlichen bekommen keinen. Die EU geht davon aus, dass sie jährlich 10 Milliarden Euro an Steuereinnahmen an die Zigarettenschmuggler verliert. Auch wenn auf dem Weg von den USA nach

Europa viele Hände geschmiert werden müssen, kann man davon ausgehen, dass ein Topschmuggler wie Belmokhtar jährlich mehrstellige Millionenbeträge einstreicht. Das Risiko ist gering, vor allem, wenn man in der Region so gut vernetzt ist wie er.

Air Cocaïne

Doch es gibt noch lukrativere Geschäfte. »Zigarettenschmuggel ist das eine, aber Kokain – damit lässt sich richtig Geld verdienen«, versichert mir Hassan E. Nach seinen Informationen verdienen selbst die Handlanger für eine Fuhre Kokain leicht das Zehnfache von dem, was ihnen Zigaretten einbringen. Mindestens 18 Tonnen Kokain sind nach Berechnungen des UN-Büros für Drogen- und Verbrechensbekämpfung (UNODC) 2011 von Südamerika durch die Sahara nach Europa gelangt, Verkaufswert: mehr als 900 Millionen Euro. Der Handel mit den illegalen Drogen hat nach Ansicht der UN-Experten das Potenzial, die ganze Region zu destabilisieren: »Das gesamte Militärbudget eines durchschnittlichen westafrikanischen Landes ist geringer als der Wert von einer Tonne Kokain.« Ob es tatsächlich »nur« 18 Tonnen sind, die ihren Weg durch die Sahara finden, ist indes unklar. Die Zahlen werden auf Basis der Drogenfunde in der Region hochgerechnet. Wie verlässlich diese Basis ist, ist aber umstritten. 2007 ging die UN-Behörde noch davon aus, dass 47 Tonnen Kokain durch die Wüste nach Europa geschmuggelt wurden. Die Routen nach Europa werden immer wichtiger, weil die Kokainnachfrage dort seit langem steigt, während sie in Nordamerika seit langem sinkt. Allein im letzten Jahrzehnt soll sich der europäische Markt verdoppelt haben, schätzen die UN. Gleichzeitig haben Spanien und Marokko die Grenzkontrollen an Land und zur See verschärft. Traditionelle Routen über die Kanaren oder entlang der westafrikanischen Küste sind den Drogenbaronen daher zu verlustreich geworden. Dazu kommt, dass Westafrikaner – vor allem Nigerianer – eine immer wichtigere Rolle im internationalen Kokainhandel spielen und weite Teile des europäischen Straßenverkaufs in der Hand haben. Sie haben die nötigen Kontakte in diesem Teil Afrikas, um einen sicheren Transsaharatransport zu organisieren.

Und schließlich fehlt es auch nicht an der nötigen Chuzpe. Im November 2009 wird in der Sahara im Norden Malis das Wrack einer Boeing 727 gefunden, die schnell den Spitznamen »Air Cocaïne« erhält. Der französisch-beninische Journalist Serge Daniel ist der Einzige, der das frische Wrack in Sinkrébaka, 200 Kilometer nördlich von Gao, zu sehen bekommt. Im französischen Auslandsrundfunk RFI beschreibt er seine ersten Eindrücke: »Die Maschine, eine 727-200, war vollkommen leer. Sie war von West nach Ost abgestürzt, so wie es aussah. Im Cockpit war alles ausgebrannt, es gab keine Spuren mehr.« Sinkrébaka liegt am Ende einer unwegsamen Strecke, die von den Bewohnern »Schmugglerpiste« genannt wird – ein passender Name, wie Daniel bald herausfindet. Anfangs vermutet er noch, dass die 727 bei der Landung abgestürzt ist. Doch in Gesprächen mit anderen, die auf der Schmugglerpiste unterwegs sind oder an ihrem Rand leben, lässt sich schließlich rekonstruieren, was tatsächlich geschehen ist. Dazu kommen Informationen der Flugkontrollen.

Die betagte Frachtmaschine, die jetzt ausgebrannt in einer Sanddüne am Ende eines staubigen Landestreifens liegt, ist in Guinea-Bissau registriert. Die Versicherung ist in Saudi-Arabien abgeschlossen, wo das Flugzeug auch zuletzt gewartet worden sein soll. Der spätere Ansar-Dine-Anführer Iyad Ag Ghali, zu diesem Zeitpunkt (im Herbst 2009) Diplomat in Riad, wird dort wegen krimineller Aktivitäten ein Jahr später ausgewiesen. Möglich, dass er etwas mit dem Flug von Air Cocaïne zu tun hat. Im September 2009 wird die Maschine für einen Flug von Malis Hauptstadt Bamako in Senegals Hauptstadt Dakar angemeldet. Doch anstatt in Dakar zu landen, fliegt der Pilot sie offenbar weiter nach Westen. Anderthalb Monate später taucht die Maschine wieder in den Logbüchern auf: im venezolanischen Maracaibo, nicht einmal 100 Kilometer von der kolumbianischen Grenze entfernt. Nach einer weiteren Zwischenlandung in Guinea-Bissau erreicht das Flugzeug schließlich Sinkrébaka. Dort wird es auf Geländewagen mit nigrischen Kennzeichen entladen.

Zehn Tonnen Kokain sollen sich an Bord befunden haben, mit einem Schätzwert von 300 bis 600 Millionen Euro. Als Faustregel bekommen die Schmuggler zehn Prozent des Wertes als Bezahlung – zwischen 30 und 60 Millionen Euro, die zwischen den verschiedenen Beteiligten aufgeteilt werden. Ein Vermögen. Zum Vergleich: Im Dezember 2004 findet die kenianische Polizei Kokain im Gesamtwert von mehr als 50 Millionen Euro bei Mitgliedern eines Kartells, das über den Hafen von Mombasa operiert. Damals erklärt Kenias Polizeichef Hussein Ali, eine größere Menge Drogen sei in Afrika noch nie sichergestellt worden. Versteckt war das Kokain in Containern, die angeblich kolumbianische Bananen enthielten. In Nairobi sollte der Stoff in einer Lagerhalle in kleine Plastiktüten verpackt werden, um dann als Rohstoff für Dachpappe getarnt in die Niederlande verschifft zu werden. Doch die Polizei schlug vorher zu, vielleicht auch, weil sie sich über einen Bananentransport nach Kenia – selbst Großexporteur der Früchte – wunderte. In der Sahara ist 2009 auf einen Schlag eine Menge angekommen, die dem Sechs- bis Zwölffachen des fünf Jahre zuvor gemachten Fangs entspricht. Das belegt nicht zuletzt den Anstieg des Drogengeschäfts in Afrika.

Als die Geländewagen in der Wüste verschwunden sind, könnte Folgendes geschehen sein: Die Boeing 727 gewinnt beim Start nicht die nötige Höhe und stürzt in eine Düne. Die Besatzung verlässt das Flugzeug danach unverletzt, denn es werden keine Leichen gefunden. Auch sind die Tanks leer – wurde das Kerosin nachträglich abgepumpt? Serge Daniel glaubt bald an einen ganz anderen Ablauf. Er geht davon aus, dass schon nach der Entladung der Maschine das meiste Kerosin abgepumpt wird. Dann steigt der Pilot in die Maschine und steuert sie in die Düne gleich am Ende des Landestreifens. Dort wird das Flugzeug in Brand gesteckt. Die Maschine hatte ihren Dienst getan, so Daniels Vermutung – es war am billigsten, sie in der Sahara zu begraben. Ihren Schätzwert – etwa vier Millionen Euro – verbuchen die Schmuggler unter Auslagen. Dass die Nachricht von der ausgebrannten Boeing bis nach Bamako und von dort weiter ins Ausland dringt, damit hatte wohl niemand gerechnet.

In den folgenden Monaten stellt Daniel Verbindungen zu einem Import-Export-Unternehmen und zu Mitarbeitern in einer europäischen Botschaft fest. Männer werden festgenommen und später ohne ersichtlichen Grund wieder freigelassen – offenbar sind sie gut vernetzt. Daniel weist einige der Wege nach, die das Kokain nach seiner Entladung genommen hat. So glaubt er, dass Hunderte

Kilo Kokain bis heute in entlegenen Dörfern der Sahara zwischengelagert sind, um von dort schrittweise nach Norden transportiert zu werden. Die Menge von zehn Tonnen ist schließlich viel zu groß, um komplett auf die Reise geschickt zu werden. Unter anderem könnten die Preise verfallen. Die Schmuggler haben Zeit. Irgendwann werden sie die Fuhren bis nach Europa bringen.

Drogengeld für al-Qaida

Dass die al-Qaida im Islamischen Maghreb (AQMI) von den Drogentransporten profitiert – obwohl harte Drogen im Islam eindeutig als haram, als unrein und verboten gelten – daran hat Emmanuel Kwesi Aning keinen Zweifel. Aning ist Politologe und Direktor beim Kofi Annan Peacekeeping Training Centre am Stadtrand von Ghanas Hauptstadt Accra. Er gilt als einer der intimsten Kenner krimineller Strukturen in Afrika. Als ich ihn in seinem schmucklosen Büro besuche, das in einem Bungalow auf einem ebenso nüchternen Militärgelände steht, stapeln sich auf seinem Schreibtisch Papiere und Notizzettel. Aning trägt eine Brille mit großen, runden Gläsern. Sein Kopf ist glattrasiert. Gerade ist er von einer Überseereise zurückgekehrt, nächste Woche spricht er bei einer Tagung in New York. »Es gibt klare Beweise dafür, dass al-Qaida mit dem Schmuggel von Kokain durch die Sahara verbunden ist«, sagt Aning. Früher hätten Tuareg allenfalls Kleinschmuggler durch die Wüste geleitet, ihnen Brunnen und sichere Wege gezeigt und seien dafür entlohnt worden. »Dann ist al-Qaida vor gut zehn Jahren in das Geschäft eingestiegen – seitdem beobachten wir eine dramatische Zunahme der Kokainmengen, die durch die Sahara geschleust werden. Sie haben die Verbindungen zu internationalen kriminellen Netzwerken und das nötige Know-how.«

Gut 500 Millionen US-Dollar, so schätzt UNODC, bleiben jedes Jahr entweder als Gewinn in Westafrika oder werden zumindest dort gewaschen. Mit verheerenden Folgen für die ohnehin schwachen staatlichen Strukturen, warnt Aning. Dafür braucht er nicht ins Ausland zu gucken. Accra selbst boomt. Als ich in einem gelben, verbeulten Taxi die volle Liberation Avenue, eine der Magistralen von Accra, herunterschleiche, lasse ich mir von meinem

Fahrer die Baustellen erklären. »Dort wird ein neues Bankenhochhaus gebaut und dort ein Fünf-Sterne-Hotel und hier drüben noch ein Hochhaus, wofür genau, weiß man noch nicht.« Öl, das seit einigen Jahren vor der Küste gefördert wird, ist einer der Gründe, dass die noch vor wenigen Jahren so verschlafene Stadt derart aufblüht. Doch Öl ist nicht der einzige Rohstoff, aus dem sich Ghanas Wirtschaftswunder speist. Viele der Baustellen sind auch Waschmaschinen für Schwarzgeld aus dem Drogenhandel. In den vergangenen Jahren ist Ghana zu einem wichtigen Drehkreuz in der Region aufgestiegen, glaubt Aning. »Das Drogengeld hat längst alle staatlichen Institutionen durchdrungen. Ob Zoll, Polizei, Justiz und Politik: Die sind alle in das lukrative Geschäft mit Kokain und Heroin verstrickt.« Ganze Dörfer profitieren von dem illegalen Geschäft. Als 2005 der ghanaische Politiker Eric Amoateng, Abgeordneter der damaligen Regierungspartei, in New York verhaftet wurde, weil er Heroin im Wert von sechs Millionen Dollar ins Land schmuggeln wollte, war der Protest in seinem Wahlkreis zuhause groß. Ein Philanthrop sei Amoateng, klagten die Bewohner. Er gebe Armen zinslose Darlehen und bezahle 100 jungen Leuten ein Studium. Auch seine Partei weigerte sich zunächst, Amoatengs Mandat ruhen zu lassen – obwohl er auf frischer Tat ertappt wurde. Kein Wunder, denn Aning zufolge ist selbst der Wahlkampf aus Drogengeldern mitfinanziert worden. »Es ist naiv zu glauben, dass es anders wäre.«

Viele Ghanaer, die als Helfer angeheuert werden, werden Aning zufolge in Naturalien bezahlt. Diese Drogen werden dann nicht über die Sahara, sondern in einem zweiten, »kleinen« Kreislauf nach Europa geschickt: »Dazu braucht man viele Handlanger, Boten, die die Drogen verschlucken oder anders verstecken«, weiß ein Zöllner, der auf Accras Flughafen Kotoka arbeitet. Seinen Namen darf er nicht nennen. Einige seiner direkten Vorgesetzten, da ist er sicher, sind in das Geschäft verwickelt. »Wer quatscht, muss dran glauben.« Immer mehr Drogen bleiben zudem in Ghana: Der eigene Markt wächst, willige Dealer gibt es in den Vorstädten genug. Antonio Mazzitelli, der lange für das UNODC-Büro in Westafrika gearbeitet hat, warnt, dass in Westafrika bald schlimmere Verhältnisse als in Mexiko herrschen könnten. »In Westafrika fehlen grundlegende staatliche Strukturen, um die Drogenmafia zu bekämpfen«, so Mazzitelli. »Eine Million reicht für einen Putsch, und für ein bisschen mehr kann man eine Wahl kaufen.« Ganze Staaten könnten zusammenbrechen. Denn die in Afrika generierten Einnahmen aus dem Kokainhandel, so rechnet Mazzitelli vor, sind fast zehn Mal so hoch wie die Beträge, die Kriegsherren in Sierra Leone und Liberia mit Diamantenschmuggel erwirtschaften konnten. Terrorgruppen wie die AQMI, die direkt vom Drogengeschäft profitieren, stehen gegen entsprechende Bezahlung als willige Söldner bereit.

Ein Drogenputsch in Mali?

Hassan E., mein Informant in Bamako, sieht denn auch einen direkten Zusammenhang zwischen dem Putsch in Mali Anfang 2012 und dem Drogenhandel im Norden. »Das Militär hat geputscht, weil die Regierung von Präsident Amadou Toumani Touré das Militär effektiv davon abgehalten hat, gegen die kriminellen Banden und Terrorgruppen im Norden vorzugehen – und das hat die Regierung Touré getan, weil sie in den Drogenschmuggel verwickelt war.« Bis in die höchsten Regierungsebenen, vermutlich bis zum Präsidenten, sei Geld geflossen, um den Handel mit Drogen nach Europa zu sichern, sagt Hassan E. Die wachsende Korruption und der Eindruck, dass der Staat dadurch immer schwächer wird, war einer der Gründe, warum der Putsch gegen Touré von vielen Maliern im Süden begrüßt wurde. Nicht nur das ausgebrannte »Air Cocaïne«-Flugzeug hatte dieses Gefühl selbst in der einfachen Bevölkerung verstärkt. 2010 wurde ein Polizist im Norden Malis verhaftet, als er gerade dabei war, eine provisorische Landebahn am Rand der Sahara zu glätten – vermutlich für einen weiteren Kokainflug. Zuletzt häuften sich die Berichte über Drogenflüge in einem Maße, dass »Air Cocaïne« inzwischen vor allem wegen der Größe der Maschine als Ausnahme dasteht. Normalerweise setzen die Schmugglerbanden Beechcraft-Maschinen, Twin Otters oder Cessnas ein, die unterhalb der Radare der Flugerkennung fliegen und auf kürzesten Pisten landen können.

»In Gao gibt es ein Viertel, das wird Cocaïnebougou genannt – da steht eine neue Villa neben der anderen«, sagt E. mir. Nach seiner Einschätzung liefen die Geschäfte während der Besatzung des Nordens durch die Islamisten ungehindert weiter. »Vielleicht sogar noch etwas geordneter, weil ja alles aus einer Hand geregelt wurde.« Dass die Schwäche des Staats zur Terrorherrschaft im Norden führte, haben die Leidtragenden den korrupten Staatsrepräsentanten nicht verziehen. Mehrere mutmaßliche Drogenschmuggler entkamen nach der Vertreibung der Islamisten nur knapp der Lynchjustiz. Die stillschweigende Duldung der illegalen Geschäfte ist einer Wut gewichen – zumindest vorläufig, sagt Hassan E. »Die Enttäuschung in der Bevölkerung ist groß, und die herrschende Klasse hat derzeit keinen Vertrauensvorschuss mehr. Aber letztlich geht es um Geld und Jobs, und wenn die jetzt nicht kommen, werden die Jugendlichen in ein paar Monaten wieder Schlange stehen, um zu schmuggeln.«

Guinea-Bissau – Afrikas Narkostaat

Wie der Drogenhandel einen ganzen Staat zerstört, ist im Westen Afrikas bereits zu sehen. Die einstige portugiesische Kolonie Guinea-Bissau – ein Staat so groß wie Nordrhein-Westfalen mit knapp 1,5 Millionen Einwohnern, eingeklemmt zwischen den viel größeren Nachbarn Senegal und Guinea – ist Afrikas erster Narkostaat. Der Mythos, wie Guinea-Bissau in den Griff kolumbianischer Drogenkartelle geriet, wird so erzählt: Das Meer schwemmte eine von einem gekenterten Schiff stammende Ladung Kokain in wasserdichten Plastiktütchen an den Strand einer der mehr als 80 Inseln, die als Bissagos-Archipel dem Festland Guinea-Bissaus vorgelagert sind. Fischer sammelten die Tütchen ein und fragten sich, worum es sich handelte. Angeblich wurden Pflanzen mit dem Pulver gedüngt (mit niederschmetterndem Ergebnis) und sogar ein Fußballplatz mit Kokainpulver markiert. Dann aber landeten in der Hauptstadt Bissau zwei Kolumbianer mit einer Million Dollar im Gepäck – sie wollten das Kokain zurückkaufen. Kurzzeitig wurden sie festgenommen, konnten sich aber schnell wieder freikaufen. Als sie die Insel erreichten und mit Geld um sich warfen, jubelten die Bewohner. Die Fischer, die bislang in einfachen Hütten gelebt und mit Einbäumen ausgefahren waren, bauten Häuser aus Stein und kauften sogar Autos. Es war das erste Drogengeld, das Guinea-Bissau erreichte.

Dann ging alles ganz schnell: Im Januar 2006, so belegen es vertrauliche Depeschen aus der zuständigen US-Botschaft, bat die Regierung in Bissau noch um amerikanische Hilfe gegen die kolumbianische Drogenmafia im Land. Ein Jahr später sprechen die Depeschen bereits von der Transformation Guinea-Bissaus zu einem Narkostaat, in dem die Drogenhändler alle Fäden ziehen. Inzwischen haben sich immer mehr Drogenbarone am Stadtrand der vom Bürgerkrieg noch immer in Trümmern liegenden Hauptstadt Bissau angesiedelt, von mindestens 60 ist die Rede. In einem Land, in dem es weder eine öffentliche Stromversorgung noch Wasserleitungen gibt, leben sie in Saus und Braus. Sobald die Sonne untergeht, steigen die Drogenkönige in ihre Hummers oder Porsche Cayennes und stürzen sich ins Nachtleben, wo ein Whisky so viel kostet wie ein Durchschnittseinwohner im Monat verdient.

»Als ich nach Guinea-Bissau geflogen bin, war der Reichtum überall zu sehen«, sagte der damalige UNODC-Chef Antonio Costa nach einer Reise nach Bissau 2008. »Aus der Luft konnte ich diese Haziendas im südamerikanischen Stil sehen, mit Pools und leichtbekleideten Mädchen.« Eine sichere Übernachtungsmöglichkeit für Costa zu finden, war nicht leicht – von mehreren Häusern wurde ihm explizit abgeraten. Der Drogenstaat bietet scheinbar Arbeit für alle: Die einen arbeiten als Dealer, die anderen als Bodyguards, die dritten als Fahrer, die Ärmsten als »Maulwurf« genannte Drogenkuriere, die den Stoff in ihrem Körper versteckt nach Europa fliegen. Weil reisende Guinea-Bissauer inzwischen unter Generalverdacht stehen und Bissau selbst keine umsteigefreien Flugverbindungen nach Europa bietet, geht immer mehr Kokain nach Osten und schließlich durch die Sahara nach Europa – über Land oder in Kleinstflugzeugen. Mali liegt nur wenige Flugstunden über den dichten Regenwald Guineas hinweg entfernt.

Anders als etwa in Mali, wo sich Kriminelle die schwachen staatlichen Strukturen zunutze machen, ist das, was vom Staat in Guinea-Bissau noch übrig ist, von den Drogenkartellen komplett übernommen worden. Das verschafft ihnen perfekte Bedingungen: Anfangs landeten die Maschinen, die von Kolumbien aus in wenigen Stunden den Atlantik überqueren (mit Tankstopp in Brasilien), noch auf den zahlreichen Pisten, die als Überreste des Bürgerkriegs über das Land verteilt sind. Bald kamen die Flugzeuge einfach auf dem Flughafen der Hauptstadt an. Auch die Drogenschiffe können sich sicher fühlen, sobald sie bissauische Hoheitsgewässer erreicht haben. Der Staat und das Drogengeschäft, das war schnell ein und dasselbe.

Erst die Ermordung von Präsident João Nino Vieira im März 2009, selbst tief in den Drogenhandel verstrickt, beendete die trügerische Ruhe im Narkostaat. Soldaten erschossen Vieira, weil er angeblich Generalstabschef Batista Tagme Na Wai ermorden ließ. Beide Männer waren seit langem schon verfeindet. Als Vieiera 1986 gegen einen angeblichen Putschversuch der Balante, der größten Ethnie des Landes, vorging, ließ er Tagme Na Wai, der den Balante angehörte, foltern und kastrieren. Der zum Zeitpunkt seines Todes 69-jährige Vieira hatte Guinea-Bissau geprägt wie kaum jemand sonst: 1980 putschte er den Bruder des Befreiungshelden Amilcar Cabral aus dem Amt und ließ sich später in Wahlen bestätigen. 1998 putschte das Militär gegen Vieira, Bürgerkrieg brach aus. Der im Januar 2000 gewählte Präsident Kumba Yalá wurde bereits nach drei Jahren vom Militär abgesetzt. 2005 kehrte Vieira wie Phoenix aus der Asche aus Portugal zurück und wurde erneut gewählt. Als »Geschenk Gottes für Guinea-Bissau« feierte Vieira sich damals selbst.

Vieles, so sagen damals Kenner des Landes, spricht dafür, dass die Drogenkartelle hinter dem Doppelmord stecken. Ein halbes Jahr zuvor hatten Soldaten in ihrem Auftrag schon einmal einen Putsch geplant, um ein drohendes Gerichtsverfahren im Keim zu ersticken: Es ging um 500 Kilo Kokain, die sich an Bord eines venezolanischen Kleinflugzeugs befunden hatten. Andere Soldaten wurden mit 635 Kilo an Bord eines Jeeps festgenommen. Das Militär, eine der wenigen funktionierenden Strukturen im Land, bildet das Rückgrat der Drogenbarone. Vielleicht wollten die Drogenbarone mit dem Doppelmord verhindern, dass unter internationalem Druck doch noch ein Politiker durchzugreifen versucht. Vielleicht ging es schlicht um widerstreitende Geschäftsinteressen. Das Militär übernahm nach dem Doppelmord, und alles lief weiter wie gehabt. Von den UN forcierte Maßnahmen, um die staatlichen Strukturen in Guinea-Bissau zu stärken, verliefen unterdessen im Sande. Der Plan des UNODC sah unter anderem vor, in Bissau ein

Gefängnis zu bauen – bislang gibt es keins. Doch die 19 Millionen US-Dollar für die Umsetzung des Plans kamen nie zusammen, obwohl es sich im internationalen Vergleich um eine lächerliche Summe handelt.

Seit dem Doppelmord an der Staatsspitze hat sich die Lage in Bissau nicht wirklich gebessert. Ein zwischenzeitlich gewählter Regierungschef, der mit Hilfe Angolas versuchte, die Macht des Militärs einzudämmen, wurde weggeputscht. Direkt danach beobachteten UN-Experten einen sprunghaften Anstieg von Drogenflügen nach Bissau. Mindestens 20 Flieger binnen eines halben Jahres wurden gezählt. Auch sonst werden die Deals immer dreister: Im April 2013 verhafteten US-Bundespolizisten den ehemaligen Chef der bissauischen Marine, José Américo Bubo Na Tchuto, als er auf einem Schiff vor den Kapverden Kokain gegen Waffen eintauschen wollte. Den angeblichen Handel hatte die US-Drogenpolizei eingefädelt, um Na Tchuto zu überführen. Gegen Armeechef António Indjai, der ebenfalls beteiligt gewesen sein soll, erließen die US-Behörden einen Haftbefehl. Das allerdings hat bislang ebenso wenig gebracht wie die US-amerikanischen Aufklärungsdrohnen, die Guinea-Bissau inzwischen überfliegen. Beobachter in Bissau finden besonders bedenklich, wie das Kokain inzwischen auch ins eigene Land einsickert. Die Zahl von Abhängigen steigt, Kokain wird zunehmend als Zahlungsmittel genutzt. Die Angst ist groß, dass dadurch bald auch das letzte bisschen Stabilität im Narkostaat Guinea-Bissau verschwunden sein könnte. Spätestens dann könnten die Drogenringe eine neue Basis suchen. Schwache Staaten gibt es an Afrikas Westküste genügend.

Wechselnde Loyalitäten, ideologische Flexibiliät

Ein Ende des Drogenschmuggels durch die Sahara ist nicht in Sicht und hängt auch nicht von einzelnen Personen ab. So bedeutsam etwa ein Schmuggler wie Mokhtar Belmokhtar ist, unersetzlich ist er nicht. Ende 2013 war sogar ungewiss, ob er noch lebte. Tschadische Soldaten wollen den Algerier im März 2013 erschossen haben. Doch der Tod wurde von der französischen Armee, die über ausgeklügelte Identifizierungsmethoden verfügt, nie bestätigt. Zudem bekannte sich Belmokhtar zwei Monate später zu einem Selbstmordanschlag in Niger – ein Bekenntnis, das sich ebenfalls nicht unabhängig bestätigen ließ. Analysten wie Hassan E. glauben, dass Belmokhtar noch lebt und sich mit dem Bekenntnis vor allem zurückmelden wollte.

Wie schillernd die Figur Belmokhtar ist, zeigt eine als vertraulich gekennzeichnete US-Botschaftsdepesche aus dem Juni 2007. Darin schreibt der damalige US-Botschafter in Algier, Richard Ford, von Gerüchten, denen zufolge sich Belmokhtar zur Ruhe setzen wolle. Verschiedene Quellen meldeten demnach, dass Belmokhtar sich über Angehörige an die algerische Regierung gewandt habe, um einen Amnestiedeal auszuhandeln. Er sei bereit, sich in das vom Tuaregstamm seiner Frau kontrollierte Areal im Norden Malis zurückzuziehen, wenn ihm und drei Verbündeten Amnestie gewährt werde, seiner Familie Sicherheit garantiert und die Einheit und Unversehrtheit seiner zu diesem Zeitpunkt über die Sahara verstreuten Kämpfer zugesichert werde. Ob das Angebot genuin ist oder – wie selbst die US-Botschaft warnt – eine Erfindung des Militärgeheimdienstes DRS, lässt sich nicht sagen. »Die Wahrheit herauszufinden [...], vor allem mit der Menge von Desinformation, die der DRS zu verantworten hat, ist extrem schwierig«, schreibt Ford. »Das ist Kunst, keine exakte Wissenschaft.«

In derselben Depesche wird der algerische Journalist und anerkannte Terrorspezialist Hmida Ayachi zitiert. Er sei von Belmokhtar angerufen worden. Im Telefonat habe Belmokhtar versichert, dass er niemals einen Amnestieantrag gestellt habe. Doch auch das muss nicht der Wahrheit entsprechen. »Ein etablierter Schmuggler wie Belmokhtar würde sich so viele Bündnismöglichkeiten wie möglich offen halten wollen«, glaubt Mounir Boudjéma, Redakteur bei der algerischen Tageszeitung *Liberté*, und bestätigt damit die ganz ähnliche Einschätzung von Hassan E. Belmokhtars Beziehungen zur AQMI sind längst nicht so eng, wie es manchmal dargestellt wird. Vor allem mit AQMI-Chef Abdelmalek Droukdel, der als Ideologe und Verfechter eines internationalen Terrorkampfes gilt, hat Belmokhtar sich mehrfach – auch öffentlich – überworfen und etwa Selbstmordanschläge öffentlich kritisiert. Formal losgesagt von AQMI hat sich Belmokhtar freilich nie – eine weitere Option, die er sich offen hält.

Das angebliche Amnestiegesuch – von dem US-Botschafter Ford glaubt, dass es tatsächlich vorgelegen hat – sehen die Amerikaner als möglichen Hinweis darauf, dass Belmokhtar zu diesem Zeitpunkt einen Angriff von AQMI-Einheiten befürchten muss. Die meisten loyalen Truppen hat Belmokhtar offenbar schon längst nicht mehr unter den algerischen Kämpfern – ihre Zahl in seinen Gruppen wird auf maximal 50 geschätzt – sondern vor allem unter den Tuaregkämpfern aus dem Norden Malis. Dort ist die neue Machtbasis Belmokhtars, die 2013 vom Einmarsch französischer Truppen bedroht wird. Hat er womöglich deshalb den Anschlag auf In Amenas verfügt? Und welche Rolle spielt der algerische Geheimdienst, zu dem Belmokhtar vermutlich ähnlich unorthodoxe Kontakte pflegte wie zu all seinen anderen Verbündeten? Die Sahara ist eine Region, in der nur wenig so ist, wie es auf den ersten Blick scheint. Nur eines scheint sicher: Belmokhtar und Dutzende weniger prominente Schmuggler wie er sind sich selbst die Nächsten. Sie bekennen sich zur AQMI, solange es ihnen nützt – und werden sie fallen lassen, sobald dies nicht mehr der Fall ist. Eigene Ziele verfolgen indes nicht nur Individuen, sondern auch mit der AQMI verbündete Terrorgruppen, wie das Beispiel der nigerianischen Boko Haram zeigt.

10
Auftragsmörder im muslimischen Rächergewand

Wie Boko Haram Nigeria in Angst versetzt

Die Szenerie wirkte erschreckend vertraut: ein in Trümmern liegendes Hochhaus, darüber schwarze Rauchwolken, die Luft erfüllt von Sirenengeheul und verzweifelten Schreien. »Das ist unser 9/11«, flüstern Passanten schockiert in die Mikrofone der Reporter. Ziel des Anschlags, der am 26. August 2011 Nigerias Hauptstadt Abuja erschüttert, ist das lokale UN-Hauptquartier, das als gut gesichert galt. 25 Menschen sterben, mehr als 80 werden verletzt. Ein mit Sprengstoff beladenes Auto richtet einen der schlimmsten Terroranschläge in der Geschichte des westafrikanischen Staates an. Der Fahrer hatte gegen elf Uhr früh auf die Absperrung des Gebäudes zugehalten. Wächter sprangen im letzten Moment zur Seite, dann zündete der Täter einen Sprengsatz. Die Wucht der Explosion ließ noch einen Block weiter Fensterscheiben platzen. Fernsehbilder zeigen blutüberströmte Menschen, die sich kaum auf den Beinen halten können. Andere versuchen zu helfen.

Der Anschlag auf das UN-Hauptquartier in Abuja ist nicht der erste, den die islamistische Terrorgruppe Boko Haram in Nigeria verübt. Seit einem Blutbad mit mehr als 800 Toten im Juli 2009 in Maiduguri, der Hauptstadt des Bundesstaates Borno im äußersten Nordosten Nigerias, hatte Boko Haram immer wieder für Anschläge verantwortlich gezeichnet. Kirchen waren ihr Ziel, Polizeiwachen, Regierungsgebäude; alle bis dahin im Norden des Landes, in der entlegenen Provinz. Im Juni 2011 bekennt sich Boko Haram dann zu einem Autobombenanschlag vor dem Hauptquartier der nigerianischen Bundespolizei in Abuja, der aber glücklicherweise keine Opfer fordert. Der Selbstmordanschlag auf die UN-Zentrale nur wenige Wochen später ist auch als Signal zu verstehen: Seht her, wir sind im Zentrum der Macht angekommen und können den Staat in seinem Allerheiligsten verletzen. Und das, obwohl die Regierung zuletzt behauptet hatte, Boko Haram sei besiegt.

Tatsächlich ist die Bewegung offenkundig hervorragend organisiert, professionell ausgerüstet und nimmt keine Rücksicht auf Menschenleben. Boko Haram überzieht Nigeria mit einem Ausmaß tödlicher Gewalt, wie sie Afrikas bevölkerungsreichste Nation seit Jahrzehnten nicht erlebt hat. Nach ihrer Gründung blieb Boko Haram sieben Jahre lang außerhalb des Bundesstaats Borno praktisch unbekannt. Aus dem Untergrund wagt die schnell wachsende Bewegung sich erstmals im Juli 2009; Mitglieder stürmen Polizeistationen. Nach dem Blutbad von Maiduguri im selben Monat holen Armee und Polizei nicht minder brutal zum Gegenschlag aus. Hunderte mutmaßliche Mitglieder oder angebliche Sympathisanten werden verhaftet. Unter ihnen ist auch Mohammed Yusuf, der Gründer und Anführer von Boko Haram. Kurze Zeit nach der Festnahme stirbt er unter ungeklärten Umständen. Nicht nur Mitglieder der Boko Haram sind überzeugt, dass er von der Polizei hingerichtet wurde. Die Regierung hofft offenbar, die Sekte damit besiegt zu haben. Stattdessen formiert sie sich im Untergrund neu. Bis heute hat sie mehr als 1300 Menschenleben auf dem Gewissen.

Auf den Anschlag auf das UN-Hauptquartier im August 2011 antwortet Nigerias Präsident Goodluck Jonathan mit der gewohnten Härte. Der Politiker aus dem Nigerdelta, das jahrzehntelang von Terrorgruppen in Atem gehalten wurde, will Boko Haram mit den gleichen Waffen schlagen wie die Milizen in seiner Heimat. Wie erfolglos der Versuch ist, zeigt sich nicht einmal ein halbes Jahr später, im Januar 2012: Die Sonne steht schon tief am Himmel, als der dunkle Honda Civic mit Lagosser Kennzeichen auf einen Checkpoint vor dem Polizeiquartier nahe der Universität von Kano zuhält. Kano ist die Metropole des nigerianischen Nordens. Hier, wo schon im 14. Jahrhundert Karawanen Rast machten und edle Stoffe von den berühmten Färbern der Stadt verarbeitet wurden, leben fast zehn Millionen Menschen. Augenzeugen berichten später, die Polizisten am Checkpoint hätten den Fahrer – einen jungen Mann – mit Handzeichen aufgefordert, anzuhalten. Doch der habe den Wagen beschleunigt, eine Absperrung durchbrochen und mit vollem Tempo direkt aufs Hauptgebäude zugehalten. »Dann hörte man nur noch einen Knall, und auf einmal stand alles in Flammen«, sagt ein Zeuge. »Menschen sind in alle Richtungen geflohen, es war blankes Chaos.« Das Chaos breitet sich schnell über die ganze Stadt aus. Denn es bleibt nicht bei einem Anschlag. Nahezu zeitgleich detonieren überall in Kano Sprengsätze, ihre Zahl wird heute auf 40 geschätzt. Zu allen bekennt sich Boko Haram. Mehr als 180 Menschen kommen ums Leben. Die Krankenhäuser sind kaum in der Lage, sich um alle Verletzten zu kümmern. Ziele der Anschläge sind außer der Universität staatliche Institutionen, Polizeiwachen, die Zentrale des Geheimdienstes, eine Behörde. Die meisten Opfer sind aber Passanten und Zivilisten. Ganz Nigeria ist über das Ausmaß der Attentate entsetzt. Zeitungen sprechen schnell von Krieg.

Ein drohender Bürgerkrieg

Diese Anschläge sind – mehr noch als die vorhergegangenen – eine gezielte Provokation des nigerianischen Staates. Ein Sprecher der Islamisten, die nach eigenen Angaben einen »Gottesstaat« in Nigeria errichten wollen, nennt die Attentate eine »Vergeltung« dafür, dass mehrere Mitglieder der Gruppe nicht wie gefordert aus der Haft entlassen worden seien – eine recht weltliche Erklärung. Doch die Anschläge sollen wohl vor allem beweisen, was der neue Boko-Haram-Anführer Abubakar Shekau einige Wochen zuvor an Nigerias Präsidenten gewandt höhnisch ankündigte: »Uns zu besiegen ist jenseits deiner Fähigkeiten, Jonathan.« Zwar kündigt Präsident Goodluck Jonathan in einer Fernsehansprache erneut Härte an. »Die Verantwortlichen werden den vollen Zorn des Gesetzes zu spüren bekommen. Als verantwortungsvolle Regierung werden wir nicht unsere Hände in den Schoß legen und zusehen, wie diese Feinde der Demokratie in unserem Land nie gesehenes Übel verbreiten.« Doch das Inferno von Kano zeigt, wie leer die Drohungen sind.

Die Gefahr eines Bürgerkriegs scheint bis heute real. Nach den Anschlägen der Boko Haram auf christliche Kirchen am ersten Weihnachtstag 2011 sind Zehntausende Christen aus dem mehrheitlich muslimischen Norden geflohen. Die Organisation Ohanaeze Ndigbo kündigte an, die auf drei Millionen geschätzten Angehörigen der Igbo-Ethnie, die im Norden leben, würden in ihre traditionelle Heimat im Südosten des Landes zurückkehren. »Die Igbo fühlen sich als Opfer einer gezielten Terrorkampagne der Boko-Haram-Sekte und haben kein Vertrauen mehr in den Schutz durch Polizei und Armee«, glaubt der Afrikareferent der Gesellschaft für bedrohte Völker, Ulrich Delius. Die Szenerie erinnert erschreckend an die Geschehnisse Mitte der 1960er Jahre, als Pogrome gegen die Igbo in Kano den Biafra-Krieg auslösten, ein Sezessionskrieg zwischen der nigerianischen Zentralregierung und den Igbo in der südöstlichen Region Biafra. Analysten befürchten, dass arbeitslose Jugendliche im wirtschaftlich abgehängten Norden sich von Boko Haram leicht radikalisieren lassen.

Im Norden sind die Vorbehalte gegen den christlich geprägten Süden zudem nicht nur unter Extremisten groß: Dass Jonathan, ein Christ aus dem Nigerdelta, zum Präsidenten gewählt wurde, halten viele für ein weiteres Indiz dafür, dass der Süden den Norden nicht erst nimmt. Zumal nach der inoffiziellen Rotation ein Politiker aus dem Norden für den Präsidentenposten an der Reihe war. Politiker aus Nordnigeria fühlen sich um ihre Machtoption betrogen.

Auch in einer anderen Traditionsbastion, dem Militär, hat der Norden seinen Führungsanspruch aufgeben müssen. Das oberste Kommando führt bis Anfang 2014 – ausgerechnet – ein Igbo. Die radikale Saat der Boko Haram fällt damit vielerorts auf fruchtbaren Boden. Unterstützung erhalten die Extremisten auch von den einflussreichen mafiösen Netzwerken des Landes, die am nigerianischen Anti-Terror-Krieg kräftig mitverdienen. Ein Viertel des nigerianischen Haushalts ist schon jetzt für Militär und Polizei vorgesehen: Milliardensummen, von denen große Teile an korrupte Elemente der nigerianischen Gesellschaft gehen. Während Jonathans Regierung versucht, den Korruptionssumpf an manchen anderen Stellen trockenzulegen, tun sich hier neue Einnahmequellen auf – dank der Bedrohung durch Boko Haram. Sollte es tatsächlich zum Bürgerkrieg kommen, droht die Situation für Jonathan endgültig außer Kontrolle zu geraten. Innerhalb der Armee, wo viele Nordnigerianer über die schwache Führung und den wachsenden Einfluss der Generäle aus dem Süden enttäuscht sind, könnte es zum Putsch kommen. Düstere Aussichten.

Von der Sekte zur Terrorgruppe

Wer genau steckt hinter der derzeit größten Bedrohung für Afrikas bevölkerungsreichsten Staat? Da ist die Wiederkehr des Fundamentalismus im mehrheitlich muslimischen Norden Nigerias. Boko Haram steht in der Tradition einer tief verwurzelten Abneigung gegen westlichen Einfluss und westliche »Umerziehung«, die bis zur Kolonisierung des traditionsreichen Sokoto-Kalifats Anfang des 20. Jahrhunderts zurückreicht. In diesem Zusammenhang ist der Name Boko Haram – wörtlich: »Westliche Erziehung ist Sünde« – zu verstehen. Bis heute senden viele in der Region ihre Kinder nicht auf staatliche Schulen, weil sie sie für traditionsfeindlich halten – und sie weigern sich, Kinder gegen Polio impfen zu lassen, weil sie hinter der Impfkampagne eine westliche Verschwörung vermuten. Davon beeinflusst, gründete der Imam Mohammed Yusuf 2002 Boko Haram, eine religiöse Bewegung, auf deren Grundstück unter anderem eine Moschee und eine Schule errichtet wurden. Obwohl die Sekte zunächst nicht auffällig wurde, verfolgte Yusuf immer ein Ziel: die Errichtung eines Gottesstaats. Ehemalige Schüler berichten, sie seien von vornherein zu Dschihadisten ausgebildet worden. Viele Eltern, vor allem mittellose, meldeten ihre Kinder an der Boko-Haram-Schule an, auch, weil sie sich die staatliche Schule nicht leisten konnten.

Doch Boko Haram ist mehr als ein reaktionärer Traditionsverein. Boko Haram ist auch eine machtvolle politische Bewegung, die nicht umsonst den vollen Namen »Sunnitische Bruderschaft in Ausführung des Heiligen Krieges« trägt, ein Name, der das Bekenntnis zu den wahren Zielen der Dschihadisten darstellen soll. »Boko Haram hat keine Hemmungen, zum Erreichen seiner politischen Ziele Gewalt einzusetzen«, so Andrew Stroehlein von der International Crisis Group (ICG). Das gilt nicht nur bezüglich der eigenen Ziele, sondern auch für jeden, der dafür zahlt. Seit den Gründungstagen sind Boko Haram und das korrupte politische Establishment eng verbandelt. Die angeblich so frommen Islamisten verkaufen ihre Söldnerdienste an den höchsten Bieter.

Terror zu verkaufen

2003, Boko Haram war gerade gegründet, entschied sich Senator Ali Modu Sherriff, als Gouverneur für den Gliedstaat Borno zu kandidieren. In Maiduguri, der Landeshauptstadt von Borno und dem Sitz der noch jungen Boko-Haram-Bewegung, schloss Sherriff nach mehreren übereinstimmenden Berichten einen Pakt mit Mohammed Yusuf: Der Islamistenführer sollte Sherriffs Kampagne in der Moschee und den Armenvierteln unterstützen. Im Gegenzug würde Sherriff nach seiner Wahl einen hochrangigen Mitstreiter von Boko Haram aus der Haft entlassen und Geld aus der Staatskasse zu der Bewegung umleiten. Beide Seiten hielten ihre Versprechen ein. Jahrelang flossen hohe Summen an Boko Haram, bis zum Massaker von Maiduguri im Juli 2009. Dann wollte Sherriff gar nichts mit Boko Haram zu tun gehabt haben. Stattdessen erklärte er seinen Mittelsmann Buji Foi, den Kommissar für religiöse Angelegenheiten in Borno, zum Alleinschuldigen und schrieb ihn zur Fahndung aus. Die Polizei erschoss Foi auf einer Farm, bevor seine Aussage aufgenommen werden konnten. Mohammed Yusuf kam wenige Tage später auf einer Polizeiwache ums Leben. Sherriff regierte ungehindert weiter. Und Boko Haram wechselte die Seiten.

Als im November 2011 Boko-Haram-Sprecher Ali Sanda Umar Konduga festgenommen wurde, gab er im Verhör mit dem Geheimdienst zu Protokoll, auf der Gehaltsliste von Mohammed Ali Ndume zu stehen – einem aus Borno stammenden Senator der seit Ende der Diktatur von Sani Abacha 1998 in Nigeria regierenden People's Democratic Party (PDP), der auch Präsident Goodluck Jonathan angehört. Ein anderer hochrangiger Kommandeur von Boko Haram, Shuaibu Mohammed Bama, wurde im Oktober 2012 auf der Farm eines weiteren PDP-Senators aus Borno verhaftet. Ahmed Zanna, der Senator, weist alle Vorwürfe zurück. Die von Gouverneur Sherriffs Partei ANPP (All Nigeria Peoples Party) erhobenen Vorwürfe, Boko Haram töte im Auftrag der PDP gezielt ihre Kandidaten, sind aus Sicht vieler Nigerianer stichhaltig. So wurde Ali Awana Ngala, Vizechef der ANPP, unmittelbar vor den Wahlen 2011 in seinem Haus in Maiduguri erschossen. Ngala hatte in Sherriffs Familie eingeheiratet, er galt als potenzieller Nachfolger des Gouverneurs und einstigen Boko-Haram-Förderers.

Die Bedeutung von Boko Haram für die politische Klasse ist aber nicht nur wegen der mutmaßlichen Auftragsmorde groß, die sie durchführt. Während Politiker in Nigeria durchweg (und nicht ganz grundlos) als korrupt und eigennützig gelten, genießt (oder zumindest: genoss) Boko Haram große Akzeptanz gerade bei den Armen und Vernachlässigten. Mehr als 60 Prozent der Nigerianer verdienen weniger als einen Euro am Tag. »Boko Haram stellt eine Ideologie dar, die gerade diejenigen anspricht, die unter einer politischen Elite leiden, die die Ölreichtümer des Landes plündert und für die Ärmsten nichts übrig lässt«, so Stroehlein. Der (mehrheitlich muslimische) Norden Nigerias ist das Armenhaus des Landes. Die Arbeitslosigkeit wird auf 40 Prozent geschätzt, doppelt so hoch wie im (überwiegend christlichen) Süden. Besonders schlimm trifft die Arbeitslosigkeit Jugendliche, die mehr als die Hälfte der Bevölkerung ausmachen. Sie lassen sich deshalb leicht radikalisieren. Die politische Elite im Norden schürt unterdessen die Ressentiments gegen Präsident Jonathan, einen Christen aus dem Nigerdelta. Die islamistischen Parolen von Boko Haram passen ihr da gut ins Konzept.

Nicht zuletzt ist Boko Haram »ein Deckmantel für kriminelle Aktivitäten aller Art«, sagt Andrew Stroehlein. »Alles, was irgendwie mit Gewalt zu tun hat, kann Boko Haram angehängt werden. Die Bewegung ist ein perfektes Alibi für alles.« Überall und nirgends sei Boko Haram deshalb. Stroehlein empfiehlt: »Die kriminellen Aktivitäten müssten genau so behandelt werden, nämlich als Kriminalfälle – nicht nur dazu aber bräuchte Nigeria eine funktionierende Polizei und ein unabhängiges Justizsystem.« Stattdessen aber hat Nigerias Regierung die berüchtigte Joint Task Force aus Polizei und Militär auf den Norden losgelassen. In Borno und zwei weiteren Bundesstaaten im Norden hat der Präsident den Ausnahmezustand verhängt. Seitdem melden Nigerias Medien immer wieder Großeinsätze, bei denen Hunderte angeblicher Boko-Haram-Anhänger getötet wurden. Die Luftwaffe bombardiert ganze Dörfer. Wie viele Unschuldige sterben, ist unklar.

Selbst der brutale Vernichtungskrieg gegen die Bewegung spielt Boko Haram in die Hände. Einer, der die Strategie der Gruppe schon früh durchschaute, ist der nigerianische Literaturnobelpreisträger Wole Soyinka. Er rief seine Landsleute nach den Anschlägen von Kano dazu auf, von Vergeltungsschlägen abzusehen. »Wir dürfen nicht die Agenda von Boko Haram übernehmen«, so Soyinka. »Sie wollen erreichen, dass Nachbarn aufeinander losgehen.« Auch deshalb hatte Boko Haram Ende 2011 bewusst Christen zu Weihnachten angegriffen, und so erklären sich auch die Attentate von Kano. Boko Haram baut darauf, seit langem vorhandene Konflikte zu nutzen, die verkürzt oft als »religiöse« Streitigkeiten zwischen Muslimen und Christen dargestellt werden. In Wirklichkeit geht es auch bei diesen Kämpfen um Geld, Land und Macht.

Christen und Muslime

Es ist Anfang 2010. Im Schatten der Akazien, die den Vertriebenen vor der Luftwaffenbasis am Rande der Stadt Jos Schutz vor der grellen Sonne bieten, sitzen vorgebliche Todfeinde dicht gedrängt auf dem staubigen Boden. Mehr als zwei Wochen nach blutigen Massakern in der zentralnigerianischen Stadt wissen weder Muslime noch Christen hier, was sie mit ihrem Leben anfangen sollen. Das Blutbad mit vermutlich mehr als 550 Toten und über 14 000 Vertriebenen hat für sie alles verändert. Die Muslimin Aisha Haruna war zuhause. »Eine Stunde vor Mittag dann hörte ich laute Stimmen an der Hintertür und ein Krachen, als sie aufgebrochen wurde.« Haruna und ihre drei Töchter rannten zur Vordertür heraus, aber die bewaffneten Jugendlichen, christliche Milizen, nahmen die Verfolgung auf. »Ich dachte, wir hätten Glück, als wir auf einmal auf eine Polizeipatrouille gestoßen sind«, sagt die Mutter mit schwerer Stimme. Doch als sich Polizisten und Verfolger ein Duell liefern, wird eine von Harunas Töchtern im Kreuzfeuer tödlich getroffen. »Jetzt warte ich nur noch, bis mir jemand den Busfahrschein bezahlt, damit wir von hier zurückkehren können in mein Heimatdorf.« In Jos, sagt Haruna, kann sie nicht bleiben.

Die 500 000-Einwohner-Stadt Jos, Hauptstadt des Bundesstaats Plateau, liegt an der Nahtstelle zwischen dem mehrheitlich muslimischen Norden und dem vorwiegend christlichen Süden Nigerias. Obwohl Christen die Mehrheit der Bevölkerung in Plateau stellen, lebt vor allem in Jos eine bedeutende muslimische Minderheit. 2001 erschütterten erste Unruhen die Stadt, mehr als 1000 Menschen kamen ums Leben. 2002 ging der Markt der Stadt, der größte Umschlagplatz der Region, in Flammen auf. Ende 2008 gab es erneut Ausschreitungen: Mehr als 200 Menschen sterben. Niemand wird verhaftet. Anfang 2010 gibt es wieder Unruhen, über die Ursachen kursieren verschiedene Versionen. Während das Militär die Stadt nach vier Tagen sichert, finden im Umland weitere Ausschreitungen statt, bei denen Hunderte ums Leben gekommen sein sollen. Offizielle Opferzahlen gibt es nicht. Im Licht der zunehmenden Unruhen warnen moderate Kräfte vor einer Spaltung Nigerias entlang religiös-ethnischer Linien.

Wenige Meter neben Aisha Haruna wartet Ndusibi Oko, worauf, weiß er nicht. Seine Heimat war immer schon Bukuru, die Vorstadt, die sich nahtlos an die Provinzhauptstadt Jos anschließt. »Bis Bukuru waren die Unruhen bisher nie gekommen, deshalb fühlten wir uns sicher«, berichtet er stockend. Oko war auf Reisen, als die Kämpfe begannen. »Als ich nach Hause zurückkehrte, lagen mein Haus und meine Werkstatt in Schutt und Asche.« Muslimische Milizen, sagt Oko, hätten seine Frau und Kinder aus dem Haus gejagt und es in Brand gesteckt. »Sie haben auch meinen Vater, einen alten Mann, angezündet, der Leichnam war so verkohlt, dass ich ihn nicht mehr erkennen konnte.« Oko hofft auf Hilfe, weil er alles verloren hat. Die Regierung des Bundesstaats Plateau hat Mittel zugesagt. »Aber die Grausamkeit, die ich erlitten habe, lässt sich mit allem Geld der Welt nicht ausgleichen.«

In weiten Teilen von Bukuru haben vier Tage nackter Gewalt einen Alptraum in Grau- und Schwarztönen hinterlassen. Die Straßen, die durch die Ortschaft führen, sind gesäumt von Gebäudegerippen. Ausgebrannte Autowracks liegen wie hingeworfen am Straßenrand. Wo der Markt war, ist heute eine rußgeschwärzte Wüstenei. »Der Rauch von den brennenden Häusern war so dick, dass wir die Gebäude auf der anderen Straßenseite nicht mehr sehen konnten«, erinnert sich Samuel Dali an die Ausschreitungen Anfang 2010. »Von überall her waren Schüsse zu hören, und die Polizei hat auf unseren Hilferuf hin nur abgewunken, sie sei überlastet.« Dali ist Dekan am Theologischen College für Nordnigeria in Bukuru. Als der ausgebildete Rettungssanitäter sieht, wie viele Verletzte – Muslime wie Christen – auf einmal in die kleine Krankenstation der Hochschule eingeliefert werden, begreift er das Ausmaß der Unruhen. »Ich habe die Studenten zusammengerufen, und wir haben Patrouillen eingeteilt, Tag und Nacht, um eine Erstürmung des Campus zu verhindern.« Was die Studenten vom Universitätsgelände aus beobachten, macht ihnen Angst, sagt Dali. »Da gab es Soldaten, die Maschinengewehre an die muslimische Bevölkerung verteilt haben, und wir dachten: Jetzt geht es uns an den Kragen.« Einer der Studenten wird von Männern in Soldatenuniform direkt vor dem Tor der Universität erschossen. Doch die befürchtete Erstürmung bleibt aus. »Wir hatten Glück«, sagt Dali lapidar.

»Dieser Kampf ist vorbei, aber die Nervosität bei den Christen ist geblieben«, beschreibt Dalis Chef, Kanzler Tersur Aben, die Lage. Seit dem Einmarsch der Armee, die auf den Hauptstraßen von Jos alle 500 Meter Straßensperren errichtet hat, wird zwar nicht mehr gekämpft. Doch von Normalität ist während meines Besuchs hier nichts zu spüren: Jos gleicht einer Stadt unter Belagerung. Um 17 Uhr, eine Stunde vor Beginn der nächtlichen Ausgangssperre, flüchten Bewohner so panikartig aus der Innenstadt, dass der Verkehr auf den Ausfallstraßen steht. Nach 18 Uhr sind Schüsse zu hören: Warnschüsse, heißt es, die Nachzügler in die Häuser treiben sollen.

Tersur Aben gehört zu denen, die glauben, dass die Kämpfe weitergehen werden. »Das ist ein geplantes Pogrom der Haussa-Fulani, und Jos ist nur eine Zwischenstation auf dem Weg zur Herrschaft über das ganze Land.« Den Haussa-Fulani, der dominanten Volksgruppe im Norden, wirft Aben vor, ihren Einflussbereich ausweiten zu wollen wie einst im 19. Jahrhundert. Damals übernahm das streng muslimische Haussa-Fulani-Emirat von Sokoro binnen weniger Jahrzehnte die Macht in den Sahelstaaten nördlich von Jos. »Jetzt wollen sie die Kontrolle im Zentrum Nigerias übernehmen, heute in Jos, morgen in der nächsten Stadt«, so Aben. Opfer seien die einheimischen Stämme der Berom, Anaguta und Afizere, die bei wachsendem politischen Einfluss der Haussa-Fulani unter anderem die Einführung des Schariarechts befürchteten. Ein Blick auf die Landkarte zeigt, dass Jos und der Bundesstaat Plateau in diesem Teil Nigerias die letzte Insel sind, in der das muslimische Recht nicht gilt. Seit der Jahrtausendwende ist es überall weiter nördlich, westlich und östlich eingeführt worden. »Wir sind eine Frontstadt«, erklärt Kanzler Aben mit fester Stimme.

Tassie Ghata kämpft an dieser Front. »Gnade und Licht International« heißt die Missionsbewegung, der die Nigerianerin vorsteht. Der Regierung in Abuja hat sie einen Bericht geschrieben, in dem der Ablauf der jüngsten Ereignisse aus Sicht einer »Koalition christlicher Pfarrer« beschrieben wird. »Wir leben in einem christlichen Bundesstaat«, beginnt Ghata ihre Version der Ereignisse. »Was hier passiert, das ist ein heiliger Krieg gegen uns Christen und die einheimischen Stämme, ein Dschihad.« Ghata zufolge sind am Dschihad sowohl islamische Extremisten von Boko Haram wie auch Söldner aus dem muslimischen Nachbarstaat Niger beteiligt – Behauptungen, für die es keinerlei Beweise gibt. Doch die wollen Ghatas Glaubensbrüder und -schwestern auch nicht mehr. »Wir haben keine Angst mehr, wir fühlen inzwischen vor allem Wut und Hass.« Zwar rate sie von Angriffen auf Muslime ab. »Aber ich rate niemandem davon ab, sich zur Wehr zu setzen.« So aufgeheizt wie Tassie Ghatas Predigt ist die Stimmung in Jos schon seit Monaten. Im November 2009 machen erstmals Gerüchte die Runde, dass es bald einen Angriff auf Christen in Jos geben werde. Das Misstrauen wächst, christliche Jugendmilizen halten Wache in den Straßen. Aus Angst vor ihnen marschieren bald auch Tag und Nacht muslimische Jugendliche auf. Niemand kann sagen, wie genau diese Unruhen begonnen haben. Aber die meisten glauben, dass der Anlass selbst unbedeutend war.

»Wir haben schon seit Wochen Hass-SMS bekommen«, erinnert sich Umar Farouk von der muslimischen Bürgerbewegung Jamaat Nazrel Islam. »Ende Dezember haben dann Prediger in einer Pfingstkirche im Gottesdienst behauptet, die Muslime würden bereits Waffen sammeln.« Farouk dementierte vor der Presse – doch das Gerücht war in der Welt. Nicht zufällig, sagt er. »Was wir hier von den Christen gesehen haben, ist der Versuch ethnischer Säuberungen, die wollen uns vertreiben.« Überfremdungsängste von Christen wie Ghata lässt Farouk nicht gelten. »Wir sind in den politischen Strukturen doch praktisch nicht repräsentiert, und das, obwohl die Verfassung jedem Nigerianer Freizügigkeit garantiert.« Muslime gehen in die Offensive: Sie wollen mehr, nicht weniger Mitspracherecht. »Nur wenn wir gleichberechtigt in Politik und Verwaltung repräsentiert sind, kann es gegenseitiges Verständnis geben«, glaubt Farouks Kollege Sani Suleiman. Dass es genau diese Ambitionen sind, die die Angst vor einer Machtübernahme durch die muslimischen Haussa-Fulani schüren, kann Suleiman nicht nachvollziehen. »Es ist doch so: Wir werden zusammen leben müssen, das lässt sich nicht verhindern – die Politik muss den dafür nötigen sozialen Zusammenhalt garantieren.«

Grund für den Kampf um die politische Macht ist eine Klausel in Nigerias Landesverfassung, die »Einheimischen« Vorrechte gegenüber Zugezogenen oder »Siedlern« garantiert. »Ich lebe seit 1983 in Jos, und meine Kinder sind alle hier geboren«, so der Soziologieprofessor Ogoh Alubo. »Aber ich und selbst meine Kinder gelten als Siedler: Deshalb haben sie keine Stipendien bekommen, sie können nicht in der Verwaltung arbeiten und bekommen kein politisches Amt.« Das Problem sei, dass nirgends definiert sei, wer einheimisch sei und wer nicht. »Die Berom werfen den Haussa-Fulani vor, Siedler zu sein, aber die Haussa-Fulani sagen: Wir waren hier, seit Jos vor 100 Jahren gegründet wurde, wir sind Einheimische.« Mit dem wirtschaftlichen Niedergang der Stadt sei das Thema immer brisanter geworden, erklärt Alubo. »Im härteren Kampf um Arbeitsplätze und um Land entzweit sich die Bevölkerung – angefacht von Politikern, die damit punkten wollen.«

Inzwischen, warnt Alubo, gebe es immer mehr rein christliche und rein muslimische Viertel – der letzte Zusammenhalt gehe mit dieser Segregation Stück für Stück verloren. »Wenn wir die Frage der Rechte von Siedlern und Einheimischen nicht entspannen«, glaubt Alubo, »dann haben die Unruhen hier gerade erst begonnen.« Das ist im Frühjahr 2010. Und Alubo sollte Recht behalten.

Das ganze Jahr über gibt es in den Dörfern rund um Jos immer wieder Kämpfe. Nur wenige Wochen nach meinem Besuch in Jos verscharren die Bewohner von Dogo Nahawa, eine gute Stunde von Jos entfernt, Hunderte Leichen in eilig ausgehobenen Massengräbern. »Wir werden zurückschlagen«, kündigt einer der Umstehenden mit grimmigem Gesicht an. »Die Islamisten entkommen uns nicht.« Die Bewohner, allesamt ethnische Berom – eine aus dem Zentrum Nigerias stammende Ethnie, die mehrheitlich christlichen Glaubens ist –, wurden von Schüssen mitten in der Nacht überrascht. »Wir hatten Angst und sind aus unseren Häusern gerannt«, berichtet Dalyop Gyang, einer derjenigen, der das folgende Massaker überlebt hat. »Als wir vor den Hütten standen, warteten schon die Angreifer auf uns«, so Gyang. »Sie haben mit Macheten auf uns eingeschlagen, Hütten angezündet und auf die Fliehenden geschossen.« Unter den mehr als 500 Toten, die die Angreifer nach dem zwei Stunden währenden Blutbad zurücklassen, sind viele Frauen, Kinder und Alte – all jene, die nicht schnell genug fliehen konnten. »Unsere vorläufigen Ermittlungen belegen, dass die bewusst als barbarische Akte geplanten Angriffe gut koordiniert waren«, erklärt Informationsminister Gregory Yenlong. »Es handelt sich um eine ethnische Säuberungsaktion gegen die Berom.« Damit unterstützt Yenlong die Aussagen von Augenzeugen, dass muslimische Hirten der Haussa-Fulani die Täter sind. Sie hätten das Dorf eingekesselt und zugeschlagen, um Vergeltung für einen ähnlichen Überfall auf ihr eigenes Dorf im Januar zu üben. Die Opfer sind diesmal fast ausschließlich Berom. Dass beide – Berom und Haussa-Fulani – um die immer knapper werdenden Ressourcen konkurrieren, sagt Yenlong nicht.

Boko Haram – Symptom eines zerfallenden Staats

Es ist eines der Markenzeichen von Boko Haram, dass die Bewegung die vorhandene Konfliktlage zu ihren Gunsten nutzt. Tatsächlich verzeichnet Boko Haram nach den Unruhen in Jos einen nie gekannten Zulauf, bestätigen lokale Journalisten. »Boko Haram ist ein Symptom des zerfallenden nigerianischen Staatswesens«, sagt Analyst Andrew Stroehlein. Keineswegs stelle die Bewegung eine neue Terrorgefahr für den Westen da, glaubt er. »Hier geht es um fundamental nigerianische Probleme.« Nicht wenige in Jos profitieren von den Massakern vor der eigenen Haustür. Politiker heizen die Angst an, um hinter sich die eigenen Truppen zu sammeln. Je hoffnungsloser diese Truppen sind, desto besser. Waffenhändler verkaufen Munition und Kalaschnikows, viele aus Militärdepots, an beide Seiten, korrupte Kollaborateure in hohen Ämtern verdienen daran mit. Und Führer mehr oder minder obskurer Sekten, islamisch wie christlich, verzeichnen Zulauf, weil ihnen zufolge der Endkampf droht. Einen Riegel vorschieben und den Konflikt beenden könnte allenfalls der Staat. Doch der ist in Nigeria notorisch schwach. Das Militär gilt als Teil des Problems.

Augenzeugen in Jos berichten immer wieder von Mördern in Militäruniform. Berichte hochrangig besetzter Kommissionen, die frühere Massaker aufklären sollten, verschwanden spurlos. Seit 2001, als mehr als 1000 Menschen in Jos ermordet wurden, ist nicht ein Rädelsführer verhaftet worden. So steht der Konflikt in Jos exemplarisch für das, was der Aufschwung von Boko Haram signalisiert: einen Offenbarungseid des nigerianischen Staats, der dank seiner Öleinnahmen einer der reichsten auf dem Kontinent sein könnte. Doch wie im Nigerdelta, so ist auch in Jos das Volk nur Spielstein in einer Strategie, die dem Machterhalt und der Geldvermehrung Einzelner dient.

Anfang 2010 ist die Hoffnung noch groß, dass der amtierende Präsident Goodluck Jonathan den Teufelskreis durchbrechen kann. Er ist durch Zufall an die Macht gekommen, durch den krankheitsbedingten Tod des Präsidenten Umaru Yar'Adua. Anders als seine Vorgänger, ist Jonathan keine Verpflichtungen innerhalb des korrupten Parteiapparats eingegangen, um seine Stellung zu bekommen. Das macht ihn freier als jeden bisherigen Präsidenten. Doch frei genug, um mit einer korrupten Politelite in Jos und anderswo aufzuräumen und damit Boko Haram die Grundlage zu entziehen, ist er nicht.

An Weihnachten 2010 detoniert ein Sprengsatz in einer der Kirchen, die ich bei meinem Aufenthalt in Jos besucht habe. Sie steht mitten im Zentrum der Stadt. Bei einem Feuergefecht wird ein Polizist erschossen. Boko Haram bekennt sich zu dem Anschlag. Nicht nur der Zeitpunkt, auch der Ort ist bewusst gewählt. Die Anhänger der Gruppe fühlen sich bestätigt, weil Boko Haram einen der höchsten christlichen Feiertage auf diese Weise entweiht. Doch dass die Gegner mit Vergeltung drohen und neue Ausschreitungen die Folge sind, ist mindestens genauso wichtig. Je schlechter die Lage für die Muslime in Jos, desto eher sind sie bereit, die eigentlich ungeliebten Beschützer von Boko Haram zu unterstützen und in der Moschee für sie zu spenden. Mit ihren Anschlägen erhöht die Gruppe zudem ihren Wert auf dem Terrormarkt: bei Netzwerken wie etwa der al-Qaida im Islamischen Maghreb, die Boko Haram fördern sollen. Zu den Einkommensquellen, die besonders reichlich sprudeln, gehören in den nördlichen Bundesstaaten Nigerias seit Jahren außerdem Schutzgeldeinnahmen – von Geschäftsleuten, Bürgermeistern, Investoren und sogar Gouverneuren. Sie zahlen »Sicherheitsstipendien«, um Angriffe von Boko Haram auf ihrem Territorium zu verhindern – und haben sich damit endgültig erpressbar gemacht. Ähnliche Strategien im ölreichen Nigerdelta gingen nie auf – die Rebellengruppen teilten und vermehrten sich, forderten immer mehr. Es gibt keinen Hinweis darauf, dass die Zahlung von Schutzgeldern an Boko Haram andere, positive Folgen haben sollte. Obwohl Nigerias Sondereinsatzkommandos inzwischen mit Abubakar Shekau schon den zweiten Anführer von Boko Haram getötet haben, scheint die Bewegung gut gerüstet und hoch motiviert. In den Nachbarstaaten Nigerias geht bereits die Furcht vor Boko Haram um. Besonders groß ist sie im Tschad, der zwischen Krisenstaaten eingezwängt ist.

11
Der verbrecherische Staat
Wenn Kriminalität und Politik Hand in Hand gehen

Die jüngere Geschichte des Tschad und die des Sudan sind eng miteinander verbunden. Der Tschad ist Ölexporteur und zugleich einer der ärmsten (und korruptesten) Staaten Afrikas. Von einem schmalen fruchtbaren Streifen im Süden abgesehen, besteht das Land zum größten Teil aus Wüste. Zwischen dem Tibesti-Gebirge im Norden, dem beinahe ausgetrockneten Tschadsee im Südwesten und der Grenze zur Zentralafrikanischen Republik im Süden leben etwa 12,5 Millionen Menschen auf einer Fläche fast vier Mal so groß wie Deutschland. Regiert wird der Tschad von Idriss Déby, der 1990 gegen den brutalen Diktator Hissène Habré putschte. Déby stammt aus dem Osttschad nahe der Grenze zu Darfur, der Region im Sudan, in der seit 2003 Bürgerkrieg herrscht. 2013 lebten deshalb immer noch knapp 300 000 Flüchtlinge aus Darfur in Lagern im Osten des Tschad. Auch wenn der Darfurkonflikt mittlerweile aus den Schlagzeilen verschwunden ist und sich gewandelt hat, sorgen kriminelle Gruppen und die sudanesische Armee für anhaltende Gewalt. Die Regierung von Präsident Omar al-Baschir, der vom Internationalen Strafgerichtshof (ICC) unter anderem wegen Kriegsverbrechen und Verbrechen gegen die Menschlichkeit in Darfur angeklagt ist, rüstet bis heute lokale Milizen auf, um Rebellen zu bekämpfen, die ihr gefährlich werden könnten. Das hat Auswirkungen auf den Sudan und den Tschad. Nirgendwo ist das so deutlich zu sehen wie im Grenzgebiet, wo sich beide Länder eher überlappen als begegnen.

Im September 2007 fahre ich – nicht zum ersten Mal – im Geländewagen über die staubigen Pisten im Osten des Tschad. Der Darfurkrieg ist auf seinem Höhepunkt: Dschandschawid, »Teufelsreiter« genannte Milizen, die Sudans Regierung aus arabischstämmigen Nomadenstämmen rekrutiert und ausgerüstet hat, haben Darfur in ein Schlachtfeld verwandelt, auf dem das Recht des Stärkeren gilt. Die Dschandschawid folgen einer Terrorstrategie, ähnlich der von Konys LRA: Wo sie auftauchen, verbreiten sie Angst und Schrecken, vergewaltigen und morden, um damit den Widerstand zu schwächen. Angehörige sesshafter (»afrikanischer«) Bevölkerungsgruppen sind deshalb auf der Flucht, leben in notdürftig geschützten Lagern innerhalb Darfurs oder – wenn sie den Weg dorthin schaffen – im Osten des Tschad. Der tschadische Präsident Déby unterstützt zum Zeitpunkt meiner Reise noch die Rebellen, die die Regierung al-Baschir stürzen wollen, etwa die Bewegung für Gerechtigkeit und Gleichheit (JEM; Justice and Equality Movement). Nicht nur sie sind Ziel der Dschandschawid und von Kampfflugzeugen der sudanesischen Armee: Die sesshafte Bevölkerung insgesamt steht in der sudanesischen Hauptstadt Khartum unter Generalverdacht, die Rebellion zu unterstützen. Und die Dschandschawid, die oft monatelang nicht bezahlt werden, sehen das Plündern der Dörfer und die Vergewaltigung ihrer Bewohnerinnen als Belohnung, die ihnen zusteht. Die Regierung in Khartum nimmt in Kauf, dass Darfur auf diese Weise zum rechtlosen Territorium geworden ist. Und die Dschandschawid stoßen seit Jahren immer wieder auf tschadischen Boden vor. Der Tschad und der Sudan befinden sich 2007 in einem Zustand, der einem Krieg nahe kommt.

An einem staubigen Uferstreifen stoppt unser Konvoi. Vor uns liegt ein Wadi, einer der saisonalen Wüstenflüsse. Es ist Regenzeit, schlammig schleppt sich das Wasser durch die karge Landschaft. Colonel Bourma Kordora steigt gemächlich aus dem klimatisierten Landcruiser, die Hitze von über 40 Grad im Schatten schlägt uns entgegen. Müde hebt Kordora seinen rechten Arm. »Am anderen Ufer beginnt Darfur. Da, neben dem großen Baum – sehen Sie's? Da stehen Panzerwagen der sudanesischen Armee.« Kordora ist Präfekt der tschadischen Grenzstadt Adré, 171 Kilometer von Abéché, der größten Stadt im Osttschad, entfernt – und nur 34 Kilometer von El Geneina im Westen Darfurs. Der in weiße Gewänder gekleidete Politiker kommt in Fahrt. Bald gestikuliert er so wild, dass ein Oberst seiner Elitegarde neben ihm auftaucht, aus Unsicherheit, ob ein Angriff droht. »Immer häufiger schwappt der Darfurkonflikt hier herüber, nach Adré und weiter in den Osten des Tschad hinein«, sagt er. »Die Regierung in N'Djamena tut nicht genug, um uns hier im fernen Osten zu schützen.« N'Djamena ist ein ferner Ort. Kordora selbst ist immerhin schon einmal dort gewesen, 900 Kilometer Fahrt über die einzige Straße, im Tschad sind das zwei Tagesreisen. Die meisten Bewohner von Adré werden sich diese Fahrt in ihrem Leben niemals leisten können. Warum auch? Ihr Leben spielt hier. Die Menschen dies- und jenseits der Grenze gehören den gleichen Ethnien, manchmal selbst den gleichen Familien an. Sesshafte Tschader und Sudanesen bemühen sich gleichermaßen, aus dem kargen Boden möglichst viel herauszuholen, wenn der Regen fällt. Und auf beiden Seiten der Grenze sammeln sich Hunderttausende in Lagern, die hier Flüchtlinge und dort intern Vertriebene heißen. Dass hier eine Grenze verläuft, entlang eines Wadis mitten in der Wüste, ist nichts als ein kolonialer Irrtum. Doch Colonel Bourma Kordora hat Angst vor den Angriffen, wenn das in der Regenzeit vollgelaufene Wadi wieder trocken liegt. Kordoras Truppen haben bereits Stellung bezogen. Und auch auf den Hügeln jenseits der Grenze glänzen Panzerwagen in der Sonne.

Rebellen, Flüchtlinge und UN-Soldaten an der Grenze

Das Grenzgebiet zwischen dem Tschad und dem Sudan ist ein ideales Rekrutierungs- und Rückzugsgebiet von Rebellengruppen, die in unterschiedlichen Konstellationen zusammenfinden und von dem schwelenden Konflikt zwischen den Regierungen in Khartum bzw. N'Djamena profitieren. Tschadische Milizen, die sich später (2009) im Bündnis der Widerstandskräfte (UFR, Union des Forces de la Résistance) zusammenschließen und gemeinsam gegen das Regime von Idriss Déby kämpfen, finden in Darfur Unterschlupf und Waffen. Das Gleiche gilt im Osten des Tschad entsprechend für die schon erwähnte JEM, die Sudans Präsidenten Omar al-Baschir absetzen will. Rekrutierungsbasen für neue Kämpfer sind die Flüchtlingslager beiderseits der Grenzen. Die jungen Männer, die in Lagern wie etwa dem von Goz Beïda im Osten des Tschad groß werden, haben im Regelfall viel Wut im Bauch und wenig zu verlieren. Sie sind bereit, zu kämpfen – für jeden, der sie lässt.

Manche von ihnen hoffen auf den Krieg. Die Frauen und Kinder von Goz Beïda hoffen dagegen auf den Frieden und bei meinem Besuch 2007 auf die UN-Blauhelme, die ihn bringen sollen. Eine Mission der Vereinten Nationen (MINURCAT, Mission des Nations Unies en République Centrafricaine et au Tchad) soll angesichts der instabilen Lage im Dreiländereck von Tschad, Zentralafrikanischer Republik und Sudan für Ruhe und Sicherheit sorgen. Und die EU stellt Truppen für eine Übergangsmission zur Verfügung.

Geduldig säumen die Flüchtlinge in Goz Beïda die Piste, die vom Flugfeld ins Flüchtlingslager führt. Die Sonne brennt erbarmungslos vom Himmel. Doch auch nach mehr als einer Stunde in dieser Hölle stimmen die Darfurflüchtlinge mit unveränderter Lautstärke immer wieder ihre Sprechchöre an. »Willkommen UN-Truppen« rufen sie, auf Arabisch und auf Englisch, und: »Es lebe die UNO«. Fünf Forderungen haben sie ausgearbeitet, die sie der UN-Vorausmission präsentieren wollen, die sie hier warten lässt. Nicht mehr, denn sie wissen, dass die Generäle und Beamten aus New York und Brüssel wenig Zeit mitgebracht haben. »Wir brauchen die ausländischen Truppen, weil unsere Familien selbst hier im Tschad ständig überfallen werden«, glaubt Alime Abdullahi Sali. Doch als der Konvoi aus 12 weißen Landcruisern endlich kommt und am jubelnden Kordon der Flüchtlinge vorbeifährt, gibt es eine böse Überraschung. Die Geländewagen drehen eine Runde ums Lager und ziehen nach wenigen Minuten wieder ab, ohne angehalten zu haben. Nicht nur auf Salis Gesicht spiegeln sich Unglauben und Enttäuschung wider.

Dabei hätte miteinander reden sicher geholfen, das ganze Ausmaß der geplanten Militärmission zu verstehen. Wer die Bevölkerung schützen will, tut gut daran, die Bedrohten selbst zu fragen, vor wem sie geschützt werden müssen. Doch der französische General Jean-Philippe Ganascia, der die Truppen der EU-Übergangsmission vor Ort führt, fühlt sich auch ohne das Gespräch mit den Flüchtlingen gut informiert, wie er mir erklärt. Am Vortag hat er Vertreter der Regierung und internationaler Hilfsorganisationen über die prekäre Lage im Osten des Tschad berichten lassen. Zudem muss er jedes Detail des Einsatzes sorgsam aushandeln, vor allem mit der tschadischen Regierung, die ihre eigenen Interessen verfolgt und sich um die eigene Bevölkerung wenig schert – um

Flüchtlinge aus dem Nachbarland noch weniger. Auf Druck aus der Hauptstadt N'Djamena haben die UN sich etwa bereit erklärt, tschadische Polizisten zu Lagerwächtern auszubilden – zum Schrecken mancher Vertriebener, die die tschadische Polizei als Teil der Bedrohung empfinden. Ebenfalls auf Wunsch N'Djamenas dürfen die 3000 EU-Soldaten und Soldatinnen nicht zur Bewachung der porösen Grenze nach Darfur eingesetzt werden. Pierluigi Testa, der zu diesem Zeitpunkt die Operationen der Schweizer Sektion von Ärzte ohne Grenzen (MSF) im Osttschad leitet, befürchtete deshalb schon vor Beginn des Einsatzes den Aufbau einer zweiten Front. »Wenn die Soldaten wie von der tschadischen Regierung gewünscht 60 Kilometer Abstand zur Grenze halten, wird ein Niemandsland geschaffen, in dem keine humanitäre Hilfe mehr geleistet werden kann.« Betroffen davon wäre etwa das MSF-Feldlazarett in Adré. Als Adré Anfang 2007 vom Sudan aus angegriffen wurde – von Rebellengruppen mit mutmaßlicher Unterstützung der sudanesischen Regierung –, waren die wenigen Ärzte im Dauerstress.

Frankreichs Armee, die die Tschad-Mission bis zur Übernahme durch die UN 2008 maßgeblich prägt, ist es dagegen gewohnt, mit der wenig vertrauenerweckenden Regierung zu kooperieren. Frankreich hat als ehemalige Kolonialmacht mehr als 1000 Soldaten im Tschad stationiert, Mirage-Jets unternehmen regelmäßig Aufklärungsflüge im Osten. 2006 haben französische Einheiten einen Putschversuch gegen Präsident Déby gestoppt. Die Françafrique, der Bund der Mächtigen in Paris mit denen in den ehemaligen Kolonien Afrikas, sie funktioniert auch hier. »Es ist gut, dass die Franzosen die Truppe anführen, die kennen sich hier bereits gut aus und werden die Invasion der Söldner zurückschlagen«, lobte entsprechend der von der Regierung in N'Djamena eingesetzte, für Goz Beïda zuständige Gouverneur General Tonka Ramadan. Söldner aber, das können im Osten des Tschad sein: die Dschandschawid, die von Darfur aus im Tschad angreifen, kriminelle Banden, die das Chaos im Osten ausnutzen, oder Rebellen, die gegen die Regierung kämpfen. Débys intern zerstrittenen Truppen war es nicht gelungen, die Gefahr zu bannen. Dass der Präsident 2007 einer Friedensmission zugestimmt hat, sehen deshalb viele vor allem als Schachzug zum Machterhalt.

Die von den Gesetzlosen aus ihren Dörfern im Osten vertriebenen Tschader, die in Goz Beïda auf einer weißen Decke Domino spielen, machen keinen Hehl aus ihren Zweifeln an der Mission. »Wenn die ausländischen Soldaten kommen, werden wir trotzdem nicht in unsere Dörfer zurückkehren«, sagt Hamid Abdallah, der vor einem Jahr zu Fuß nach Goz Beïda geflohen ist. »Die Dschandschawid sind da, wo früher unser Dorf war – sie haben es niedergebrannt. Und die tschadischen Sicherheitskräfte haben bislang nichts getan, um uns zu schützen, warum sollten sie und ihre Verbündeten in Zukunft etwas tun?« Der 37-jährige Abdallah, der fast seine ganze Familie beim Überfall auf sein Dorf verloren hat, sieht die europäisch geführte Truppe nicht als eine unparteiische Schutzmacht. »Das ist politisch«, sagt einer der anderen Spieler. »Die Truppen unterstützen das Regime in N'Djamena dabei, die Rebellen hier im Osten zu besiegen. Wir sind denen völlig egal.«

Tatsächlich bleibt die Lage für die Flüchtlinge bis heute, lange nach Abschluss von MINURCAT, prekär, und die Sicherheitssituation ist äußerst gespannt. Im Frühjahr 2013 überquerten wieder Zehntausende neue Flüchtlinge aus dem von neuen Unruhen geschüttelten Darfur die Grenze zum Tschad.

Eine Entwicklung des Osttschad, aus der sich zivile Perspektiven für Flüchtlinge und Einheimische entwickeln könnten, wird von N'Djamena nicht betrieben. Roland van Hauwermeiren, 2007 für die Hilfsaktionen von Oxfam im Osttschad zuständig, sieht darin das Hauptmotiv für die andauernde Gewalt: »Das eigentliche Problem ist doch, dass es hier im Osten Tschads kein Wasser, keine Entwicklung, keine lebenswürdigen Umstände gibt – ein solches Konzept muss man mitbringen, wenn man die Konflikte hier wirklich beenden will.« Moderate Stimmen finden kaum Gehör. Der Sultan von Goz Beïda, einer der wenigen Vermittler, ist wegen seiner Regierungskritik eingesperrt und abgesetzt worden. Sultan Said Brahim ist danach dennoch in seinen verfallenden Palast zurückgekehrt. Für die Bewohner von Goz Beïda ist er, dessen Linie mehr als 400 Jahre zurückreicht, die wahre Autorität. »Früher haben wir Sultane die immer wieder aufflammenden Konflikte zwischen den Ethnien und vor allem zwischen Schwarzen und Arabern moderiert und so langfristig für Stabilität gesorgt«, so Brahim, der in Frankreich an der Universität gelehrt hat. »Doch die Politik hat die ethnischen Unterschiede instrumentalisiert und damit Konflikte geschaffen, die es so früher nicht gab.« Wen er dafür verantwortlich macht, macht Brahim klar: Früher waren es die französischen Kolonialisten, heute das Déby-Regime. Zwar sind »Araber« und »Schwarze« für Außenstehende kaum zu unterscheiden, doch für Tschader ist die Trennung gang und gäbe – und wird politisch missbraucht. Während die arabischen Dschandschawid in Darfur für den Massenmord an schwarzen Dorfbewohnern verantwortlich gemacht werden, häufen sich Berichte, nach denen im Tschad Angehörige arabischer Ethnien von schwarzen Milizen überfallen und brutal ermordet werden. Ausgerüstet werden viele der Milizen von der tschadischen Regierung. Es geht um die Macht im Tschad, einem Land wie ein Selbstbedienungsladen. Wer in N'Djamena bislang regiert hat, plünderte es stets nach Gutsherrenart. Programmatische Unterschiede zwischen Rebellen und Regierung gibt es nicht, auch keine ethnische Feindschaft – im Gegenteil: Viele von Débys Gegnern gehören der gleichen Minderheitenethnie an, den Zaghawa, die in den Wüsten im Nordosten des Tschad leben. Ein prominenter Rebellenführer ist sogar Débys Neffe. Ein anderer, Mahammat Nour, hatte sich mit Déby Ende 2006 auf einen Waffenstillstand geeinigt und im Gegenzug den Posten des Verteidigungsministers verliehen bekommen. Die Zweckheirat endete allerdings nach wenigen Monaten. Nours Villa in der Hauptstadt N'Djamena wurde von Regierungssoldaten geräumt. Einen Tag später waren Nours Soldaten wieder zurück an der Grenze zu Darfur, in Nours Heimatprovinz.

Die Aussichten auf mehr Stabilität im Grenzgebiet sind düster: Die UFR etwa hat 2013 die Wiederaufnahme des bewaffneten Kampfes gegen das Regime Déby angekündigt.

Ein krimineller Staat und ein paranoider Präsident

»Déby hat Angst vor allem und jedem, selbst vor seinem eigenen Schatten«, sagt Jean-Claude Nekim, der die unabhängige Zeitung *N'Djamena Bi-Hebdo* herausbringt. Als ich ihn 2008 treffe, nachdem Rebellen im Februar dieses Jahres mit mutmaßlich sudanesischer Unterstützung bis in die Hauptstadt vorgedrungen waren, ist das Blatt seit Monaten nicht mehr erschienen. »Damit protestieren wir gegen den Ausnahmezustand; würden wir weiterschreiben, dann würde die Regierung jeden Satz zensieren und in ihrem Sinne verdrehen.« Lieber schreibt er nicht, sagt Nekim, als dass er sich wider Willen zum Sprachrohr der Regierung machen lässt. Erscheint seine Zeitung so, wie Nekim sie sich vorstellt, ist der Chefredakteur in Gefahr: 2012 wird Nekim zu einer Gefängnisstrafe auf Bewährung und einer Geldbuße verurteilt wegen einer dem Regime unliebsamen Veröffentlichung in *N'Djamena Bi-Hebdo*. Débys Getreue fackeln auch sonst nicht lange. Oppositionelle werden immer wieder verschleppt. Oppositionsführer Ngarléjy Yorongar berichtet von Scheinexekutionen, hinter denen Soldaten der Präsidialgarde, Débys letztem Aufgebot, gesteckt hätten. Doch Déby hat nicht nur in der Opposition Feinde. »Die Rebellen kennen viele Details, und das sehr zeitnah«, so Nekim. »Déby ist klar, dass er [...] vor allem die Feinde im eigenen Palast fürchten muss.« Weite Teile der Armee werden nach dem Rebellenvorstoß 2008 entwaffnet, aus Angst vor einem Putsch. Im ganzen Land herrscht eine nächtliche Ausgangssperre, selbst Hilfsorganisationen bekommen keine Reisegenehmigungen mehr. Rund um N'Djamena werden Schützengräben ausgehoben, jahrhundertealte Bäume auf dem Prachtboulevard der Wüstenstadt werden abgeholzt – schließlich könnten sich hinter den dicken Stämmen Rebellenkämpfer verstecken. »Déby ist vollkommen paranoid«, bilanziert die Mitarbeiterin einer deutschen Hilfsorganisation im Tschad.

Dabei schreit die Bilanz des Herrschers, der sich bis heute mit aller Kraft an der Macht hält, geradezu nach Veränderung: Im Entwicklungsindex der Vereinten Nationen steht der Tschad 2012 auf Rang 184, dem viertletzten Platz. Die Korruptionsstatistik von Transparency International kennt nur elf Länder, in denen noch mehr Geld illegal abgezweigt wird. Allein in der Liste der »gescheiterten Staaten«, die das US-Magazin *Foreign Policy* jährlich herausbringt, steht der Tschad weit oben: auf Platz fünf. Schlimmer sind nur Somalia, Kongo, der Sudan und der Südsudan. »Und mit den Rebellen wäre es das Gleiche, die sind auch keine Demokraten«, meint Journalist Nekim. Allen gehe es letztlich um eines: die Ölmilliarden, mit denen Déby trotz Weltbankembargo seit Jahren kräftig Waffen einkauft. Und um das Recht, unbehelligt allerlei

Geschäfte durchzuführen, die Geld bringen – Schmuggel von Gütern jeder Art gehört ebenso dazu wie das Kassieren von Schmiergeldern.

Während in anderen Teilen Afrikas Terrorgruppen dafür kämpfen, rechtsfreie Räume für ihre Operationen zu schaffen, herrscht im Tschad daran kein Mangel. Der Staat, so sagen Analysten, die im Land leben, sei ebenso krimineller Natur wie die ungezählten Banden, die mal von Rebellengruppen eingekauft werden, mal auf eigene Rechnung unterwegs sind.

Urban Britzius von der Hilfsorganisation Help weiß aus eigener Erfahrung, wie das Leben im Tschad aussieht. Seine Lehmhütte liegt im Dörfchen Iriba, so weit ab vom Schuss, dass er manches gar nicht mitbekommt – nicht einmal, dass sein Dorf im Nordosten des Tschad eines Tages von Rebellen eingenommen wurde. »Das habe ich erst im Radio erfahren«, berichtet mir 2008 der ergraute deutsche Wasserbauingenieur, der ein weites tschadisches Gewand trägt: Schließlich steigen die Temperaturen in Iriba auch mal über 50 Grad. Iriba war mal ein Marktflecken für den Handel mit dem Sudan, die Grenze nach Darfur liegt nur knapp 60 Kilometer entfernt. Doch seit Ausbruch der Krise ist Iriba vor allem ein wichtiger Ausgangspunkt für die Versorgung von Flüchtlingen. Immer wieder sieht Britzius Geländewagen von Rebellen durch Iriba rasen. »Da braust irgendein Konvoi durch, und hinterher erzählt mir einer: Das war diese oder jene Gruppe. Aber wirkliche Bedeutung für uns hier hat das nicht.« Dass das Leben in Iriba dennoch gefährlich ist, das erklärt Britzius so: »Als Vertreter des Staates haben wir hier gerade mal einen Polizisten mit fünf Handlangern.« An dem Tag, als die Rebellen nach Iriba kamen, flohen die sechs in den Busch – die Stadt war also in Rebellenhand. Als die Rebellen weiterfuhren zum Sturm auf N'Djamena, kamen die sechs zurück: Die Stadt war wieder in Regierungshand. So, sagt Britzius, ist es fast überall im Osten Tschads. »Es gibt hier einfach keinen Schutz, keinen Staat.« Innerhalb nur eines Monats hat Britzius einmal mehr als 40 Autos gezählt, die von bewaffneten Gruppen unterschiedlicher Couleur gestohlen wurden. Verfolgt wurde keiner der Täter.

Wohin Gesetzlosigkeit führt: Kinderhandel im Tschad

Wenn wie im Tschad der Staat im Kern kriminell ist, dann haben Verbrecher freie Bahn. Ein besonders dramatisches Beispiel ist die versuchte Entführung von 103 Kindern im Oktober 2007, die erst in letzter Sekunde platzt. Angeblich handelt es sich bei den Kindern um Kriegswaisen aus Darfur, die von der angeblichen Hilfsorganisation L'Arche de Zoé (Zoés Arche) zu mutmaßlich gutmeinenden Adoptiveltern nach Paris ausgeflogen werden sollten. Erst am Flughafen von Abéché wurde die Gruppe gestoppt. Die Kinder landeten zunächst im Waisenhaus von Abéché, die Helfer in Haft. »Das sind Fanatiker, die glauben, Gutes zu tun«, meint der französische Journalist Marc Garmirian, der mit den Angeklagten eine Woche in Haft sitzt, bevor er freigelassen wird. Der Fall zeigt, welche Blüten das boomende Adoptionsgeschäft mit afrikanischen Kindern treibt – und was in einem Staat wie dem Tschad alles möglich ist. Denn dass das »Adoptionsgeschäft« ohne die Unterstützung offizieller Stellen und der Polizei möglich gewesen wäre, das erscheint unmöglich.

Die 82 Jungen und 21 Mädchen sprechen mit Spezialisten des UN-Flüchtlingshilfswerks UNHCR und des Roten Halbmonds. Die Ergebnisse fassen die Organisationen in einem Bericht zusammen. »91 Kinder haben mit mindestens einem Elternteil zusammengelebt«, stellen die Experten fest. Die Geschichte von zwölf Kindern bleibt unklar – auch deshalb, weil das jüngste zum Zeitpunkt der Operation gerade einmal ein Jahr alt ist. Die Mehrheit der Kinder stammt aus dem Grenzgebiet zwischen Tschad und Darfur, ihre Nationalität ist schwer festzustellen. »Es wird lange dauern, bis wir die Eltern dieser Kinder gefunden haben«, seufzte damals UNHCR-Sprecherin Annette Rehrl. Andere Behauptungen der sechs für L'Arche de Zoé arbeitenden Franzosen zerschlagen sich ebenfalls: etwa die, dass die Kinder in Europa medizinisch behandelt werden sollten. Betreuer in Abéché finden weder Krankheiten noch Verletzungen bei den Kindern. Unter angelegten Verbänden, die die Kinder tragen, befindet sich unversehrte Haut. Eine bewusste Maskerade, um Behörden zu täuschen.

Vieles spricht damals dafür, dass die Kinder schlicht an betuchte Adoptiveltern in Europa verkauft werden sollten. Tschadische Kenner der Szene finden die Vorstellung, dass im Osten des Tschad Kinder verschoben werden, nicht überraschend. »Die Lage ist unüberschaubar, so dass korrupte Polizisten nicht damit rechnen müssen, belangt zu werden – für Kinderhändler sind das ideale Bedingungen«, sagt mir ein Sicherheitsmann in Abéché. »Kinderhändler nutzen die Hoffnungen derjenigen, die unter schlimmsten Bedingungen leben, schamlos aus und müssen praktisch keine Strafverfolgung befürchten«, bilanziert auch UNICEF-Regionaldirektor Per Engebak.

Es geht um ein Milliardengeschäft: Jährlich, so schätzt das Büro für Drogen- und Verbrechensbekämpfung bei den Vereinten Nationen, werden bis zu sieben Milliarden Euro im Menschenhandel umgeschlagen. Nach Drogen- und Waffenhandel steht der Verkauf vor allem von Frauen und Kindern an Platz drei der illegalen Einnahmequellen, die die organisierte Kriminalität für sich erschlossen hat. In Afrika ist die Lage besonders schlimm: 49 der 53 afrikanischen Staaten gaben in einer 2003 veröffentlichten Studie offen zu, dass es bei ihnen Menschenhandel gibt. »Die Fälle, bei denen Kinder in den Westen geschleust werden, machen natürlich die meisten Schlagzeilen«, weiß Victor Chinyama vom Afrikabüro der UNICEF. »Doch das Gros des Kinderhandels findet zwischen afrikanischen Staaten statt oder sogar innerhalb eines Staates.« Genaue Zahlen sind deshalb schwer zu erheben. 200 000 bis 300 000 Kinder, so eine Schätzung, sind jedes Jahr alleine in West- und Zentralafrika Opfer des schmutzigen Geschäfts. Sie landen als Zwangsarbeiter auf Plantagen, in Haushalten oder auf dem Strich. Der illegale Kinderhandel in Afrika ist zudem die Quelle, aus der sich internationale Menschenhändlerringe bedienen. Deren Schleuser arbeiten – gerade im Sahel, aber auch in Ostafrika – eng mit Terrorgruppen zusammen, wenn diese Gruppen nicht sogar selbst Schleuserdienste anbieten. Mehrere Tausend afrikanische Mädchen werden jährlich oft gegen ihren Willen in den Nahen Osten geschleust. Die Schicksale der Hausmädchen, die im Haus eingesperrt und deren Pässe weggeworfen werden, damit sie nicht fliehen können, sind laut Chinyama stets ähnlich. »Die Kinder müssen rund um die Uhr arbeiten, sie werden geschlagen und sexuell missbraucht – es handelt sich um moderne Sklaverei.«

In den Westen werden Kinder hingegen oft schon im Babyalter verschleppt, wo sie an gut zahlende Adoptiveltern verkauft werden. Zwar kann man afrikanische Kinder auch auf offiziellem Weg adoptieren. Doch die Mühlen der afrikanischen Bürokratie mahlen langsam, und teuer ist ein offizieller Adoptionsprozess auch. »Der eine oder andere in der Bürokratie ist durchaus bereit, für Geld diese Wege zu umgehen«, sagt Chinyama. Dokumente sind in Afrika, wo das Meldewesen oft noch ohne Computer funktioniert, leicht zu bekommen. Auf diese Weise kommen Kinderhändler an ihre Papiere, die angeblich auch die Mitarbeiter von L'Arche de Zoé besaßen. 103 Kinder im Osten des Tschad einzusammeln, der nur mit einer Sondergenehmigung bereist werden darf, wäre ohne zumindest die Duldung durch offizielle Stellen unmöglich gewesen. »Die fatale Mischung aus Gesetzlosigkeit in weiten Teilen des Landes und der kriminellen Ausbeutung der Bevölkerung ist dafür verantwortlich gewesen«, sagt der tschadische Journalist Jean-Claude Nekim.

Das Gastspiel der al-Qaida im Sudan

Jenseits der Grenze, im westsudanesischen Darfur, ist die Lage ähnlich verworren wie im Osttschad. Rebellen, von Khartum finanzierte Milizen oder Banditen sind nicht auseinanderzuhalten. Umso interessanter ist, dass al-Qaida es nie geschafft hat, das Chaos und den Konflikt in Darfur und im Osten des Tschad für sich zu instrumentalisieren. Dabei versucht sie es. Im September 2007 ruft der spätere al-Qaida-Chef Ayman al-Zawahiri in einem Internetvideo zum »heiligen Krieg« gegen die Darfur-Friedenstruppe unter Mandat von Vereinten Nationen und Afrikanischer Union (UNAMID) auf, »so, wie eure Brüder den Widerstand in Afghanistan, dem Irak und Somalia organisiert haben«. Sudans Präsident al-Baschir habe »die Muslime verraten, indem er der Entsendung der Truppen schließlich zugestimmt hat«. Immerhin hatte al-Baschir davor noch selbst mit einem heiligen Krieg gedroht, sollten die UN-Truppen kommen. Nach dem Video werden die Sicherheitsvorkehrungen bei der UNAMID-Mission erhöht. Doch es passiert – nichts. Irgendwann wurde die Sicherheitsstufe wieder auf Normalmaß zurückgestuft.

Auch eine sudanesische Zelle von al-Qaida scheint es nicht zu geben. Nur einmal ist von ihr die Rede. Ein Jahr vor al-Zawahiris Aufruf köpft eine Gruppe den Chefredakteur der unabhängigen sudanesischen Tageszeitung *Al-Wifaq*, Mohammed Taha Mohammed Achmed, angeblich, weil er einen »blasphemischen« Artikel über die Abstammung des Propheten Mohammed geschrieben hatte. Dem Fernsehsender *al-Arabiya* wurde eine Nachricht zugespielt, die als Urheber der Tat die »al-Qaida im Sudan« angab. Ein Jahr später wurden die neun mutmaßlichen Täter gehängt – die Richter hatten zuvor, unspezifisch, von »politischen, ethischen und finanziellen« Motiven gesprochen. Tatsächlich war Mohammed Achmed schon einmal im Jahr 2000 einem Anschlag nur knapp entkommen, nachdem er kritisch über die Regierungspartei von Omar al-Baschir berichtet hatte. Oppositionelle behaupten, dass der spätere Tod Mohammed Achmeds mit seiner kritischen Haltung der Regierung gegenüber zu tun hatte. »Es wäre ja nicht das erste Mal, dass Regierungskritiker so ermordet werden, dass die Schuld leicht anderen in die Schuhe geschoben werden kann«, sagt mir ein oppositioneller Blogger, der aus nachvollziehbaren Gründen anonym bleiben möchte. »Wir haben einen kriminellen Staat, deshalb gibt es überhaupt keinen Raum für andere kriminell handelnde Gruppen wie al-Qaida.«

Mit Terror kennen Omar al-Baschir und seine engen Vertrauten sich aus. Unmittelbar nach seinem Putsch im Juni 1989 lud al-Baschir Osama bin Laden ein, seine Zentrale im Sudan einzurichten. Damit machte al-Baschir nicht zuletzt den Islamisten ein Zugeständnis, die der neue Präsident als Unterstützer seines Putsches brauchte. Bis 1991 zogen zwischen 1000 und 1500 der besten al-Qaida-Kämpfer in den Sudan. Ende 1991 zog bin Laden selbst hinterher und investierte kräftig: 30 Unternehmen gründete der Terrorchef, Baufirmen, Landwirtschaftsbetriebe und Handelskontore. Bin Ladens Firmen bauten Straßen und Brücken und richteten ganz nebenbei auf einigen von ihnen errichteten Großfarmen Terrorcamps ein, in denen Kämpfer den Umgang mit Schusswaffen und Sprengsätzen lernten. Ein Schutzbrief von al-Baschir gab bin Laden Carte blanche für seine Operationen. Zwischen dem Qaida-Chef und mehreren hochrangigen Regierungsvertreten gab es ein enges Beziehungsnetz. 50 Millionen US-Dollar soll bin Laden alleine in eine Bank, die al-Shimal-Bank, gesteckt haben, die enge Verbindungen zur Führungselite rund um al-Baschir und al-Turabi hatte. Als Verbindungskanal zwischen al-Qaida und der sudanesischen Regierung diente der sudanesische Geheimdienst, der seinerseits zu einem guten Teil von Qaida-Strategen unterwandert war. Während bin Laden unter einfachen Verhältnissen lebte, wuchs al-Qaida auf gut 3000 Kämpfer an und baute seinen Einfluss innerhalb des Partei- und Staatsapparats kontinuierlich aus.

Ein Opportunist an der Staatsspitze

Omar al-Baschir selber ist indes beileibe kein Islamist, sondern herzlich unideologisch. Als eine der Haupteigenschaften des Mannes, der am Neujahrstag 1944 als Sohn eines Bauern die Welt erblickte, bezeichnen Weggefährten Stolz. Seine fehlende Bildung gleicht der gewiefte Taktiker mit einem martialischen Auftreten aus, das seine Gegner einschüchtern soll. Seine Heimat ist das Militär: Mit nur 16 Jahren tritt er in die sudanesische Armee ein. Er kämpft 1973 an der Seite ägyptischer Truppen gegen Israel und in den 1980er Jahren gegen die Rebellen im Südsudan. 1989 putschte er sich an die Macht – mit Unterstützung des Islamisten Hassan al-Turabi, den Baschir Ende der 1990er Jahre nach einem Machtkampf ins Gefängnis werfen ließ.

Zu islamistischen Parolen greift er seitdem nur noch, wenn es seinen Zwecken dient. Ansonsten führt Baschir seine Nation mit der eisernen Hand des Generals: In Staats- und Parteigeschäften duldet er keinen Zweiten neben sich. Was ihm nutzt, ist erlaubt. Und bin Ladens Investitionen nutzen ihm sehr – zunächst. Dann aber machen sich die zunehmend harten Wirtschaftssanktionen der USA bemerkbar. Die USA stellen al-Baschir eine Liste zu, in der steht, was man von Khartum für eine Rückkehr zu normalen Verhältnissen verlangt, darunter Namen, Reisedaten und mehr. Al-Baschir setzt stattdessen zum großen Befreiungsschlag an: Mitte Mai 1996 weist er bin Laden aus. Der einstige Finanzier der Regierung hat sich zur unhaltbaren Belastung entwickelt. Bin Laden und seine Familie fliegen nach Afghanistan, Hunderte Kämpfer folgen ihm. Mindestens ein führender al-Qaida-Kämpfer, Dschamal al-Fadl, dient sich den US-Geheimdiensten als Informant an. Durch ihn erfahren die Amerikaner, welches Ausmaß das Terrornetzwerk inzwischen angenommen hat.

Wie groß das al-Qaida-Netzwerk im Sudan heute noch ist, ist unklar. Die Firmen und Reichtümer bin Ladens konfisziert der kluge Baschir. Doch es gibt Berichte wie etwa die des Terrorspezialisten Rohan Gunaratna, nach denen bin Laden noch lange Zeit – womöglich bis zu seinem Tod – über die al-Shimal-Bank Einfluss auf die politischen Geschehnisse im Sudan nehmen konnte.

Dass Baschir 2014 ein Vierteljahrhundert an der Macht ist – und das, obwohl der Internationale Strafgerichtshof einen Haftbefehl gegen ihn ausgestellt hat –, hat vor allem zwei Gründe: sein angesprochenes taktisches Talent und die Tatsache, dass er die Opposition (inklusive Islamisten) unter seiner Kontrolle hat. Dazu kommt ein einzigartiger wirtschaftlicher Aufschwung, der das bis vor wenigen Jahren staubig-triste Khartum mit Prachtbauten und Wolkenkratzern in eine Art afrikanisches Dubai verwandelte – finanziert durch Ölmillionen. Dass sich außerhalb der Hauptstadt hingegen kaum etwas entwickelt hat, ist der Hauptgrund dafür, dass al-Baschir nicht nur in Darfur im Westen, sondern auch im Süden und im Osten des Landes immer wieder Aufstände militärisch niederschlagen lässt. Vom Ölreichtum profitiert bis heute nur eine kleine Klientel im Zentrum des Landes. Dass diese Einnahmen durch die Gründung des unabhängigen Südsudan im Juli 2011 zu einem guten Teil verloren zu gehen drohen, bedroht al-Baschirs Macht mehr als alle Aufstände der Vergangenheit. Al-Baschir hat allerdings vorgesorgt: Seine Außenpolitik ist ebenfalls von Günstlingswirtschaft gekennzeichnet. China, Sudans größter Waffenlieferant und Hauptabnehmer sudanesischen Öls, stützt ihn in allen Belangen. Nur einmal schien der Sturz nahe: als Darfurrebellen Anfang Mai 2008 ungehindert bis an die Stadtgrenze Khartums vordringen konnten, angeblich mit Hilfe des Tschad. Beobachter attestieren Baschir seitdem das Verhalten eines waidwunden Tigers – lauernd und stets kampfbereit.

Zu einer Allianz mit al-Qaida sei al-Baschir nicht bereit, glaubt der erfahrene Darfurkenner Jérome Tubiana. Tubiana ist Senior Analyst bei der International Crisis Group in Nairobi. Die Lage in Darfur verfolgt er seit Beginn des Bürgerkriegs. »Dass al-Qaida in Darfur keinen Fuß auf die Erde bekommen hat, das liegt vor allem daran, dass niemand ihre Präsenz unterstützen würde: die Darfuris nicht, die Rebellen nicht und auch die sudanesische Regierung nicht.« Die Gründe sieht Tubiana vor allem in der Vergangenheit. »In Darfur ist der islamistische Kurs nach dem Putsch al-Baschirs und bin Ladens Ankunft zunächst begrüßt und unterstützt worden. Aber dann merkten die Darfuris, dass die Diskriminierung nach Hautfarbe oder nach ethnischen Gesichtspunkten auch unter den Islamisten weiterging. Die Gleichberechtigung, die man sich in Darfur durch die Glaubensherrschaft erhofft hatte, blieb aus – die Bevölkerung fühlte sich von den Islamisten verraten.« Nichts liege den Darfuris deshalb ferner, als erneut die gleichen Islamisten zur Hilfe zu rufen. »Deshalb sind die gegen Khartum kämpfenden Rebellengruppen in Darfur im Kern säkular – das ist natürlich ein Wort, das man in einem islamischen Staat wie dem Sudan nicht benutzt, man sagt einheitlich, spricht von Gerechtigkeit, Gleichheit. Aber im Kern heißt es: alles, bloß nicht islamistisch im Sinne der Regierung al-Baschir und ihrer früheren Verbündeten.«

Selbst die Islamisten, die es im Sudan nach wie vor gibt, stehen nach Tubianas Einschätzung al-Qaida skeptisch gegenüber. »Sogar als bin Laden noch im Land war, war das Verhältnis zwischen ihm und al-Turabi von Argwohn und Misstrauen geprägt: Al-Turabi hielt bin Laden für zu radikal, für zu ungehobelt – al-Turabi erschien bin Laden dagegen als zu intellektuell, zu abgehoben. Der Islamismus im Sudan hat andere Wurzeln als der Wahabismus, den bin Laden mitbrachte: Da gibt es eine stark aufgeklärte, westliche Tendenz, die sogar mal dem Marxismus sehr nahestand.« Das Bündnis mit al-Qaida in den 1990ern, so sieht es Tubiana, war ein Bündnis auf Zeit, um das neue Regime zu festigen. Heute stehe keine einzige der drei islamistischen Parteien im Sudan der Qaida auch nur nahe – zumal al-Baschir inzwischen die Hand zu einem neuen Verbündeten ausgestreckt hat: dem Iran, einer schiitischen Theokratie. »Für Wahabiten wie al-Qaida, also extrem konservative Sunniten, wäre es undenkbar, eine Regierung zu unterstützen, die mit Schiiten gemeinsame Sache macht.« Für einen religiösen Kampf gegen diese Regierung fehlt al-Qaida aber die Unterstützung. Gebrannte Kinder scheinen resistent gegen die Parolen der Terrorgruppe zu sein – wie lange, wird die Zukunft zeigen. Auch im Sudan ist das Gros der Bevölkerung jünger als 18, wechseln die Generationen schnell, gehen Erfahrungen verloren.

Von Rebellen zu Kriminellen

Zehn Jahre nach Beginn des Darfurkriegs hat sich die politische Lage in der Region verändert. Déby und al-Baschir haben sich mittlerweile verbündet, beide dadurch ihre Macht verteidigt. Die Rebellenbewegungen auf beiden Seiten sind geschwächt. Sicherer ist indes weder der Osten des Tschad noch Darfur – daran haben die Friedenseinsätze von UN und AU nichts geändert, trotz der großartigen Ankündigungen damals in Goz Beïda und anderswo. »Die arabischen Reitermilizen in Darfur sind heute besser ausgerüstet als je zuvor, unter anderem mit Waffen aus Libyen«, erklärt Jérome Tubiana. Wer einmal losgelassen ist, lässt sich so leicht nicht mehr einfangen. Die Regierung in Khartum hat dessen ungeachtet inzwischen Kämpfe zwischen den sesshaften Volksgruppen angefacht, indem sie Waffen an eine der Gruppen verteilt hat. Viele Hilfsorganisationen dürfen seit Jahren nicht mehr in Darfur arbeiten, aus Angst, sie könnten belastende Informationen preisgeben.

Und dann sind da noch die Überfälle. »Als die sudanesische Regierung die Dschandschawid gegründet hat, da firmierten kriminelle Banden einfach um«, sagt Tubiana. »Als Khartum ihnen dann die Unterstützung entzog, kehrten sie zum Banditentum zurück. Es herrscht eine absolute Konfusion darüber, wer was ist – Rebellen, Milizen, Banditen, das sind zumindest überlappende Gruppen.« Die Leidtragenden sind diejenigen, die immer noch in Darfur leben – in den Lagern oder den Dörfern, die immer wieder überfallen und geplündert werden. Die gleichen Banditen sind zudem als Söldner auf dem Markt. Sie kämpfen für denjenigen, der am besten bezahlt. Zuletzt mussten das die Bewohner der Zentralafrikanischen Republik feststellen, Tschads südlichem Nachbarn, in dem der Terror längst zur Staatsform geworden ist.

12
Gold, Uran und Bürgerkrieg
Wenn der Terror regiert

Auf einer zersplitterten Gemüsekiste hockt der grauhaarige François vor seinem Haus. Es ist nicht viel, eine brüchige Lehmhütte am Kilometer 5, dem größten Slum von Bangui, der Hauptstadt der Zentralafrikanischen Republik (ZAR). Die Sonne steht tief am Himmel, in einer halben Stunde wird es von ein paar Kerosinlampen abgesehen stockduster sein. Seit Minuten sitzt François auf der Kiste und dreht an der Stellschraube eines alten Röhrenradios. »Da, ich kann was hören«, ruft er plötzlich aus. Ein lautes Pfeifen dringt aus dem zerschlissenen Lautsprecher, irgendwo dahinter ist eine verzerrte Stimme zu hören: »18 Uhr in Paris, hier sind die Nachrichten für Afrika.« François lehnt sich zufrieden zurück. »Die Nachrichten höre ich seit mehr als 30 Jahren jeden Abend, sonst ist der Tag nicht komplett.« Immer wieder, erinnert sich François, gab es Zeiten, in denen er sein Radio im Verborgenen einstellen musste auf den Kurzwellensender aus Paris. Doch François blieb dem französischen Auslandssender *RFI* auch dann immer treu. »Da höre ich die Wahrheit, die ist hier ansonsten schwer zu bekommen.« Er grinst schief, was die Lücken zwischen seinen braunen Zahnstummeln offenbart. Dann hört er zu, während um ihn herum das Leben im Slum in voller Lautstärke weitertobt.

Die Zentralafrikanische Republik ist ein Trauerfall, nicht nur für die Wahrheit. Seit Präsident David Dacko die Nation 1960 in die Unabhängigkeit geführt hat, ist hier noch kein Präsident auf demokratische Weise an die Macht gekommen. Ein Putsch jagte den nächsten. Der Jüngste in dieser traurigen Ahnenriege, Michel Djotodia, kam im Februar 2013 mit Hilfe einer Allianz aus Splittergruppen (kurz »Séléka« genannt) an die Macht, die die Bevölkerung ermordete, Frauen und Kinder vergewaltigte und die Dörfer plünderte. So war es jedes Mal, nur dass die Gewalt diesmal auch nach Djotodias Machtergreifung derart brutal weiterging, dass der Putschist sich von seinen eigenen Kämpfern distanzierte. Mit keiner merkbaren Konsequenz, außer der, dass sich noch mehr bewaffnete Gruppen an der Hetzjagd auf jeweils andere Bevölkerungsgruppen beteiligen. Mehr als 400000 Zentralafrikaner, so schätzte das UN-Flüchtlingshilfswerk UNHCR, waren im Dezember 2013 auf der Flucht. Sie verstecken sich im Busch, das Einzige, wovon es in dem Binnenstaat von der doppelten Größe Polens mit nur vier Millionen Einwohnern mehr als genug gibt.

Wer lang genug in der Zentralafrikanischen Republik lebt, der gerät unweigerlich in die Lage, vor bewaffneten Kämpfern fliehen zu müssen. »Selbst in guten Zeiten sagt man in Bangui: die Kontrolle der Regierung über ihr Land endet am Stadtrand«, lacht François. Am Stadtrand bewachen große Einheiten von Polizisten und Soldaten Schranken, die die Hauptstadt vor einer neuen Invasion bewahren sollen. Ein improvisiertes Stadttor, das regelmäßig niedergebrettert wird, wenn die jüngste Gruppe Bewaffneter auf die Hauptstadt zufährt. Immer wieder sind Trupps von Regierungen aus den Nachbarländern bewaffnet worden, allen voran durch den Tschad oder die DR Kongo. Beide Staaten wollten so Verbündete an die Macht bringen, die die reichen Ressourcen des Landes kontrollieren sollten. »Bezahlt wurden die Truppen nie«, sagt François, der 2003 dabei war, als der zuletzt verjagte Präsident François Bozizé seinerseits gegen seinen Vorgänger Ange-Félix Patassé putschte. »Patassé hat Milizen aus dem Kongo geholt, um Bozizés Truppen zu vertreiben. Denen hat er gesagt: Plündert, was ihr finden könnt – das ist euer Lohn. Und so haben die sich auch verhalten.« François war vorgewarnt, er hatte von den Verwüstungen gehört, die wiederum Bozizés Unterstützer – Söldner aus dem Tschad – in Bossangoa, 500 Kilometer weiter nördlich, angerichtet hatten. Beide Gruppen unterschieden sich in puncto Brutalität nicht. François versteckte sich mit seiner Familie im Wald, 20 Kilometer von der Stadtgrenze entfernt. Es war Oktober 2002. Zwei Wochen nach dem Jahreswechsel kehrte er zu seinem alten Haus am Kilometer 5 zurück. In den verkohlten Trümmern war nichts mehr zu finden. Andere hatten die Überreste seines niedergebrannten Hauses bereits durchsucht. Die Kämpfe gingen weiter, und François musste sehen, wo er blieb.

Ein seltener Held im endlosen Terror

An die Tschader, die im Namen von François Bozizé durch Bossangoa zogen, erinnert sich Gaspar Akofi. Bei einem Rundgang durch die Stadt zeigt der zehnfache Vater immer wieder auf nahezu verfallene Gebäude, fast alle Wände hier sind von Einschusslöchern durchsiebt. »Das hier war unser erstes Büro, aber Soldaten aus dem Tschad haben es zerstört, als sie die Stadt geplündert haben.« Im Garten steht ein halb verfallener Tiefbrunnen. »Vielleicht haben die Soldaten Leichen in den Schacht geworfen, man weiß es nicht – dann könnte das Wasser vergiftet sein.« Niemand denke daran, das Gebäude wieder aufzubauen, sagt Akofi. Bossangoa ist voll von solchen Häusern, zerstört und verlassen. Die Stadt liegt da, wo die wenigen Straßen des Landes zusammentreffen – wer nach Bangui zieht und den protzigen Präsidentensitz, das Palais de la Renaissance, erobern will, muss hier durch. Über Hunderte Kilometer gibt es keine andere Stadt, die sich so sehr zum Plündern lohnen würde. Noch vor den Tschadern haben bereits libysche Söldner die Stadt geplündert, angeheuert noch von Bozizés Vorgänger Ange-Félix Patassé auf seinem Marsch auf Bangui. Dann Bozizés Tschader. Und schließlich die Horden des kongolesischen Warlords Jean-Pierre Bemba, die von der anderen Seite des Oubangui-Flusses im Süden des Landes übersetzten und die Tschader zurück nach Norden jagten. Als sie durch Bossangoa zogen, terrorisierten natürlich auch sie die Bevölkerung ohne Rücksicht auf Verluste. Irgendwann wurde allen das Chaos zu groß. Die Weberei, in der Baumwolle von den nahen Feldern verarbeitet wurde, wurde geschlossen. In den Wirren haben sich selbst französische Staatsunternehmen zurückgezogen, die bis dahin den öffentlichen Sektor dominierten. Niemand wollte mehr in einem Land investieren, in dem Terror so normal geworden war. Wer blieb, waren die bewaffneten Gruppen. Sie richteten sich im Busch häuslich ein und warteten auf den nächsten Kampf.

Auch Gaspar Akofi blieb. Seit 1992 arbeitet er in der Augenklinik von Bossangoa, einem grün-weiß gestrichenen Flachbau. Tagsüber, wenn operiert wird, wummert ein Dieselgenerator. Vom OP-Fenster aus sieht man Flusspferde, die sich im flachen Wasser suhlen. Auch die Klimaanlage wurde bei einer der Plünderungen gestohlen, ein Problem, wenn der Arzt während einer komplizierten Augenoperation ins Schwitzen gerät. Dass es überhaupt noch ein solches Hospital gibt, ist der Christoffel-Blindenmission zu verdanken, der einzigen deutschen Hilfsorganisation, die durchgängig in der Zentralafrikanischen Republik aktiv geblieben ist. Augenkrankheiten sind ein großes Problem im zugewucherten Busch, der gleich hinter Bossangoa beginnt. Ganze Dörfer leiden an Flussblindheit, einer von Mücken übertragenen Krankheit, die bei jedem zehnten Infizierten zur Erblindung führt. Tausende verlieren ihr Augenlicht, weil sie nicht behandelt werden. Akofi lebt für seine Arbeit, so sehr, dass er sein Leben für sie aufs Spiel setzt. Als die Tschader kamen, hat Akofi so wahrscheinlich die Klinik gerettet. Der damals 38-Jährige vergrub die teuren Mikroskope und andere medizinische Geräte in seinem Garten, während wenige Kilometer entfernt schon Schüsse fielen. »Wenn ich dabei erwischt worden wäre, hätten die mich sofort umgebracht«, weiß er. Gerade noch rechtzeitig floh er in die Wälder, wo seine Familie wartete. »Wir haben drei Wochen im Laub geschlafen, Wurzeln und Nagetiere gegessen.« Als Akofi zurückkehrte, war die Stadt zerstört, die Mikroskope aber waren unversehrt.

Rückzugsgebiet der Terrorbanden

Als ich Gaspar Akofi 2006 besuche, ist die Augenklinik gerade wieder aufgebaut. Doch nicht weit entfernt wird schon wieder geschossen. Zu denen, die kämpfen, gehören die gebliebenen Unterstützer diverser Vorgänger Bozizés ebenso wie die tschadischen Söldner, die dem damals noch regierenden Bozizé zur Macht verholfen haben. Sie fordern eine Prämie, die ihnen angeblich vor Bozizés Putsch versprochen wurde: pro Kopf sieben Millionen CFA-Francs, mehr als 10 600 Euro. Bis die ausgezahlt werden, wollen die Söldner sich selbst bedienen. Bis zu Bozizés Abtritt fließt kein Cent. Angst vor Konsequenzen hat keiner der Banditen. Auch deshalb ist die regierungslose ZAR zum Rückzugsraum aller möglichen bewaffneten Horden geworden: Banditen aus dem Tschad, Joseph Konys LRA, südsudanesische Rebellen, Terrorbanden aus dem Osten Kongos. Sie alle wissen, dass die Zentralafrikanische Republik rechtsfreier Raum ist – und die Herrschaft des Terrors hier ganz normal ist. Mit jedem neuen Präsidenten steigt die Zahl derjenigen, die eine Waffe in die Hand bekommen und für oder gegen irgendjemanden kämpfen. Ihren Lohn, zumindest aber den Preis, zahlt die Zivilbevölkerung.

Auf dem Markt von Bossangoa verlieren sich im Sommer 2006 nur wenige Kunden im Labyrinth aus verrosteten Metalltischen. Die meisten Stände sind verlassen. An einigen Ständen verkaufen Bauern das Wenige, das die Äcker am Stadtrand noch hergeben: Cassava vor allem, eine stärkereiche Wurzel, die für viele die einzige Nahrung darstellt. Dass Bossangoa mal der Warenumschlagplatz für den ganzen Norden der Zentralafrikanischen Republik war, man kann es kaum glauben. Mehr als 150 Kilometer auf der von Schlaglöchern gesäumten Route Nationale 1 legten Bauern und Händler am Markttag im klapprigen Peugeot zurück, um aus der Grenzregion zum Tschad nach Bossangoa zu kommen. Doch die Straße ist längst zur Kampfzone geworden – durch wen, das ändert sich beinahe täglich. Selbst Polizisten bauen Straßensperren auf und beschießen Reisende aus dem Hinterhalt, um sich zu holen, was sie möchten. »Ich bin nicht Mutter Theresa«, erklärt der Leutnant der präsidialen Leibgarde, Ludovic Ngaifei, ganz offen. Als seine Truppen die Stadt Paoua im Norden stürmen, verschleppen sie Dutzende Kirchenschüler und ermorden sie, nur um Angst zu säen.

Selbst der Präfekt von Bossangoa räumt ein, dass es Probleme gibt. David Doni sitzt in seinem Wohnzimmer unter dem Porträt des Präsidenten und hält Lagebericht. »Die Menschen hier wollen arbeiten, aber es gibt nichts zu tun.« Er hat die Gerüchte gehört, dass nicht weit von Paoua in Richtung Tschad Ölfelder liegen sollen. Er seufzt. »Öl ist sehr wertvoll. Aber Öl, das immer noch im Boden ist, hat keinen Wert, für niemanden.« Doni zittert, immer wieder schaut er hastig über seine Schulter. Er hat Angst. Kein Wunder. Sein Amtskollege, der Bürgermeister von Bossangoa, ist vor einigen Monaten ermordet worden, von »Wegelagerern«, wie es offiziell heißt. Wegelagerer, »coupeurs de route«, das ist der zentralafrikanische Sammelbegriff für alle, die eine Waffe tragen.

Gold und Diamanten – rohstoffreiches Zentralafrika

In einem hat Doni Recht: Die Zentralafrikanische Republik könnte ein reiches Land sein. Während vom Öl nur geträumt wird, gibt es mit Tropenholz, Gold, Diamanten und Uran schon viele Reichtümer, die ausgebeutet werden. Louis Mokunga lebt in Bekaté, einem kleinen Flecken auf der Karte im Süden des Landes. Jeden Tag macht er sich kurz nach Sonnenaufgang um sechs Uhr früh auf den Weg in den dichten Regenwald, der gleich hinter seiner strohbedeckten Lehmhütte beginnt. Nach einer guten Stunde Fußmarsch erreicht er den versteckten Flussarm, auf dessen Grund irgendwo Goldkörner verborgen sind. Zumindest glaubt Mokunga das. Bei einem seiner Erkundungsgänge durch den unerschlossenen Dschungel hat er es glitzern sehen, sagt er. Doch das ist zwei Wochen her, und seitdem ist er jeden Abend mit leeren Händen nach Hause gegangen. »Gold gibt es hier schon«, versichert er. »Das Problem ist nur: Ich habe kein Kapital, um die nötige Ausrüstung zu kaufen, deshalb arbeite ich mit bloßen Händen.« Bis zu den Hüften steht er im Wasser, während er nassen Sand auf einer Blechpfanne hin und her schüttelt. Der Schweiß rinnt dem 35-Jährigen unaufhörlich von der Stirn. Die kleinen, schwarzen Fliegen, die ihm in die Augen fliegen, verscheucht er nicht. An seine Arbeitsbedingungen hat der Gold- und Diamantenschürfer Mokunga sich längst gewöhnt.

Gemessen an den Verhältnissen im Land, ist Mokunga ein erfolgreicher Unternehmer. Auf seiner Suche in den Ausläufern des Kongobeckens hat er, der nie eine formale Ausbildung genossen hat, schon mehrfach den richtigen Riecher gehabt und kleine Gold- oder Diamantenvorkommen entdeckt. Wenn er eine besonders aussichtsreiche Stelle gefunden hat, beschäftigt Mokunga sogar Jugendliche aus seinem Dorf. Statt Lohn bekommen die Helfer einen prozentualen Anteil am Gewinn. »Angst, dass mich einer bestiehlt, muss ich nicht haben, wir leben ja Tür an Tür – da merkt man sofort, wenn jemand plötzlich Geld hat.« Reich, sagt Mokunga, wird man in seiner Heimat mit Gold und Diamanten ohnehin nicht. »Was wir bräuchten, wäre jemand, der hier investiert, der uns hilft, damit wir die Vorkommen in dem Flussarm hier wirklich ausbeuten können.« Doch solche Investoren sind nicht in Sicht.

Geschätzte 100 000 Self-made-Schürfer wie Louis Mokunga gibt es in der ZAR. Die meisten davon arbeiten illegal. »Den großen Gewinn machen die nigerianischen Zwischenhändler«, ärgert er sich. Wenn ein paar Gramm Gold zusammen sind, macht er sich zu Fuß auf den Tagesmarsch in das regionale Handelszentrum Gaston. »Dort bekomme ich 1000 Francs für ein Gramm Gold.« Das sind weniger als zwei Euro. Selbst für die Diamanten zur industriellen Nutzung, die hier in den Flussbetten verborgen liegen, gibt es nur wenig mehr. Sie zu schürfen, ist sogar noch härtere Arbeit als die Suche nach Gold. Immerhin: Nach Abzug aller Kosten reicht Mokungas Gewinn für die ganze Familie zum Überleben. Dass eines seiner sieben Kinder eine bessere Zukunft haben wird, glaubt er hingegen nicht: »In keinem der Dörfer hier steht eine Schule.« So wird Mokungas Söhnen wenig anderes übrig bleiben, als eines Tages in die Fußstapfen ihres Vaters zu treten.

Wenn wieder einmal Schüsse in der Ferne zu hören sind oder gar bewaffnete Männer das kleine Dorf stürmen, dann muss Mokunga befürchten, zumindest seine kleinen Ersparnisse los zu sein. »Uns bleibt nie viel Zeit, man muss einfach in die Wälder fliehen, wenn man nicht ermordet werden will«, weiß er. Dreimal ist es ihm schon so ergangen. Einmal musste er wochenlang all sein Gold bei einem »Kommandanten« abliefern, dessen Lumpentruppe das Handelszentrum Gaston eingenommen hatte. »Das war wie Sklavenarbeit, am Ende des Tages konnte ich froh sein, wenn sie mir ein paar Francs gelassen haben. ›Kauf dir was zu essen, damit du morgen wieder hart für uns schuften kannst‹, haben die gesagt und gelacht. Bei den Diamantenschürfern war das genauso: Die mussten alles abliefern. Bis dann eine andere Gruppe kam. Es kam zum Kampf, und die Banditen haben sich gegenseitig derart dezimiert, dass die paar Überlebenden zum Schluss geflohen sind.« Die Polizei oder irgendeine andere staatliche Institution hat Mokunga während dieser Wochen nie gesehen. »Die haben sich versteckt – die hatten am meisten Angst um ihr Leben. Als die Banditen weg waren, liefen sie wieder rum und kassierten Schmiergelder, als wäre nichts gewesen.«

Ohne Schmiergelder liefe in Gaston wohl gar nichts. Denn in der Zentralafrikanischen Republik ist der real nicht existierende Staat pleite. Die Steuern, die die Regierung auf den Goldexport erhebt, werden nach Schätzungen nicht einmal für ein Drittel der ausgeführten Menge bezahlt. Polizisten, die den illegalen Abbau oder Export kontrollieren könnten, gibt es nicht. Auf mehr Staatseinnahmen hofft die Regierung durch ausländische Minenunternehmen, die die Goldvorkommen im großen Stil abbauen könnten. Doch selbst vor Ausbruch des jüngsten Bürgerkriegs gab es kaum Investoren hier. Charles Brown, Geschäftsführer des britisch-kanadischen Unternehmens Aurafrique, fühlt sich denn auch allein. »Dieses Land hat Potenzial, ganz sicher, und das schon seit langem«, erzählt er. »Aber es gibt riesige Hindernisse, um hier eine Mine zu betreiben: allem voran die Lage. Der Ort, wo wir Gold gefunden haben, liegt 1800 Kilometer vom Meer entfernt. Alleine für den Aufbau brauchen wir 200 Lastwagenladungen Material und dann 35 000 Tonnen Material pro Jahr. Und dann gibt es keine geeigneten Arbeitskräfte hier: Dieses Land hat einfach noch keine größeren Minenoperationen gesehen.« 65 Millionen Dollar hat Aurafrique nach Browns Angaben in der Zentralafrikanischen Republik investiert, bis es auf lohnende Goldvorkommen gestoßen ist. Die Ausbeutung, so schätzt Brown, wird weitere 120 Millionen Dollar kosten – mindestens. So viel Geld hat kein zentralafrikanischer Investor. Und wie die jüngsten Unruhen zeigen, kann jede Investition auch binnen Tagen wieder eingerissen werden, wenn bewaffnete Truppen die Anlagen besetzen oder – schlimmer noch – mutwillig zerstören.

Uran aus Zentralafrika für Frankreich

In Bakouma, mehr als eine Tagesfahrt von der Hauptstadt Bangui entfernt, plant der halbstaatliche französische Minengigant Areva dennoch, erstmals die reichen Uranvorkommen des Landes anzutasten. Geplant ist ein Tagebau, dessen Entwicklung allerdings – ebenso wie die von Browns Goldmine – nur langsam vorankommt. Entscheidende Fragen sind noch ungeklärt. So etwa die, wie das Uran von der Mitte Afrikas nach Europa geschafft werden soll. Doch das Potenzial ist riesig: 40 000 Tonnen Uran werden alleine in Bakouma vermutet. Ein riesiger Reichtum – theoretisch. Doch Erfahrungen aus Niger, wo Areva ebenfalls Uran abbaut, zeigen auch die möglichen Gefahren. Im nigrischen Arlit, wo seit 40 Jahren Uran gewonnen wird, beobachtet der Umweltschützer Almoustapha Alhacen mit Sorge, wie sich radioaktiver Staub aus dem Tagebau in der ganzen Gegend verbreitet hat. Der Boden und das Wasser seien bereits verseucht, warnt er. »Die Leute haben bislang noch keine Angst. Das liegt daran, dass sie nicht wissen, was Radioaktivität ist. Das Wichtigste für die Bevölkerung ist, der Armut zu entfliehen. Aber Radioaktivität macht die Armut schlimmer, weil sie Opfer schafft.« Eine Greenpeace-Untersuchung belegt, dass die Strahlung in Arlit empfohlene Höchstwerte um das Hundertfache überschreitet. Doch der nigrische Staat greift nicht ein. Zwar zog die Regierung in Niamey zuletzt die Verhandlungen über eine neue Betriebsgenehmigung für Arlit in die Länge. Aber in Niger weiß jeder, dass es den Herrschenden dort um höhere Beteiligungen am Gewinn und nicht um die Frage der Sicherheit für die Bevölkerung geht. Niger ist wie auch die Zentralafrikanische Republik auf die Investitionen aus Paris angewiesen. Im Fall der ZAR zeigt sich zudem wieder einmal, wie eng wirtschaftliche Interessen und militärische Hilfe zusammengehören. Auf französische Soldaten kann nur hoffen, wer beim Rohstoffabbau nicht blockiert.

Gigo Zaki hat früher in der Mine von Arlit gearbeitet, die ein Vorbild für die in Bakouma sein könnte. Vor zehn Jahren brach er bei der Arbeit zusammen – Verdacht auf Krebs. Seitdem ist er zuhause. »Man hat uns keinen Atemschutz gegeben, keine Masken, gar nichts«, sagt er. »Wir wurden behandelt wie die Tiere. Ich hoffe, inzwischen sind die Bedingungen besser. Ich selbst kann nichts mehr tun als zuzusehen, was passiert.« Durch den Uranabbau sind die Bewohner von Arlit nicht reicher geworden. Nicht einmal Strom gibt es. Wenn in zehn Jahren die Minen erschöpft sind, ist die wirtschaftliche Zukunft der Bewohner vollkommen ungewiss. »Ich weiß nicht, was ich den Menschen sagen soll«, sagt Umweltschützer Alhacen. »Man hat uns versprochen, die Uranmine wäre die Lösung für die Armut in unserer Region. Aber nach 40 Jahren müssen wir feststellen, dass die Probleme nicht verschwunden, sondern größer geworden sind.«

Mit dem Uran kam der Terror

Zu den Problemen gehört auch die wachsende Zahl islamistischer Terrorkämpfer in Niger. Ende Mai 2013, es ist früh am Morgen, macht sich die Nachtschicht in Arlit auf den Weg nach Hause. Die Männer steigen auf dem streng gesicherten Werksgelände der Areva-Tochter Somaïr in den wartenden Bus, der sie nach Hause in die Werkswohnungen fahren wird. Erst eine Woche ist es her, dass die Regierung in Paris vor möglichen Anschlägen auf französische Unternehmen im Ausland gewarnt hat, als Reaktion auf den französischen Militäreinsatz in Mali. Es gab Meetings, die Sicherheitsvorkehrungen wurden verschärft. Als alle Arbeiter im Bus sind, öffnet der Wächter am Werkseingang das Tor. Da passiert es: Ein Geländewagen rast durch die Ausfahrt am Bus vorbei und nimmt Kurs auf die gerade erst gekaufte Maschine, die das Uranerz aufbricht. Augenzeugen sagen später, sie hätten zwei Männer mit heller Haut gesehen, vermutlich habe es sich um Araber gehandelt. Sie sollen Werksanzüge getragen haben. Auch sonst spricht einiges dafür, dass sie sich auf dem weitläufigen Gelände gut auskennen: Als die teure und für die Uranverarbeitung unverzichtbare Maschine erreicht ist, stoppt der Fahrer den Wagen und zündet den auf der Ladefläche befindlichen Sprengsatz. Die Wucht von 400 Kilogramm TNT zerreißt nicht nur Wagen und Fahrer, sondern auch die empfindliche Anlage. Ein Areva-Mitarbeiter kommt ums Leben.

Es ist der erste Selbstmordanschlag in der Geschichte Nigers, doch es bleibt nicht der einzige. Praktisch zeitgleich sprengen sich Selbstmordattentäter in einer Militärbaracke in der Stadt Agadez im Norden Nigers in die Luft und töten 24 Menschen. Zu den Anschlägen bekennen sich gleich zwei Terrorgruppen: die malische AQMI-Abspaltung Mujao und die »Blutzeugen« Mokhtar Belmokhtars, die sich damit nach der angeblichen Tötung Belmokhtars durch tschadische Einheiten im Norden Malis zurückmelden. Dass Arlit das Ziel der Terrorgruppen ist, ist kein Zufall: Kein anderer Ort in Westafrika ist derart eng mit Frankreich verbunden und von solch faktisches Gewicht für die französische Wirtschaft. Ein Fünftel des für Frankreichs Atomkraftwerke benötigten Urans stammt von hier; fast 80 Prozent des Stromverbrauchs deckt Frankreich mit seinen Atommeilern. Das Uran aus Niger hat strategisches Gewicht für die Industrie der Grande Nation. Auch deshalb hat das Projekt im zentralafrikanischen Bakouma so eine große Bedeutung für die Areva.

Dass die Uranvorkommen von Bakouma die Zentralafrikaner reich machen werden, ist – sieht man nach Arlit – schwer zu glauben. Nutzen dürfte das Uran neben der französischen Atomindustrie denen, die gerade in Bangui an der Macht sind. Diejenigen, die als Arbeiter in Bakouma zu mäßigem Wohlstand kommen könnten, müssten vor allem befürchten, bei den wiederkehrenden Plünderungen mehr zu verlieren als bisher – und Opfer neuer Terrorgruppen zu werden. Ende Oktober 2013 landeten vier Franzosen in Paris. Thierry Dol, Marc Féret, Daniel Larribe und Pierre Legrand arbeiteten für Areva in Arlit. Drei Jahre zuvor waren sie entführt worden – von der AQMI-Zelle unter Abdelhamid Abu Said (s. Kap. 6). Der Freilassung der vier Geiseln waren monatelange Verhandlungen vorausgegangen, die Nigers Präsident Mahamadou Issoufou anführte. Angeblich, so bestätigen es mehrere Quellen in Niamey und Paris, sollen 20 Millionen Euro Lösegeld aus der französischen Staatskasse an die Entführer geflossen sein. Geld, das die fragilen Machtverhältnisse unter den Terrorgruppen und mit ihren Widersachern ändern wird – zum Nachteil der malischen Armee und der afrikanischen Truppen, die versuchen, den Frieden im Norden Malis zu sichern. Den Terrorgruppen der Region jedenfalls kann es nur recht sein, wenn der Areva-Konzern, der zu mehr als 90 Prozent dem französischen Staat gehört, sich mit neuen Förderstätten noch angreifbarer macht – zumal in einem Staat, der so schwach ist wie die Zentralafrikanische Republik.

Den ersten Angriff hat die Anlage noch vor ihrer Fertigstellung hinter sich gebracht. »Eine unidentifizierte Gruppe bewaffneter Männer hat den Versuch unternommen, die Anlage von Areva zu stürmen«, erklärt ein Militärsprecher in Bangui Ende Juni 2012. »Die Angreifer richteten einiges an Zerstörung an und erbeuteten Computer sowie eine große Menge an Nahrungsmittelvorräten.« Es gibt Tote, allerdings nicht unter den Areva-Angestellten. Und es hätte schlimmer kommen können: Normalerweise arbeiten gut 170 Menschen auf dem Areva-Compound in Bakouma. Zum Zeitpunkt des Angriffs waren es nur 15: Der Konzern hatte die

Inbetriebnahme gerade erst verzögert – wegen des niedrigen Weltmarktpreises für Uran.

Auf lange Sicht aber bleibt die Anlage für Areva wichtig. Mit Operationen unter schwierigen Umständen kennt Areva sich zudem aus. Die Kämpfe, die die Zentralafrikanische Republik seit 2013 erschüttern, bedeuten für das Unternehmen deshalb nicht automatisch das Aus – zumal Bakouma weit von Bangui, dem Zentrum der derart umkämpften Macht, entfernt ist. Gegen Terroristen und Rebellen, so sagt ein Analyst in der Region, werde die Areva sich vermutlich wie in Niger helfen: »Mit privaten Sicherheitskräften, die vom Staat das Recht erhalten, weitgehend autonom zu agieren, und in Krisenfällen mit Einheiten oder Spezialkräften der französischen Armee.«

Ein Land außer Kontrolle

Das Chaos im Land lässt sich so nicht aufhalten, aber das trifft ja auch vor allem die Zivilbevölkerung. Anfang 2014 sah alles danach aus, als sei die Lage in der Zentralafrikanischen Republik endgültig eskaliert. Auch 1600 französische Soldaten waren nicht in der Lage, die Gewalt unter ihre Kontrolle zu bringen. Die Truppen der von Putschistenpräsident Djotodia aufgelösten Séléka-Bewegung, die seitdem Ex-Séléka genannt werden, gehen mit aller Gewalt gegen die Kämpfer der Anti-Balaka vor, eine von Djotodias Vorgänger Bozizé unterstützte Bürgermiliz – ohne Rücksicht auf Verluste in der Zivilbevölkerung. Human Rights Watch berichtet, wie eine Truppe der Ex-Séléka Anfang November 2013 in ein Dorf aufbricht, in dem sich angeblich Anti-Balaka-Kämpfer versteckt haben sollen. Zuvor hatte der Ex-Séléka-Kommandeur, Addallah Hamat, von Muslimen in der nächsten Siedlung Geld, Motorräder und Benzin verlangt: »Gibt es hier denn keine guten Muslime, die uns Benzin schenken können, so dass wir den Feind bekämpfen können?« Ähnliche Parolen schwingen die Ex-Séléka, zu der auch sudanesische und tschadische Kämpfer mit zweifelhaftem, womöglich auch dschihadistischem Hintergrund gehören, immer wieder: um Zwietracht zu sähen, die die Muslime im Land selbst gegen ihren Willen zusammenschweißt – und womöglich auch, um wenigstens einige wenige Muslime in der Zentralafrikanischen Republik, die bislang keine islamistischen Parolen kannte, zu radikalisieren und auf ihre Seite zu holen. Gerade beim Kampf in der Region Ombella-M'poko (im Südwesten der ZAR, im Umland der Hauptstadt Bangui) geht es tatsächlich aber um Handfesteres: Gold und Diamanten, deren Konzentration hier am größten ist. Louis Mokunga arbeitet nicht weit von dem Dorf namens Camp Bangui entfernt, das die Ex-Séléka unter der Führung Abdallah Hamats auf ihren Motorrädern heimsucht.

»Ich habe Schüsse gehört aus der Richtung des Fußballplatzes am Stadtrand«, berichtet ein Dorfbewohner später einem Human-Rights-Watch-Rechercheur. »Wir sind in die Büsche gelaufen und haben uns versteckt, wir hatten nicht einmal die Zeit, irgendetwas zu essen mitzunehmen.« Als der Rechercheur drei Tage nach dem Angriff Camp Bangui erreicht, liegt das gesamte Dorf in Schutt und Asche. 200, vielleicht 300 Häuser habe man angezündet, gibt im Gespräch mit den Menschenrechtlern selbst ein führender Soldat zu. Zu den Plünderungen sagt er nichts. »Sie haben alles genommen, was sie brauchen konnten, den Rest haben sie dann verbrannt«, klagt eine alte Bewohnerin. Der Menschenrechtler findet Patronenhülsen und leere Magazine überall auf dem Boden verstreut. Ein paar Leute hätten mit alten Jagdgewehren auf die Ex-Séléka geschossen, heißt es im Bericht unter Berufung auf Bewohner. Dass die Mehrzahl derjenigen, die wegen des Angriffs der Ex-Séléka alles verloren haben, Zivilisten waren, scheint zweifelsfrei festzustehen.

Überall im Land ereignen sich solche Geschichten, unter diesen oder unter gegenteiligen Vorzeichen. Die Ex-Séléka wird aus dem Tschad, die Anti-Balaka von Bozizé aus dem Exil in Kamerun unterstützt. Dazu kommen Dutzende und Aberdutzende Gruppen, die längst auf eigene Rechnung kämpfen – zu ihnen gehören auch manche Einheiten der Armee.

François dürfte unterdessen seinen nächsten Sturm auf die Hauptstadt Bangui erlebt haben. Ob der grauhaarige alte Mann aus dem Slum am Kilometer 5 den Einmarsch der Séléka Ende März 2013 auch überlebt hat, weiß ich nicht. Sein Mobiltelefon ist seitdem ausgestellt, ich kann ihn nicht erreichen. Absolute Disziplin hatte

Séléka-Anführer Michel Djotodia (der am 10. Januar 2014 unter internationalem Druck zurücktritt) versprochen; was passierte, war das Gegenteil. Als die Gefechte mit den Regierungstruppen vorbei waren, begannen die Plünderungen. Die Séléka-Kämpfer rissen alles an sich, was irgendeinen Wert zu haben schien. Danach kümmerten sie sich um nichts anderes als darum, ihre Schätze in Sicherheit zu bringen. Soldaten der Armee, Polizisten und andere Bewaffnete entledigten sich daraufhin ihrer Uniform, falls sie noch eine trugen, und nahmen selber mit, was noch übrig war. Vieles wurde zerstört, Bewohner weinten am Tag danach um Fotos, persönliche Dokumente oder Briefe, die aus purer Lust an der Gewalt verbrannt oder zertrampelt worden seien. »Es war wie bei Bembas Truppen zehn Jahre zuvor«, sagt ein Hotelier in Banguis Innenstadt. Als Djotodia zehn Monate später flieht, wendet sich das Blatt. Anti-Balaka-Milizen fallen wahllos über Muslime her, zünden sie an oder bringen sie auf andere Weise brutal um. Ein Anti-Balaka-Kämpfer namens Mad Dog erlangt traurige Berühmtheit, weil er das Fleisch der Ermordeten isst und sich dabei filmen lässt.

Frieden, zentralafrikanisch

Szenen wie diese erklären vielleicht, was man sich in der Zentralafrikanischen Republik unter Frieden vorstellt. Erzählt hat das François, in friedlicheren Tagen, während sein Radio neben ihm pfiff. Er schwärmte von Jean-Bédel Bokassa, dem Offizier, der sich am 4. Dezember 1976 zum Präsidenten putschte und ein Jahr später zum Kaiser krönte. »An Bokassa war vieles gut«, sagt François, und das ist aus deutscher Warte doch erstaunlich. Denn der durchgeknallte Diktator, der sich ein Jahr nach seinem Putsch im napoleonischen Stil krönen ließ und für seine Krönungsparty mit 24 000 eingeflogenen Flaschen Champagner und 60 Mercedes-Limousinen den Jahresetat des ganzen Landes an einem Tag auf den Kopf haute, kannte keine Hemmungen. François nimmt ihm eigentlich nur das mit dem Radio übel. »Nachdem sich Jean-Bédel Bokassa zum Kaiser gekrönt hatte, verlangte er von seinen Untertanen, nur zentralafrikanisches Radio zu hören, sonst nichts.« Es waren wieder einmal Monate, in denen François *RFI* nur im Geheimen hörte. *Radio Centrafrique* berichtete derweil in bester Staatsradiotradition nicht nur von Bokassas Erfolgen, sondern auch von den neuesten Titeln, die der Diktator sich gerne verlieh – etwa »Erster Bauer und erster Unternehmer des Staates«, »13. Apostel Christi« oder »Großmeister des internationalen Ritterordens der Briefmarkensammler«. Untermalt wurde das Ganze im Radio von »traditioneller zentralafrikanischer Marschmusik«, die Bokassa in seinem Palast – »mein Versailles«, wie er selbst sagte – auf Schallplatten pressen ließ. Auf dem verfallenen Gelände zeugt von seinem Studio heute nur noch ein düsterer Raum, in dem sich Termiten und Spinnen eingenistet haben. »Dabei gibt es gar keine Marschmusik in unserem Land, das hat Bokassa alles erfunden«, schüttelt François den Kopf. Doch Bokassa wusste um die Kraft des Radios: Bis heute glaubt das Gros der Bevölkerung, dass Marschmusik zum kulturellen Erbe der Republik im Herzen Afrikas gehört. Für eine kurze Zeit durfte die Zentralafrikanische Republik von wahrer Grandeur träumen. Und vor allem: Es herrschte Frieden. Wenn man analysiert, wie Bokassa das Kapital des Staates verpulverte, mag man es kaum glauben, doch seit Bokassas Sturz 1979 ging es mit der Zentralafrikanischen Republik nur noch abwärts. Eine Wende ist nicht in Sicht.

13
Puntlands verschwundene Piraten
Wenn Seeräuber zu Terroristen werden

Somalias Piraten waren jahrelang für Schlagzeilen gut. Die Seeräuber entführten riesige Frachter und kassierten dicke Lösegelder. Selbst nach Hollywood hat der Stoff es inzwischen geschafft, mit Tom Hanks als »Captain Phillips«. Al-Shabaab, so viel steht fest, verdiente an den Lösegeldern kräftig mit, auch wenn sie zeitgleich die Piraterie als unislamisch verurteilte. Inzwischen sind die Piraten aus den Schlagzeilen verschwunden, die Zahl der Angriffe ist deutlich zurückgegangen. Das Verhältnis zwischen Piraten und Shabaab hat darunter nicht gelitten, im Gegenteil. Es ist enger als je zuvor – und droht Somalia erneut ins Chaos zu stürzen.

Auf der Suche nach den verschwundenen Piraten sitze ich in einem Flieger nach Puntland. Es ist Mitte 2013. Im Landeanflug sehe ich aus dem Fenster. Rot-braune Erde, gespickt mit vereinzelten Büschen, so weit das Auge reicht. Am Horizont scheint gleißend die Sonne. Dann eine Ansammlung von Autos, ein aus der Höhe winzig erscheinender Flachbau. Der Pilot überfliegt die Landebahn von Garowes sogenanntem International Airport, nur um sicherzugehen, dass weder Kamele noch Ziegen auf der nur grob von Steinen und dornigem Gestrüpp befreiten Landebahn grasen. Es scheint alles okay zu sein, denn zwei Minuten später setzen wir mit einem quer durchs Rückgrat ziehenden Schlag auf. Draußen weht eine schwere Fahne im Wüstenwind, der mir beim Aussteigen den Atem nimmt. Es ist elf Uhr vormittags, und die Sonne hat den Flugplatz schon erbarmungslos aufgeheizt. Der Schweiß läuft in Strömen. Auf den zweiten Blick droht selbst die Flagge schlappzumachen, ein blau-weiß-grün quergestreiftes Monstrum mit mehreren Einschusslöchern. Auf dem blauen Streifen prangt ein weißer Stern. Es ist Puntlands Flagge, die jenseits dieses Landstrichs im

Norden Somalias kaum irgendwo gehisst wird. International anerkannt ist sie, wie Puntland, ohnehin nicht.

Der weiße Flachbau sieht nicht nur aus der Luft klein aus. Auf uns Passagiere warten schon mindestens ebenso viele Männer in weißen Umhängen, die wichtig mit den Armen wedeln und versuchen, in der dicht zusammengepressten Menge die richtigen Passagiere auszumachen. Pässe werden eingesammelt, zusammen mit einem Stapel Formulare wieder ausgeteilt, Dollars eingesammelt und Schlangen vor den beiden Schaltern gebildet, hinter denen zwei Grenzbeamte der nicht existierenden Republik Puntland sitzen. Alle rufen durcheinander, und die Kakophonie in Somalisch, Englisch und diversen anderen Sprachen erhitzt die Gemüter zusätzlich zum wachsenden Druck der von allen Seiten drängelnden Menschenmenge. Gut, dass die von der japanischen Entwicklungshilfe zur Terrorbekämpfung gespendeten Metalldetektoren vorsorglich ausgesteckt und an die Wand geschoben worden sind. Vermutlich gibt es hier ohnehin keinen Strom. Ich ergebe mich den Massen vor den Schaltern, lasse mich treiben, unterschreibe hier und dort, bis einer der beiden Beamten zu mir sagt: »Welcome to Puntland, Mr. Hansen.« Nachdem ich mit Herrn Hansen, einem sympathischen Norweger, meinen Pass getauscht habe, finde ich neben dem Rollfeld meinen Koffer und schließlich, vor dem Flachbau, den Geländewagen. Ich bin angekommen. Jetzt muss ich nur noch meine Mission erfüllen: Puntlands verschwundene Piraten finden.

Neureiche Piraten

Vor nur zwei Jahren noch hätte ich nicht lange suchen müssen. Da war die Piraterie vor Somalias Küste auf ihrem Höhepunkt. Die Piraten selbst ließen sich als lokale Berühmtheiten feiern. Damals traf ich Hassan Abdi, einen der örtlichen Piratenbosse, über den ich bereits an anderer Stelle geschrieben habe. Ohne Scheu erzählte er mir beim Tee von den sechsstelligen Lösegeldanteilen (in US-Dollar!), die er nach Hause schleppte, und davon, dass das Potenzial seines Geschäfts so endlos wie das Meer vor Somalias Haustür sei. Abdi war damals sechs Jahre im Geschäft und hatte seine Karriere vom Handlanger bis zum Kapitän parallel zum Aufschwung der Entführungsindustrie durchlaufen. Das Modell blieb dabei unverändert: Boote mit einer Handvoll Piraten an Bord enterten große, langsame Frachter, möglichst mit westlicher Flagge am Heck. Die gekaperten Schiffe wurden dann nach Somalia gesteuert und dort erst wieder freigegeben, wenn Lösegeld floss. Auf dem Höhepunkt der Pirateriewelle brachte ein Schiff im Durchschnitt fünf Millionen US-Dollar, in kleinen, nicht nummerierten Scheinen unterschiedlicher Währungen. Bosse wie Abdi gingen nach einer erfolgreichen Entführung – so schätzt auch die Weltbank – mit einigen Hunderttausend US-Dollar in bar nach Hause. Doch auf den Boom folgte der Absturz. 2011 verübten somalische Piraten noch 243 Angriffe auf Handelsschiffe, 2012 waren es noch 75. 2013 zählte das Internationale Schifffahrtsbüro nur noch 15 Angriffe somalischer Piraten, von denen nur zwei gelangen. Die Frage drängte sich auf: Warum versuchen die Piraten nicht einmal mehr, Schiffe zu überfallen? Wo sind die Piraten hin? Und was machen die verschwundenen Piraten – haben sie die Kalaschnikow an den Nagel gehängt? Oder kämpfen sie jetzt für andere Auftraggeber?

Eine Regierung ohne Budget

Meine erste Fahrt führt mich zur Regierung. Puntland ist ein Land zwischen Baum und Borke: Es liegt im äußersten Osten Afrikas, an der Spitze des afrikanischen Horns. Im Süden grenzt Puntland an das von Warlords und Islamisten in zwei Jahrzehnten Gewaltherrschaft zugrunde gerichtete Somalia. Westlich liegt Somaliland, das mit seinem einzigartigen Zweikammersystem aus gewählten Abgeordneten und Clan-Ältesten als demokratisches Musterbeispiel am Horn von Afrika gelten könnte, wenn nur irgendein Staat das seit 1991 weitgehend stabile Land anerkennen würde. Wie ein Puffer dazwischen liegt Puntland, das sich irgendwie als Teil Somalias versteht – jedenfalls so lange, wie die Regierung in der Hauptstadt Garowe im Prinzip machen kann, was sie will. Das tut sie seit 1998. Das Regierungsviertel liegt auf staubigen Hügeln am Rand von Garowe. Außer den mit weiß gekalktem Stein eingefriedeten Ministerien gibt es hier nichts, nicht einmal Straßen. Für die fehlt der Regierung das Geld. »Puntland bekommt von der internationalen Gemeinschaft nicht einen einzigen Cent Budgethilfe«, klagt Achmed Ibrahim Abdirahman, der Planungsminister im Kabinett von Puntlands Präsident Abdirahman Mohamud Farole ist. »Das Einzige, wofür aus dem Ausland Geld fließt, ist die Arbeit von Nichtregierungsorganisationen.« Abdirahman ist enttäuscht. Denn alles ließ sich so gut an. Doch die Hoffnungen der letzten Jahre sind zerstoben. Die Zukunft ist ungewiss, und die Regierenden wie Abdirahman sind wütend auf die, die sie dafür verantwortlich machen.

Gerade hat Puntland sein 15-jähriges Bestehen gefeiert. Präsident Farole hatte zu einem großen Empfang im neuen State House geladen. Seine Minister waren gekommen, Geschäftsleute und Clanführer aus der Region. Farole nutzte die Gelegenheit, um verbal in alle Richtungen zu schießen: in Richtung Somaliland etwa, das Öl fördern will in Gebieten, die Puntland als seine betrachtet. Seit 2002 kommt es deshalb in den umstrittenen Gebieten immer wieder zu Gefechten, inzwischen wurde dort sogar ein neuer, eigener Staat ausgerufen, den wirklich niemand anerkennt. »Wir wollen Frieden und gute Nachbarschaft«, sagt Farole. »Aber wenn Somaliland weiter auf unserem Land nach Öl sucht, wird das Konsequenzen haben.« In Richtung Mogadischu, wo Somalias frisch gewählte Regierung versucht, die Macht zentral zu bündeln, sind die Warnungen noch deutlicher. »Puntland stellt alle Zusammenarbeit und Beziehungen mit der Regierung in Mogadischu ein«, wettert Farole. Entscheidungen des somalischen Parlaments werde man ebenso wenig akzeptieren wie Beschlüsse der Regierung in Mogadischu. Die Festgemeinde klatscht und jubelt ihrem Präsidenten zu. Kämpferische Töne kommen hier immer gut an. Worüber niemand redet: Internationaler Besuch war nicht zugegen. Das, so raunt man hinter vorgehaltener Hand, wäre vor zwei Jahren noch anders gewesen. Denn solange die Piraten in Puntland wüteten, da war man noch wer und die Hilfe der Regierung gefragt.

Diplomatie gegen Piraten

Auf dem Höhepunkt der Piraterie 2011 machten gleich mehrere Unterhändler westlicher Regierungen Präsident Farole die Aufwartung. Sie baten um seine Mithilfe im Kampf gegen die Piraterie, boten im Gegenzug Hilfen an. Von offizieller Anerkennung war nicht die Rede, doch Farole reichte die implizite Aufwertung. Nicht mit der somalischen Regierung, die damals noch weitgehend handlungsunfähig in den wenigen von ihr kontrollierten Straßenzügen Mogadischus ausharrte, verhandelte der Westen – sondern mit ihm, mit Puntland. Farole war der Einzige, der helfen konnte. Und er half, sagt die Regierung. Wie genau, weiß niemand, doch wenige Monate später war der Spuk vorbei. Selbst ausländische Sicherheitsberater, die in Puntland für die UN arbeiten, sind erstaunt.

Faroles Geheimnis will Planungsminister Achmed Ibrahim Abdirahman denn auch nicht lüften. Er übt sich lieber in Gemeinplätzen, etwa dem, dass regionale Regierungen am besten geeignet seien, regionale Probleme wie die Piraterie zu lösen. »Das kann die Zentralregierung in Mogadischu nicht leisten.« Die Abneigung gegenüber Mogadischu hat viele Ursachen, im Kern aber eine existenzielle: Seit Somalia wieder eine Regierung hat – seit August 2012 – überweisen die Geberländer ihre Hilfen wieder nach Mogadischu. Die Zentralregierung soll das Geld in die Regionen verteilen, so das Argument. In allen anderen Ländern der Welt geht das schließlich auch. Nur in Somalia, wettert Abdirahman, klappt es nicht. »Wir haben noch keinen Schilling aus Mogadischu bekommen – wie sollen wir da unsere Arbeit aufrechterhalten?« Der Haushaltsplan, den Puntlands Parlament Anfang 2013 beschlossen hat, beträgt knapp 30 Millionen Euro. Zwei Drittel werden aus Ausfuhrsteuern vor allem aus dem Kamelexport erwirtschaftet, ein Drittel aus sonstigen Abgaben. Das Geld reicht vorne und hinten nicht. In der Vergangenheit hieß es immer wieder, die Regierung in Garowe lebe nicht zuletzt von einem Anteil der Lösegelder, den die Piraten zum Erhalt des Burgfriedens weitergaben. Dass die Piraten verschwunden sind, schadet der Staatskasse.

Ein kleiner Boom und großer Mangel

Doch Garowe hat es genutzt. Zurück in der Stadt, ist der Boom der vergangenen zwei Jahre deutlich sichtbar. In der einst so unscheinbaren Siedlung, die auf allen Seiten von unfruchtbarer Steinwüste umgeben ist, sind Hotels, Restaurants, Autovermietungen und Dienstleistungsbetriebe aus dem Boden geschossen. Ihre Kunden sind vor allem UN-Angestellte, Mitarbeiter von Nichtregierungsorganisationen und die, die von ihnen profitieren. 60 000 Einwohner hat Garowe heute. Das ist zwar immer noch weniger als Bosaso, die Hafenstadt am Golf von Aden, die als Puntlands wirtschaftliche Hauptstadt gilt, aber mehr als je zuvor. Der Aufschwung, daran zweifelt niemand, ist die direkte Folge der Hilfen, die Garowe als Belohnung für die Bekämpfung der Piraterie versprochen wurden. Hilfsprogramme für die Region wurden neu aufgelegt, der Standort von UN-Agenturen aufgestockt. Es ist die Friedensdividende, doch die Bewohner befürchten, dass sie von zu kurzer Dauer ist. »Wir sehen schon, wie das Geschäft wieder abflaut«, sagt Hassan Garane, Besitzer eines Baustoffhandels auf Garowes Hauptstraße. »Das Geld fließt jetzt nach Mogadischu, und auch viele Hilfsorganisationen packen schon wieder ihre Koffer.« Garane ist fast so enttäuscht wie der Planungsminister. »Wir hatten gehofft, dass der Aufschwung anhält – wir könnten die Hilfe hier gut gebrauchen.«

Das bezweifelt niemand. Puntlands Gesundheitsministerium verfügt zwar wie das Planungsministerium über ein großes, leeres Gelände mit Flaggenmast, aber sonst über wenig. »Wir besitzen genau ein Fahrzeug, um Bedürftige zu erreichen«, sagt Abdirazak Hersi Hassan, Direktor in Puntlands Gesundheitsministerium. »Viele Dörfer sind mehrere Tagesreisen entfernt, und die Hälfte der Bevölkerung lebt bis heute nomadisch – die können wir praktisch nicht versorgen.« In fast allen Statistiken liegt Puntland ganz hinten: 135 von 1000 Kindern sterben vor ihrem fünften Geburtstag, der globale Durchschnitt liegt bei 51. Die Impfraten lagen zuletzt im einstelligen Prozentbereich, das Erreichen der Zweistelligkeit gilt als großer Erfolg. Ob die Zahlen die ganze Misere abbilden, ist ungewiss, denn auch für Statistiken fehlen Geld und Personal. »Ausgebildete Krankenschwestern oder Nothelfer zu finden, ist unser größtes Problem«, sagt Hersi. Von Ärzten will er gar nicht reden: Für 3,9 Millionen Puntländer gibt es davon gerade einmal 100, die meisten davon im Dienst von Hilfsorganisationen. Für Hersi bleibt nur, den Mangel zu verwalten. »95 Prozent unseres Etats sind externe Zuschüsse. Wir haben eine Gesundheitsstrategie entwickelt, aber ohne Geld von Hilfsorganisationen könnten wir nichts davon umsetzen.«

Wie der Mangel konkret aussieht, zeigt die Gesundheitsstation »Mutter und Kind«, die mitten in Puntlands Hauptstadt Garowe steht. In einem stickigen Raum, wo das Thermometer mehr als 35 Grad anzeigt, sitzen geduldig Mütter mit ihren Kindern und warten – darauf, dass eine der beiden Schwestern den dürren Babys den Armumfang misst. Nur wer schwerst unterernährt ist, bekommt die begehrte Zusatznahrung aus der Tube, die den Babys ein paar dringend benötigte Gramm auf den Knochen verspricht. Mohammed, der anderthalbjährige Sohn der jungen Salima Abdi, ist an Essen so wenig gewöhnt, dass er die mit Wasser verdünnte Paste kaum runterwürgen kann. »Wir haben kaum etwas, was wir ihm geben können«, klagt Salima, deren Mann nur selten Arbeit findet. Ähnliche Sorgen plagen Cadar Siyad Mohammed, die in der Gesundheitsstation entbunden hat – nur jede zehnte Mutter macht das. Ihr Sohn Abdi schlummert auf ihrem Schoß, während sie vor ihrer Hütte aus zerdrückten Metallkanistern und Sperrholzbrettern sitzt. »Ich bin dankbar für die Hilfe, die ich in der Klinik bekommen habe«, sagt die 22-Jährige. Abdi ist ihr erstes Kind, auf die Geburt hat sie sich gewissenhaft vorbereitet. »Wenn Abdi krank wird, werde ich wieder dorthin gehen – das nimmt mir eine Sorge, doch es bleiben noch genug.« Dass unter diesen Umständen noch vor kurzem junge Männer Schlange standen, um als Pirat zu Geld zu kommen und die Familie zu versorgen, darf eigentlich niemanden wundern. Warum also machen sie das nicht mehr?

Soldaten und Piraten

Auf der Suche nach Antworten fahre ich am nächsten Tag die Hauptstraße nach Süden entlang, vorbei an einer dubiosen Fischereikooperative – das Meer liegt eine halbe Tagesreise im Geländewagen entfernt, und Kühlfahrzeuge gibt es nicht. Schließlich biegt mein Fahrer auf eine frisch geglättete Schotterpiste ab, in der Ferne sind schon Häuser zu sehen, deren Blechdächer in der Sonne leuchten. Mein Ziel ist Jilab, eine Art puntländischer Mustersiedlung. Insgesamt 600 Häuser hat die Hilfsorganisation World Vision hier gebaut, mit Geld aus Deutschland und den USA. In ihnen wohnen die bedürftigsten Familien, zur Hälfte Puntländer aus Garowe, zur anderen Hälfte Flüchtlinge.

Flüchtlinge wie Khadija Guureeye Abtidon. Die 50-Jährige trägt ein Kleid mit weißen Sternen auf blauen Grund, Somalias Nationalflagge. Sie ist eine der Bewohnerinnen im Ratsgremium, das an der Vergabe der Häuser beteiligt war. Einen Tag vor der offiziellen Einweihung der Siedlung strahlt sie über beide Wangen. »Ich besitze jetzt ein Haus, zum ersten Mal in meinem Leben habe ich eine Heimat«, freut sie sich. »Ich kann jetzt abends ins Haus gehen, ohne Angst zu haben, in der Nacht vergewaltigt zu werden.« Acht Kinder hat die resolute Frau zur Welt gebracht, zwei sind auf ihrer Flucht gestorben, die 1995 begann. Es ist eine klassische Karriere für die, die hier in Jilab leben. Erst floh Guureeye Abtidon vor dem Bürgerkrieg in Mogadischu, dann vor der Dürre in Äthiopien. Vor fünf Jahren ist sie in Garowe gelandet, in einem Flüchtlingslager mit Hütten aus Stofffetzen, plattgedrückten Blechkanistern und Plastiksäcken. »Vergewaltigung ist da alltäglich gewesen, niemand hat das bei der Polizei angezeigt – und wenn doch, dann ist nichts geschehen.« Im neuen Haus sind dagegen selbst ihre spärlichen Besitztümer sicher: zwei Plastikstühle, ein klappriger Tisch, ein Bett und ein grüner Plastikvorhang an der Tür. »Wenn ich in die Stadt gehe, um dort als Wäscherin zu arbeiten, kann ich jetzt die Tür abschließen und niemand kann etwas stehlen.« Für Guureeye ist ihr Haus der sichere Hafen: Von hier, sagt sie, will sie nicht noch einmal fort.

Ob ehemalige Piraten unter den Bewohnern sind, frage ich sie, die alle Leute hier in Jilab persönlich kennt. Ehemalige Piraten oder Jugendliche, die bereit wären, raus aufs Meer zu fahren, um Schiffe zu kapern, präzisiere ich. Sie schüttelt den Kopf. »Nein, davon weiß ich nichts«, sagt sie, aus Höflichkeit vielleicht. Aber dann setzt sie noch einmal entschiedener nach: »Hier sind nur die, die wirklich nichts mehr haben, wir haben die Allerbedürftigsten ausgesucht – wer von den Piraten kommt, dem geht es auf jeden Fall besser als den Bewohnern hier.« Was aus den Piraten geworden ist, seit sie nicht mehr zur See fahren, weiß sie nicht. Verständlich. Als Vertriebene hatte sie zumindest bis vor kurzem eigene, drängendere Probleme. Als wir unser Gespräch beendet haben, fasst Guureeye Abtidon mich bei der Hand und führt mich zu einem anderen Haus. Alle 600 Häuser sehen gleich aus, doch die Bewohner haben bereits damit begonnen, sie ihren Bedürfnissen anzupassen. Mohammed Said, dem Guureeye Abtidon mich jetzt vorstellt, hat vor der Tür sein Zelt aus Lumpen und Plastiksäcken aufgestellt, in dem er bis vor kurzem gelebt hat. »Darunter kann meine Frau Essen zubereiten, wir haben zusätzlichen Raum dadurch«, erklärt der schmale Mann. Seine Frau Zaina schüttelt mir die Hand.

Vor einer Woche sind sie gemeinsam hierher gezogen, zum ersten Mal seit dem Elternhaus haben die beiden jetzt eine eigene, sichere Bleibe. Das ist gut, denn Said hat einen Beruf, der lebensgefährlich ist und dazu auch noch schlecht oder selten bezahlt wird. »Ich bin Soldat und arbeite für die Regierung«, erklärt der 37-Jährige. »Aber seit sieben Monaten habe ich keinen Sold mehr bekommen. Kameraden von mir sind mit ihren Waffen abgehauen oder erpressen Schutzgeld, aber ich bin ehrlich geblieben – jetzt sichere ich diese neue Siedlung, aber wann ich dafür bezahlt werde, weiß ich nicht.« So wie Said geht es vielen Soldaten und Polizisten. Sie sind die Ersten, die unter der Ebbe in den Regierungskassen leiden. »Ich bin von den UN ausgebildet worden, aber schon währenddessen gab es von der Regierung kein Geld. Unser Sold betrüge regulär gut 120 Euro im Monat, selbst das ist nicht viel.« Dass puntländische Soldaten die Piraten verjagt haben, kann er sich nicht vorstellen. »Die Anführer haben so viel Geld«, sagt er, und spricht nicht weiter. Aber es ist klar, dass Said sich denkt, dass sich viele seiner Kameraden hätten kaufen lassen. Was ist denn mit der Puntland Maritime Police Force (PMPF), frage ich – der Spezialeinheit, die mit ausländischem Geld extra für den Anti-Piraterie-Einsatz ausgebildet wurde? Said grinst. »Weißt du was? Komm morgen früh wieder hierher, dann kannst du die PMPF-Einheiten im Einsatz sehen.«

Die Anti-Piraten-Spezialeinheit

Die Geschichte der PMPF ist von Skandalen gezeichnet. 2011 wurde die Einheit von Präsident Farole aus der Taufe gehoben. Die Spezialeinheit werde künftig Piraterie und illegale Fischerei vor Puntlands Küste bekämpfen, kündigte er an. »Wir werden erst die innere Sicherheit stärken und dann die lokale Bevölkerung am Kampf gegen die Piraterie beteiligen«, so Farole. Mit dem Training wurde eine private Sicherheitsfirma beauftragt: Saracen International. Das in Beirut registrierte Unternehmen Saracen, das zeitweise vom ehemaligen Manager der berüchtigten britisch-südafrikanischen Söldnerfirma Executive Outcomes geführt worden sein soll und angeblich enge Verbindungen zum ehemaligen Blackwater-Chef Erik Prince hat, soll nach Informationen von UN-Beobachtern tatsächlich mindestens 1000 Mann ausgebildet haben – mit modernsten Methoden und angeblich auch Waffen, die trotz des geltenden Waffenembargos gegen Somalia aus dem Ausland importiert worden sein sollen. Angeblich soll Saracen, das seinen Namen 2012 in Sterling Corporate Services geändert hat, 15 000 Tonnen Material nach Puntland eingeführt haben – ohne sie bei Waffenkontrolleuren der UN zu deklarieren. Selbst die Ausbildung, die Puntland erst mit einem Jahr Verzögerung beim Sicherheitsrat anmeldete (und auch das erst, nachdem UN-Beobachter sich beschwert hatten), stellt einen Bruch des Waffenembargos gegen Somalia dar. 50 Millionen US-Dollar soll Saracen mit dem Auftrag verdient haben, beglichen wurde die Rechnung aus den Vereinigten Arabischen Emiraten.

UN-Kontrolleure werfen Farole indessen vor, keine Marineeinheit, sondern eine Privatarmee aufgebaut zu haben, die seinen Machterhalt sichern soll. Unter wachsendem internationalen Druck kündigte Farole angeblich die Verträge mit Saracen/Sterling Corporate Services, doch das Unternehmen blieb im Land. Offiziell übernimmt im Juni 2012 das private US-Sicherheitsunternehmen Bancroft die weitere Ausbildung der PMPF. Doch aus UN-Kreisen heißt es, die Firma habe nicht einmal Verträge unterzeichnet.

Am 6. März 2013 wurde das seit 21 Jahren geltende Waffenembargo für Somalia teilweise und befristet auf ein Jahr aufgehoben. Was das für die PMPF bedeutet, ist ungewiss. Aufgrund der negativen Publicity stoppten die Emirate ihre Zuschüsse für die Truppe. Puntländischen Journalisten zufolge stehen seitdem Hunderte hervorragend ausgebildete und ausgerüstete Spezialkämpfer auf der Straße. Einer erklärt mir, es sei zu befürchten, dass Terrorgruppen wie al-Qaida bereits versucht haben könnten, sie abzuwerben. Dass das nicht weit hergeholt ist, zeigt ein ähnlicher Fall: Aus puntländischen »Küstenwächtern«, die im Jahr 2000 von der britischen Sicherheitsfirma Hart Security ausgebildet wurden, rekrutierten in den vergangenen Jahren Piratenringe ihre besten Männer.

Wie gut die Puntland Maritime Police Force wirklich ist, sehe ich am nächsten Morgen. Gespannt fahre ich kurz nach Sonnenaufgang zurück nach Jilab. Polizisten kontrollieren bereits die abgesperrte Zufahrt zur Schotterpiste. Trotz der frühen Stunde und der steigenden Hitze drängeln sich bereits Hunderte auf dem staubigen Platz nahe der Schule. Ein paar besonders Ausgelassene tanzen zum wirbelnden Rhythmus, den ein Mann auf seiner Felltrommel schlägt. Dann geht ein Raunen durch die Menge, und eilig drängen alle zu den Stühlen. Die Stimmung ist abrupt umgeschlagen. »Normale« Polizisten in olivgrünen Uniformen prügeln das Publikum mit Knüppeln aus Holz hinter eine unsichtbare Linie zurück. Die Musik stoppt. Vom Ende der Piste nähert sich eine Staubwolke. Herzschläge später rasen Pritschenwagen durch die Menge, auf ihren Ladeflächen Soldaten mit Sonnenbrillen und Maschinengewehren. Zielsicher fahren sie auf ihre Positionen und sichern den Platz gegen unsichtbare Gegner. Im Vergleich zu den Polizisten, die sich gerade noch mit ihren Holzstöcken produziert haben, strahlen diese Einheiten natürliche Autorität aus. Jedes Gespräch erstirbt, keiner wagt es, sich zu rühren. Innerhalb weniger Minuten sind alle auf ihrer Position, die Geländewagen – manche von ihnen mit aufmontierten Maschinengewehren – strategisch verteilt. Die Männer sind von einer inneren Spannung erfüllt. Jeder weiß, was er zu tun hat. Mir ist, schon bevor Mohammed Said mir ein Zeichen gibt, klar: Diese Männer sind Teil der Puntland Maritime Police Force.

Ein silberner Geländewagen fährt vor. Auf seiner Motorhaube flattert Puntlands Fahne im Wind. Der Wagen stoppt nicht weit von der Bühne entfernt. Abdirahman Mohamud Farole, Präsident

Puntlands, steigt staatsmännisch aus dem Fond. Gemessenen Schrittes begibt er sich zum ledernen Schreibtischstuhl, der auf der improvisierten Bühne für ihn bereit steht. Jubel und Musik erschallen wieder, während die PMPF-Kämpfer sich strategisch verteilen. »Die bekämpfen nicht Piraten, sondern die Feinde des Präsidenten«, erklärt mir später der puntländische Journalist, der seinen Namen lieber nicht gedruckt sehen will. »Einmal haben sie tatsächlich Piraten vertrieben: aus Eyl, einem ehemaligen Piratennest und der Heimatstadt von Präsident Farole. In der Wikipedia finden sich lange Listen über angebliche Einsätze der PMPF, und vielleicht haben die Einheiten auch den einen oder anderen davon tatsächlich durchgeführt – aber das ändert nichts am Zweck der Truppe: Sie soll Farole am Leben und an der Macht halten.«

Es ist die Unzufriedenheit in der eigenen Bevölkerung, die Farole gefährlich werden könnte. »Wenn Faroles Regierung nicht mehr liefert, dann ist sie so schnell weg, wie sie gekommen ist«, sagt der Journalist. Spielräume hat die Regierung kaum, denn die eigenen Einnahmen sind verschwindend gering. Loyalitäten sind kurzlebig. Nicht erst seit der Wahl Faroles Anfang 2009 haben die Puntländer Korruption und Misswirtschaft hingenommen, solange sie auf eine bessere Zukunft hoffen konnten. Staatsgeschäfte, Clangeschäfte und die Geschäfte des Präsidenten sind oft dieselben.

In Garowe ist das Wort Faroles Gesetz: Polizisten stürmten sogar das UN-Gelände, weil die Vereinten Nationen einem Verwandten Faroles ein Geschäft entzogen hatten. Von freier Presse kann keine Rede sein, und die Wahl eines neuen Präsidenten wird seit langem immer wieder verzögert. Doch außerhalb der Stadt sieht es anders aus, scheint die Macht des Präsidenten nicht so absolut zu sein. Mehrfach versuche ich, Garowe zu verlassen, immer wieder werde ich an Straßensperren gestoppt. Die Straße nach Süden, in die geteilte Stadt Galkayo, gilt als so gefährlich, dass selbst Puntländer sich nicht trauen, sie zu benutzen: Es gibt zu viele bewaffnete Banden dort, die Autos und sogar Konvois überfallen. Doch auch in die anderen Richtungen dürfen sich Ausländer Mitte 2013 nicht bewegen. Auch dort sind bewaffnete Gruppen unterwegs, heißt es, auch wenn offiziell geschwiegen wird. In den Ministerien wird mir immer wieder versichert, wie friedlich Puntland nach dem Ende der Piraterie sei. Doch irgendwie kann das nicht stimmen.

Ein Kino gegen die Piraten

Am Abend treffe ich einen Mann, der mir nach eigenem Bekunden bei der Suche nach den verschwundenen Piraten weiterhelfen kann. Abdinasir Mohamed Yusuf arbeitet für das unabhängige Puntländische Forschungszentrum für Entwicklung, kurz PDRC. Und gleich zu Beginn erzählt er mir, wer für das Verschwinden der Piraten verantwortlich ist: »Wir.« Seit 1999 gibt es Yusufs Organisation, finanziert wird sie unter anderem von der Europäischen Union. Ihr Ziel: Information und Aufklärung in Sachen Demokratie und Entwicklung. Als die Piraterie überhandnahm, kam Mohammed Yusuf auf eine für Puntland neue Idee. »Wir haben eine Tour durch die Dörfer gemacht, aus denen die jungen Piraten gekommen sind – Dörfer, die weit weg der Hauptstraße liegen, wo die Regierung nie auftaucht.« Dort pumpte Yusuf auf dem Dorfplatz erst eine riesige Leinwand aus Gummi auf, die nach dem gleichen Prinzip funktioniert wie eine Hüpfburg. Darauf zeigte er nach Einbruch der Dunkelheit einen selbst zusammengeschnittenen Film, der auf drastische Weise die Gefahren des Piratenlebens zeigte, wie er stolz sagt. Er hat Material verschnitten, in dem junge Männer ohne Ausrüstung hochhaushohe Bordwände erklimmen, ständig in Gefahr, ins offene Meer zu stürzen. Auf anderen Bildern sieht man, wie die Piraten beschossen oder mit Wasserkanonen durch die Luft gewirbelt werden.

Die Qualität ist nach europäischen Maßstäben ebenso abenteuerlich wie der Inhalt, doch in den puntländischen Dörfern, wo viele noch nie in ihrem Leben einen Film gesehen haben, erzielt der Streifen offenbar die gewünschte Wirkung. »Die Dorfbewohner, allen voran die Mütter oder die Ältesten, hatten keine Ahnung, dass ihr Nachwuchs auf hoher See von Marineeinheiten beschossen oder verhaftet werden konnte«, sagt Yusuf zufrieden. »Erst durch den Film und die anschließende Diskussion haben sie erfahren, wie schrecklich das Piratenleben in Wirklichkeit ist.« Bis dahin, sagt Yusuf, kannten die Bewohner nur die guten Seiten des Geschäfts: Geld, das in die Dörfer floss, wenn auch nur wenig im Vergleich zu dem, was die Hintermänner abschöpften. »Wir hatten sogar Piraten im Publikum sitzen, die nach dem Abend aus Angst vor den Folgen aufgehört haben.« Und auch Islamisten hätten dort gesessen, sagt er; Männer mit langen Bärten, die sich zunächst skeptisch niederließen und sich später, so hat Yusuf gehört, für ein Ende der Piraterie einsetzten.

Das klingt fast zu schön, um wahr zu sein, und das sage ich Yusuf auch. Er nickt. Die Aktion kam zur rechten Zeit, räumt er ein. »Im März 2012 vertrieben die Bewohner von Eyl Piraten, die gerade ein Schiff, die MS Leila, dort festgemacht hatten«, erklärt Yusuf. »Es gab keine Schießereien – die Bewohner erklärten den Piraten, sie seien nicht willkommen, und schließlich sind die Piraten weiter nach Hobyo gefahren.« Der Widerstand ging von einem einflussreichen lokalen Sheikh aus, Sheikh Abdulkadir, der gemeinsam mit Ältesten den Beschluss fasste, die Piraten fortzuschicken. Dass die Piraten bereitwillig in den Süden Somalias weiterzogen, lässt sich auch damit erklären, dass sie auf eine Struktur in den Orten, in denen sie landen, angewiesen sind. Händler, Wächter, Köche und andere Handlanger werden direkt vor Ort rekrutiert. »Viele in Puntland haben gutes Geld mit Piraterie gemacht, ohne dass sie jemals ein Schiff entführt haben«, sagt auch der puntländische Journalist. Der Bevölkerung in Eyl entging somit potenziell eine Menge Geld – warum also schickte sie die Piraten fort?

Angst wird eine Rolle gespielt haben, glaubt der Journalist: »Im Frühjahr 2012 wurde viel darüber geredet, dass die europäischen Navfor-Soldaten auch an Land gehen und dort kämpfen würden – und womöglich befürchteten die Bewohner von Eyl, in solchen Kämpfen verletzt zu werden.« Im Mai 2012 stürmen die Navfor-Einheiten tatsächlich erstmals eine Piratenhochburg: Haradhere in Südsomalia. Mit Hubschraubern fliegen die Soldaten ein und legen die Stützpunkte der Piraten in Schutt und Asche. Angeblich gibt es keine Toten, doch der Schrecken in Haradhere ist groß. In Eyl sind zu diesem Zeitpunkt schon keine Piraten mehr.

Marineeinsatz und Söldnerdienste

Haben also doch die EU Naval Forces die Piraten vertrieben – Europas Ende 2008 gegründete Einsatztruppe zur See, an deren Operation Atalanta bis heute die deutsche Marine beteiligt ist? Gemeinsam mit anderen internationalen Partnern ist ein gutes

Dutzend Militärschiffe vor Somalia und vor allem im Golf von Aden unterwegs, um bedrängten Schiffen zur Hilfe zu kommen und Schiffskonvois zu begleiten. Nicht einmal die Navfor-Sprecher glauben allerdings, dass diese verschwindend geringe Zahl von Schiffen auf einer Fläche größer als das Mittelmeer ausreicht, die Piraten zu vertreiben. »Das ist nur ein weiterer Risikofaktor, mehr nicht«, glaubt auch Yusuf. Für bedeutender hält er die privaten Sicherheitskräfte, die inzwischen auf fast allen Schiffen zu finden sind. 600 Millionen Euro haben 2011 alleine britische Sicherheitsfirmen mit dem Schutz von Handelsschiffen umgesetzt. Meist reicht eine Einheit privater Sicherheitskräfte an Bord aus, um Piraten von einem Angriff abzuhalten – selbst wenn die Sicherheitsleute unbewaffnet sind. »Es ist nicht so, dass die Piraten sich nicht trauen würden«, erklärt der Journalist. »Die private Security an Bord, das ist aber ein großes Steinchen mehr in der Waagschale, was die Operation gefährlicher und damit teurer macht. Den Investoren ist das Risiko zu groß.«

Beliebt sind die Piraten ihm zufolge in den Küstendörfern ohnehin nie gewesen. »Die wurden geduldet, so wie Warlords geduldet werden – man profitiert von ihnen, aber man leidet eben auch. Wo Piraten waren, da wurde viel Geld gemacht, aber dafür musste man in Kauf nehmen, dass gesoffen wurde oder dass im Khat-Rausch rumgeballert wurde – und Prostitution war auch ein großes Problem. Gerade ein kleines Dorf wie Eyl mutiert dann schnell zum Piratennest, mit allen Nachteilen.«

In Eyl kommt hinzu, dass eine Woche nach dem Verschwinden der MS Leila Faroles PMPF-Truppen aufmarschieren. Nicht, um die Piraten zu verjagen – die sind ja bereits weg –, sondern um in Faroles Heimatstadt einen Flughafen zu bauen, Brunnen für dringend benötigtes Trinkwasser zu bohren und eine Basis zu errichten. Wahrscheinlich ist, dass Sheikh Abdulkadir und die Ältesten um diese Friedensdividende wussten und deshalb die Piraten fortschickten. Farole schlug zwei Fliegen mit einer Klappe: Er stärkte den Rückhalt für sich in seiner Heimatregion – und er löste gegenüber den westlichen Gebern das Versprechen ein, die Piraten erfolgreich zu bekämpfen. Festgenommen wurde freilich niemand, auch gekämpft wurde nicht. Es war eine Abwägung von Güterinteressen, die in Eyl und Garowe vorgenommen wurde, so wie es in Somalia üblich ist. Und nichts spricht dagegen, dass die Entscheidung gegen die Piraten in Zukunft nicht zurückgenommen werden könnte – vor allem dann, wenn die internationalen Hilfen ausbleiben. »Faroles Clan hat schlicht dafür gesorgt, dass die Piraterie aufhört, weil es sich für ihn gelohnt hat«, fasst der puntländische Journalist zusammen.

Manche Puzzleteile fügen sich erst nach einer Reise zu einem ganzen Bild zusammen. Bei einer geplanten Lesung auf dem Rathausplatz von Bremerhaven, die in einem Gewittersturm untergeht, lerne ich einen Somalier kennen, der die deutsche Marine bei ihrem Einsatz berät. Ihm erzähle ich von meiner Suche nach den Piraten in Puntland. Ich bin gerade am Abend zuvor zurückgekehrt. Auch er versichert mir, dass die Navfor für den Rückzug der Piraten nicht entscheidend ist. »Das weiß die Marineführung auch – aber abziehen kann man natürlich auch nicht, das würde den falschen Eindruck machen.« Außerdem dürfte die Marine froh sein, in einem Auslandseinsatz mal eine wichtige Rolle zu spielen. In den vergangenen Jahrzehnten ist die Bedeutung der Marine innerhalb der Bundeswehr kontinuierlich gesunken. Moderne Kriege werden in der Luft und am Boden geführt. Deutsche Soldaten gelten als hervorragende Logistiker, Kommunikationsexperten, Sanitäter. Wenn die Marine ihre Pfründe innerhalb der Bundeswehr behalten will, muss sie glänzen. Der Navfor-Einsatz ist derzeit die einzige Chance dafür.

Piratenbeute für Terrorkämpfer

Als letzte Spur auf der Suche nach den Piraten verfolge ich eine, die oft mehr erzählt als alle anderen: die des Geldes. Piraterie ist Big Business, und das nicht nur für die Piraten. Private Sicherheitsfirmen, aber auch Versicherungen, Ausrüster, Reeder und viele anderen verdienen an der möglichen Gefahr durch Somalias Piraten kräftig mit. Die Weltbank schätzt die Kosten der Piraterie auf ihrem Höhepunkt zwischen 2005 und 2011 auf mehr als 13,2 Milliarden Euro jährlich – die maximal 300 Millionen Euro Lösegelder, die die Piraten in diesem Zeitraum insgesamt eingenommen haben sollen, erscheinen dagegen verschwindend gering. Trotzdem sagt Stuart Makanka Yikona von der Weltbank: »Piraterie ist extrem profitabel.« Er muss es wissen. Im Auftrag von Weltbank, dem UN-Büro für Drogen und Kriminalität und Interpol hat Yikona eine Studie erstellt, die den Weg nachzeichnet, den die illegalen Einnahmen aus der Piraterie nehmen. Und er kommt zu einem erschreckenden Ergebnis, das sich mit den Aussagen vieler Puntländer deckt, mit denen ich in Garowe gesprochen habe. Demnach haben Puntlands Piraten nur ihren Standort gewechselt: von der See ans Land. Die Piraten zahlen inzwischen nicht nur Schutzgelder an die Shabaab, wie mir in Puntland von praktisch allen Gesprächspartnern bestätigt wird – sie bauen die Shabaab und andere, oft eigene, Terrorgruppen gezielt auf. So wie die Lösegelder der Geiselentführungen in der Sahara direkt in das kriminelle Geschäft der AQMI fließen, so fließen auch die Erlöse aus der Piraterie unmittelbar ins Terrorgeschäft der Shabaab.

Im Mittelpunkt von Yikonas Studie stehen die Hintermänner, die die Piraten finanziell unterstützen. Zehntausende Euro, oft mehr, sind vorab nötig, um die erfolgreiche Kaperung eines Schiffes durchzuführen und die Besatzung festzuhalten – oft monatelang. Teure Anwaltsbüros beginnen oft schon eine halbe Stunde nach der Entführung eines Schiffes damit, mit den Reedern zu verhandeln. Übergaben müssen minutiös geplant, abgeworfenes Lösegeld muss gewaschen werden. Wo die Anführer einer Operation – wie Hassan Abdi, von dem ich am Beginn des Kapitels erzählte – mit sechsstelligen Beträgen abziehen, bekommen die Investoren den Löwenanteil – zwischen 30 und 70 Prozent des Lösegelds, so Yikonas Studie. 59 von diesen Finanziers haben Yikona und sein Team sich genauer angesehen. Im Fokus stand die Frage: Wie investieren diese vermögenden Spekulanten die Millionengewinne, die sie aus der Piraterie erwirtschaftet haben?

Ein Teil des Geldes wird unspektakulär in legale Geschäfte gesteckt: in den Häuserbau und Häuserkauf, Hotels und Gaststätten, das (legale) Geschäft mit dem Rauschkraut Khat und sogar die Landwirtschaft. Doch immerhin ein Drittel, nämlich 19 der 59 Investoren / Hintermänner, steckt die Millionengewinne nach Erkenntnis der Ökonomen in den Aufbau bewaffneter Milizen und / oder nutzt das Geld zur Einflussnahme auf die politischen Strukturen, traditionell wie staatlich. Ein Hotspot dieser Aktivitäten ist Puntland – und dort der äußerste Norden und die Region nördlich von Galkayo, jener geteilten Stadt, die per Auto von Garowe aus kaum erreichbar ist. Den Verfassern der Studie zufolge gibt es »zunehmend Hinweise darauf, dass es zwischen diesen Investitionen und den aus dem Süden Somalias vertriebenen Shabaab-Kämpfern immer engere Verbindungen gibt«. Im Norden Puntlands gebe es zudem enge Netzwerke zwischen den unterschiedlichen Hintermännern und ihren eigenen und fremden kriminellen Banden.

Es ist die Beschreibung einer neuen kriminellen Herrschaftsstruktur, die sich in Puntland derzeit ohne große Aufmerksamkeit aus dem Ausland etabliert. Die Millionengewinne aus den Schiffsentführungen der Vergangenheit werden in den Sektor investiert, der für die Zukunft große Gewinne bei geringeren Risiken (im Vergleich etwa zur Piraterie) verheißt: dem Terror an Land. »Die Investoren in die Piraterie sind zunehmend in Entführungen und Lösegelderpressung an Land verwickelt«, schreiben die Autoren der Weltbankstudie. »Wenn diese neu entstehenden, aus den Lösegeldern finanzierten kriminellen Netzwerke nicht jetzt ins Visier genommen werden«, warnt Stuart Makanka Yikona, »dann werden sie in der Zukunft eine Bedrohung für alle internationalen Beschäftigten in Somalia darstellen.« Das gilt besonders für humanitäre Helfer. So wurden im Juli 2011 drei Kenianer, die für die Hilfsorganisation International Aid Service arbeiteten, nur gut 45 Kilometer von Galkayo entfernt entführt.

Die Shabaab scheint in diese Entwicklungen eingebunden. Ihrer Rückzugsräume im Süden beraubt, baut sie sich im Norden neue Basen auf. Dort gibt es genügend Unterstützer. Der Warlord Mohammed Said Atom etwa erklärte 2012 seine Allianz mit der Shabaab, auch wenn die Motive – wie gut unterrichtete Quellen in Garowe wissen – sehr weltlich sind. Atom, dessen Hochburg in den Bergen rund um Galgala im Norden Puntlands liegt, befindet sich seit längerem im Kampf mit Präsident Farole und seinen Unterstützern. Die Fehde der Clans um die Herrschaft in Puntland und den Zugriff auf die Ressourcen im »Schatten« des Staats spielen dabei ebenso eine Rolle wie Atoms vermeintliche Rolle als einer der bedeutendsten Waffenschmuggler der Region. Atoms Miliz von geschätzt 400 Mann soll inzwischen durch eine größere Zahl von Shabaab-Kämpfern verstärkt worden sein; genaue Details sind nicht bekannt. Den puntländischen Sicherheitskräften war es bis Ende 2013 trotz mehrerer Offensiven nicht gelungen, Atom zu besiegen.

Die Autoren der Weltbankstudie haben zudem die Aktivitäten von Ciise Yulux genauer untersucht, ein Fall, der die Verbindung von Piraterie und Terrorismus besonders deutlich macht. Yulux stammt aus Rako Raaxo, einer Stadt im Zentrum Puntlands, auf einem Hochplateau gelegen. Obwohl er als Kind das Meer nie zu Gesicht bekam, wurde Yulux zum Piraten. Seit 2007 soll er an der erfolgreichen Entführung von 17 Schiffen beteiligt gewesen sein. Entsprechend reich ist Yulux heute: Auf mehr als 4,1 Millionen Euro schätzen die Weltbank-Ökonomen seinen Anteil aus den Lösegeldern. Nach der Entführung eines der Schiffe, der MS Buccaneer, geriet Yulux dem Vernehmen nach in Streit mit seinem Geschäftspartner Omar Hassan Osman, genannt »Baqalayo«. Bei einem Feuergefecht wurde einer von Yulux' Kampfgefährten getötet; als sich Baqalayos Subclan weigerte, das traditionell dafür fällige Blutgeld zu zahlen, weitete sich der Streit zwischen den Männern zu einer blutigen Fehde aus, die Yulux und sein Clan schließlich gewannen. Im Verlauf dieser Fehde baute Yulux sich eine Armee aus mindestens 50 bis 70 Kämpfern, geschätzten sieben Technicals (Geländewagen mit Geschützvorrichtungen) und modernen Maschinengewehren und anderen Waffen auf. Yulux unterhält heute Basen in zwei Städten im Zentrum Puntlands.

Der neue starke Mann suchte sich zudem Verbündete: Die Autoren der Weltbank-Studie sind sich sicher, dass Yulux Anfang 2012 Geld und Ausrüstung an Shabaab-Kämpfer sowie an Mitglieder von al-Qaida im Jemen weitergegeben hat. Yulux soll direkt an der Schleusung von Shabaab-Kämpfern zwischen den beiden Ländern über den Golf von Aden beteiligt sein. Neben den strategischen Vorteilen ist das vermutlich auch ein lukratives Geschäft: Schleuser verdienen selbst mit einer ganz »normalen« Bootsladung von Flüchtlingen gut 7500 Euro, für Terroristen dürfte der Preis deutlich höher liegen. Den Weltbank-Forschern zufolge ist Yulux zudem direkt in Shabaab-Operationen eingebunden. »Diese Erkenntnisse belegen eine operationelle Zusammenarbeit zwischen führenden Shabaab-Funktionären und den Hintermännern von Piraten«, so die erschreckende Bilanz.

Dass Yulux ein Einzelfall ist, glaubt man weder in Washington noch in Garowe.

Die verschwundenen Piraten von Puntland, sie sind ganz offensichtlich nicht verschwunden. Sie satteln um – ihre Gegner dürften in Zukunft nicht mehr die Handelskapitäne fremder Staaten, sondern die eigenen Landsleute sein; und diejenigen, die nach Puntland kommen, um zu helfen, und Opfer von Entführungen zu werden drohen. Welche Rolle die Regierung in dieser Entwicklung spielen wird, ist ungewiss. Farole ist im Januar 2014 abgewählt worden. Es steht außer Frage, dass er persönlich dazu beigetragen hat, dass die Piraten in seiner Heimatprovinz die Waffen zur See niedergelegt haben oder nach Somalia weitergezogen sind. Dass der Westen seine Hilfen so schnell danach wieder eingestellt hat, macht er womöglich für seine Niederlage verantwortlich.

Es wäre nicht überraschend, wenn die Piraten irgendwann wieder vor Puntland unterwegs wären – schlicht deshalb, weil es sich für den einen oder anderen wieder lohnt.

14
Drohnen und das große Geld

Was tun gegen Afrikas Terroristen?

Es ist ein grauer Novembermorgen in Genf. Der Hochnebel schluckt das schwache Tageslicht. Im Kellergeschoss des imposanten Glasgebäudes – nicht weit vom Völkerbundpalast entfernt –, in das die Genfer Akademie für humanitäres Recht und Menschenrechte geladen hat, haben sich trotz des unfreundlichen Wetters gut 100 Diplomaten und Studenten versammelt. Sie wollen hören, was zwei hochrangige Wissenschaftler zum letzten Schrei aus den Waffenschmieden zu sagen haben: autonomen Kampfrobotern, Drohnen, die selbst entscheiden sollen, wer ein Terrorist ist und ob sie ihn töten sollen. Anders als bei Kampfdrohnen sitzt dann am anderen Ende der drahtlosen Leitung kein Mensch mehr. Für den Juristen Matthew Waxman, der an der Columbia-Universität in New York ein Forschungsprogramm zur nationalen Sicherheit leitet, ein Vorteil: »Wenn das Ziel ist, menschliches Leid zu mindern und menschliche Leben zu schützen, dann können autonome Kampfroboter dazu beitragen, indem sie Ziele genauer treffen.« Selbst erfahrene Soldaten könnten im Ernstfall moralische und menschliche Fehler machen, so Waxman – Maschinen nicht.

Drohnen im Kampf gegen den Terror

Noch sind die Kampfroboter, über die Waxman spricht, nicht entwickelt. Doch dass überhaupt über sie diskutiert wird, zeigt, in welche Richtung militärische Strategen derzeit im »Kampf gegen den Terror« denken. Beispiel Somalia: Weite Teile des Landes werden von Aufklärungsdrohnen der US-Armee überwacht. Das hochfrequente Surren der Propeller gehört für die Bewohner Mogadischus inzwischen zum Grundrauschen der Stadt wie Autolärm oder die

Schreie der Esel. Bis zu zehn Angriffe von US-Kampfdrohnen hat das amerikanische Bureau of Investigative Journalism zwischen 2007 und 2013 in Somalia gezählt. Bis zu 30 Menschen sollen dabei ums Leben gekommen sein, gut die Hälfte davon Zivilisten. Vermutlich ist die Zahl von Drohnenangriffen und Toten deutlich höher. In Pakistan, wo es mehr Zeugen gibt, wird die Zahl der Drohnenangriffe von derselben Organisation auf mehr als 350 geschätzt, mit mindestens 3378 Toten. Offizielle Zahlen gibt es nicht, der Einsatz der Drohnen ist geheim. Bestätigt wird er selbst inoffiziell nur dann, wenn eine Operation gelingt und ein führender Terrorist getötet wird: so wie im Oktober 2013 Ibrahim Ali Abdi, genannt Anta Anta, der wichtigste Bombenbauer von al-Shabaab. Drei von einer Drohne abgefeuerte Raketen trafen seinen Geländewagen, als er südlich von Mogadischu im Dorf Jibli auf einer Straße unterwegs war.

Drohnen gelten für viele US-Militärs gleich aus mehreren Gründen als Erfolgsgaranten im Anti-Terror-Kampf: zum einen, weil sogenannte gezielte Schläge gegen Anführer (deren Position etwa durch Satellitentelefone kurzfristig exakt bestimmt werden kann) als probates Mittel gelten, das eine Terrorgruppe als Ganzes schwächt und anders als etwa Bombardierungen weniger Unbeteiligte tötet. Zum anderen, weil alleine die Angst unter den Terrorkämpfern vor einem möglichen Drohnenangriff (und selbst das Surren der Überwachungsdrohnen) ein Mittel der psychologischen Kriegsführung ist. Dass die Fernsteuerung der Drohnen eigene Verluste verhindert und damit Auslandseinsätze zuhause – etwa in den USA – akzeptabler macht, kommt noch hinzu. Im Fall Somalias wurden die Drohnen bislang von Äthiopien und Dschibuti aus gestartet. Alleine in Dschibuti sollen die USA acht Predator-Drohnen, ebenso viele F-15-Kampfjets und gut 2000 Soldaten stationiert haben. Seit Ende 2013 hat die US-Armee – mehr als 20 Jahre nach dem folgenschweren Absturz zweier Militärhubschrauber in Mogadischu – zudem wieder eine Handvoll Soldaten nach Mogadischu entsandt. Das Pentagon scheint sicher zu sein, dass sich das als *Black Hawk Down* verfilmte Desaster nicht wiederholen wird. Schließlich sind die US-Kampfflieger heute unbemannt. Auf der Waffenmesse Eurosatory in Paris war bereits 2012 zu sehen, dass die Militärs als Nächstes auch Bodentruppen durch Roboterfahrzeuge ersetzen wollen: Kleinstroboter, die nach Bomben suchen oder selber detonieren, wurden dort ebenso bestaunt wie der »Throwbot«, den Soldaten in ein verdächtiges Gebäude werfen können, um das Innere ungefährdet auszukundschaften. Terrorismus ist ein gutes Geschäft, nicht nur für Terroristen.

Jeder Tote ein Terrorist?

Können wir den Kampf gegen den Terror also unbesorgt den Robotern überlassen? Auf gar keinen Fall, sagt der amerikanische Enthüllungsjournalist Jeremy Scahill. Sein Buch *Dirty Wars* zeigt die Folgen des Drohnenkriegs auf – und auch, dass er natürlich nicht so klinisch ist, wie von der US-Regierung behauptet wird. Die Zahl der zivilen Opfer, sagt er der *Frankfurter Rundschau* in einem Interview am 25. Oktober 2013, sei viel höher: »Die Regierung erklärt einfach jeden Toten zum Terroristen.« Zudem bombardiere die US-Regierung sogar Menschen, von denen sie gar nicht wissen könne, ob sie Terroristen sind. So habe das US-Militär den Islamisten Anwar al-Awlaki einen Monat lang verfolgt und genau gewusst, wo er sich befinde. »Warum hat man ihn nicht gefangen genommen und vor ein Gericht gestellt? Obama hat hier als Ankläger, Richter, Jury und Henker eines US-Bürgers fungiert.« Stattdessen wird al-Awlaki, der außer einem jemenitischen auch einen amerikanischen Pass besitzt, Opfer einer Kampfdrohne, die ihn am 30. September 2011 im Norden Jemens tötet.

Unabhängige Überprüfungen sind nahezu unmöglich. Denn Drohnen werden nicht nur in Kampfzonen, sondern meist in entlegensten Gebieten eingesetzt, sagt James Bridle. Am liebsten würde Bridle den Drohnenopfern Namen geben. Doch weil das unmöglich ist, gibt er zumindest den Orten des Todes ein Gesicht. Er hat einen Blog eingerichtet, *Dronestagram,* auf dem er Satellitenbilder der Orte einstellt, an denen Drohnenangriffe bekannt werden. Eines davon zeigt eine Kreuzung staubiger, nicht asphaltierter Straßen, die von Lehmgebäuden gesäumt wird. Ein paar Gebäude sind mit Wellblech gedeckt, das in der Äquatorsonne glänzt, die meisten mit Ziegeln oder Stroh. Die Gegend ist dicht besiedelt, aber offenkundig arm: kaum ein Auto auf der Straße, kein mehrgeschossiges

Gebäude. Es ist die Straßenkreuzung in Jibli, an der Shabaab-Bombenbauer Ibrahim Ali Abdi starb. Drohnen nutzten unsichtbare, entfremdete Technologien, die die Realität verschleierten, erklärt Bridle. »Ich will die Orte ein bisschen sichtbarer machen, realer.«

Wenn es um Fehler geht, ähneln indes selbst die Drohnen und ihre designierten Nachfolger, die Kampfroboter, den Menschen, glaubt der Philosoph Peter Mario Asaro, der an dem nebligen Genfer Novembermorgen gegen Waxman und für ein Verbot der Entwicklung von Kampfrobotern argumentiert. »Alle Erfahrung, die wir mit Waffensystemen gesammelt haben, deutet auf eines hin: nämlich dass diese Roboter nicht fehlerfrei sein werden und auch unbeabsichtigt Menschen töten werden.« Vor allem aber könne man einen Roboter für seine Fehler nicht einmal theoretisch verantwortlich machen – mit fatalen Folgen. »Unser ganzes Verständnis von Menschenrechten basiert darauf, dass Menschen die Entscheidung fällen, Kriegsverbrechen zu vermeiden oder zu begehen.« In der Praxis macht das allerdings keinen Unterschied. Auch für womöglich fahrlässige Drohnenangriffe, die den Tod von Zivilisten nach sich zogen, ist bis jetzt niemand zur Rechenschaft gezogen worden – für den eventuell völkerrechtswidrigen Tod eines mutmaßlichen Terroristen erst recht nicht.

Ein weiteres, ganz praktisches Problem des Drohnenkriegs: Die Herzen derjenigen, die man angeblich schützen will, erreicht man mit ihm nicht. Die Drohnenangriffe, die jederzeit ohne Vorwarnung überall geschehen können, sind einfach eine andere Art von Terror. »Die Menschen in Mogadischu haben Angst«, sagt Mohammed H., ein somalischer Rundfunkjournalist. »Wenn meine Frau zum Beispiel auf den Markt muss, fürchtet sie sich – sie ruft mich dann an und verabschiedet sich am Telefon von mir, so, als ob es das letzte Mal wäre.« Dabei glaubt H. sogar, dass die Drohnenangriffe zur Verbesserung der Lage im Land beigetragen haben. »Am Anfang war es wichtig, den Shabaab-Führern klarzumachen, dass sie sich nicht in Sicherheit wiegen dürfen – aber jetzt muss das ein Ende haben, dieser Drohnenkrieg spaltet das Land mehr, als dass er es eint. Die Shabaab profitiert bereits davon, dass der Hass auf die Amerikaner und ihre Drohnen wächst.«

Mit Politik gegen Terrorismus

In Somalia, im Norden Nigerias oder im Norden Malis stehen sich keine Armeen gegenüber. Der Kampf, der hier geführt wird, ist kein Krieg. Damit stellt sich die Frage, ob der Konflikt mit den Terroristen militärisch überhaupt zu gewinnen ist. Der Politikwissenschaftler Andreas Bock antwortet in seinem Lehrbuch *Terrorismus* eindeutig: nein. Gewaltsame Strategien zur Bekämpfung des Terrorismus seien kontraproduktiv: »Sie vergrößern lediglich das Ausmaß der Unterstützung und machen damit den Terrorismus stärker, anstatt ihn zu schwächen.« Terror lässt sich nicht mit Drohnen und Soldaten bekämpfen, jedenfalls nicht mit ihnen allein. Wer Afrikas Terroristen besiegen will, der muss ihnen die Unterstützer entziehen.

Was weltfremd klingen mag, beweist sich derzeit in Somalia. Noch im Oktober 2012 verkündete der für Afrika zuständige Außenstaatssekretär der US-Regierung, Johnnie Carson, vor Reportern in New York, Somalia sei eine Erfolgsgeschichte für die Welt, die Region und vor allem die Somalis selber. »Und die USA haben maßgeblich zu ihr beigetragen.« Doch ein Jahr später spricht vieles dafür, dass von einer Erfolgsgeschichte nicht die Rede sein kann. Al-Shabaab hat sich zwar zurückgezogen, die Zahl ihrer Anschläge hat aber wieder zugenommen. Bei einem Anschlag auf ein als sicher geltendes Hotel in Mogadischu am Neujahrstag 2014 – zehn Menschen sterben – droht Shabaab-Sprecher Ali Mohammed Rage mit weiteren Attentaten. »Das Schicksal von ausländischen und somalischen Söldnern ist besiegelt, solange sie nicht das Land verlassen.« Auch die Tatsache, dass die USA ihre Präsenz in Somalia verstärken und Frankreich und Großbritannien zumindest Aufklärung für die anhaltend schwache somalische Regierung leisten, ist ein Zeichen für die weiter bestehende Gefährdung durch die Shabaab. Der stärkste Feind der Shabaab sei derzeit sie selbst, argwöhnen amerikanische Analysten. Darauf aber könne man sich auf Dauer nicht verlassen.

Eines haben der Aufschwung von Boko Haram in Nigeria, von AQMI im Norden Malis und der Shabaab in Somalia gemeinsam: Sie wären niemals möglich gewesen, wenn die Regierungen Nigerias, Malis und Somalias sich in angemessenem Maße um ihre

Bürger gekümmert hätten oder es wenigstens heute täten. Ohne die massive Korruption, ohne Nepotismus und die Billigung der Aufgabe staatlicher Strukturen hätte keine der Terrorgruppen so viel Zulauf gehabt. Solange Europäer, Amerikaner und Chinesen solche Zustände ignorieren, um sich damit selbst Vorteile und Ressourcen zu verschaffen, werden Terrorgruppen blühen. Wenn Terroristen die letzten zahlungskräftigen Arbeitgeber sind, wenn sie Recht und Ordnung aufrechterhalten und sich als Vorkämpfer gegen staatliche Willkür gerieren können, dann jubeln die Menschen ihnen zu – zumindest vorübergehend, bis es oft schon zu spät ist. Ein starker, von einer breiten Mehrheit getragener und organisierter Staat wäre dagegen nicht nur in der Lage, illegale Geschäfte einzudämmen, von denen die Terrorgruppen leben. Er würde auch die Opportunisten für sich gewinnen, die heute bereit sind, Terroristen ihren eigenen Zwecken zuliebe zu unterstützen.

Wie man die Shabaab dagegen unwillentlich stärkt, das zeigt Kenias Polizei seit dem Westgate-Anschlag. Während unmittelbar nach dem Anschlag Muslime und Christen demonstrativ gemeinsam Blut spendeten und zusammenstanden, ist die Kluft zwischen den Anhängern beider Religionen inzwischen gewachsen. Muslime fühlen sich verfolgt, sagt al-Amin Kimanthi, ein Sprecher des muslimischen Menschenrechtsforums in Garissa. Wochenlang suchte dort die Polizei mit fragwürdigen Methoden nach mutmaßlichen Islamisten, stürmte Moscheen auch zur Gebetszeit. »Früher ging die Polizei gegen einzelne Verdächtige vor, heute zielt sie auf Einrichtungen der ganzen muslimischen Gemeinschaft«, sagt Kimanthi und spricht von einem gefährlichen Phänomen. Khalif Abdi Farah, Direktor des Demokratieforums im Norden Kenias, wirft der Polizei zudem äußerste Brutalität vor: »Wir haben verlässliche Belege dafür, dass Hunderte Unschuldige von der Polizei aus ihren Häusern und Geschäften geschleppt und dabei verletzt wurden.« Auch von Folter ist die Rede. Ähnlich angespannt ist die Lage an Kenias Küste. »Es ist die Shabaab, die von diesen willkürlichen Festnahmen und Razzien profitiert«, sagt Abubakar Shariff, ein Imam. »Die Jugendlichen, die dieser Unterdrückung ausgesetzt sind, bekommen das Gefühl, die Shabaab habe Recht.« Dabei ist es in den mehrheitlich muslimisch bevölkerten Regionen Kenias ohnehin schon eine Mutprobe, sich offen gegen die Shabaab auszusprechen, warnt der Analyst der International Crisis Group, Bryan Kahumbura. »Es gibt viele Menschen, die einfach nicht daran glauben, dass die Regierung sie vor der Shabaab schützen kann.«

Dem Geld der Terroristen folgen

Noch eine Gemeinsamkeit gibt es, wie die Berichte in diesem Buch zeigen: Afrikas Terrorgruppen hängen am Geld. Die aussichtsreichste Möglichkeit, sie zu besiegen, liegt darin, ihre illegalen Einkommensquellen auszutrocknen. Wie schwierig das ist, zeigt das Beispiel einer somalischen Bank, Dahabshiil. Anfang Mai 2013 erhielt die Bank – wie gut 250 weitere institutionelle Bankkunden auch – einen Brief der britischen Barclays-Bank. Es handelte sich um eine Kündigung der Konten von Dahabshiil. »Darin wurde uns mitgeteilt, wir würden die geänderten Zulassungsbedingungen nicht erfüllen«, erinnert sich Abdirashid Duale, der CEO von Dahabshiil. »Wir bekamen eine Frist von zwei Monaten, um unsere Konten aufzulösen.« Nach 15 Jahren Geschäftsbeziehung, mit regelmäßigen Überprüfungen von britischen Aufsichtsbehörden, stand das Geschäft von Dahabshiil auf einmal vor dem Aus.

Dahabshiil ist keine normale Bank, sondern ein »Money Transfer Service« – ein Transferdienst, der Geld von A nach B überweist, so wie es etwa Western Union macht. Weil Somalia seit 1991 kein funktionierendes Bankensystem mehr besitzt, haben Transferdienste wie der Branchenführer Dahabshiil deren Aufgaben übernommen. Dahabshiil hat in Somalia nach eigenen Angaben 300 Büros und Tausende Mitarbeiter, die die Bevölkerung in Dörfern und ländlichen Gebieten mit dem Geld versorgen, das somalische Gastarbeiter aus dem Ausland nach Hause überweisen. In Großbritannien wurde das Geld bislang einfach bei Barclays auf das Konto von Dahabshiil eingezahlt. 200 bis 300 US-Dollar seien das im Schnitt pro Überweisung, schätzt Duale. Doch die kleinen Beträge summieren sich zu riesigen Summen: Mehr als eine Milliarde Euro fließen jedes Jahr aus den Taschen von Gastarbeitern alleine nach Somalia. Knapp die Hälfte davon kommt aus Großbritannien, wo mehr als 100 000 Menschen somalischer Herkunft leben. Die Überweisungen sind schnell, zuverlässig und günstig.

Kein Wunder also, dass nicht nur Gastarbeiter den Dienst nutzen. Im Juli 2013 deckt die UN-Beobachtungsgruppe für Somalia und Eritrea die Hintergründe eines Mordkomplotts auf. Zwischen Januar und April 2013 wurden bei Anschlägen und Selbstmordattentaten in Mogadischu mindestens 22 Geheimdienstmitarbeiter und Abgeordnete des somalischen Parlaments getötet. Der Chef des Geheimdienstes musste in der Folge zurücktreten. In einer Pressemitteilung vom 18. April 2013 bekannte die Shabaab sich zu den Anschlägen, die vor allem von der Amniyat – der Elitetruppe unter direktem Kommando von Shabaab-Chef Godane – ausgeführt worden seien. Auftraggeber waren jedoch andere, wie die UN-Experten herausfanden. Somalische Geschäftsleute in Katar, Saudi-Arabien und den Vereinigten Arabischen Emiraten hatten 100 000 US-Dollar gesammelt, um die Morde zu finanzieren. Überwiesen wurde das Geld mit Transferdiensten, auch mit Dahabshiil. Zu den Zielen der Geschäftsleute stellen die UN-Experten in ihrem Bericht fest: »Somalische Geschäftsleute in der Diaspora, die die Amniyat-Anschläge unterstützten, verfolgten womöglich versteckte Ziele, etwa Rache gegen einen verfeindeten Clan, die Eliminierung von konkurrierenden Geschäftsleuten oder politischen Gegnern.« Kurz: Es handelt sich um Auftragsmorde, die der Shabaab über Dahabshiil und andere vergütet werden.

Kunden wie diese sind der Hauptgrund dafür, dass sich britische Banken wie Barclays aus dem Transfergeschäft zurückziehen. Seit überall auf der Welt die Geldwäschegesetze verschärft wurden, müssen Banken hohe Geldstrafen fürchten, wenn ihre Kunden mit Terrorismus, Drogenhandel oder anderen kriminellen Geschäften in Verbindung gebracht werden. Die britische Bank HSBC einigte sich 2012 mit den US-Behörden auf einen Vergleich über 1,9 Milliarden US-Dollar. Ihr war vorgeworfen worden, über ihr internationales Filialnetz Drogenbaronen Geldwäsche ermöglicht zu haben. Seitdem herrscht Panik in der Branche: Niemand will der Nächste sein.

Nicht nur die Kunden von Dahabshiil stehen in der Kritik, auch der Transferdienst selber. Ende April 2013 tritt ein Shabaab-Sprecher in einem YouTube-Kanal auf, der der Shabaab nahesteht. Man habe einen Streit mit Dahabshiil beigelegt, erklärt er. Die Bank habe die von der Shabaab geforderten Steuern akzeptiert: eine Million US-Dollar im Jahr. Offizielle Bestätigungen gibt es nicht. Doch die Filialen Dahabshiils in den von der Shabaab kontrollierten Regionen Hiiraan, Galgaduud, Bay und Bakool, die von der Shabaab geschlossen wurden, öffnen kurz darauf wieder. Ein kenianischer Banker, der die somalische Szene aufmerksam verfolgt, glaubt, dass die Aussage der Shabaab stimmt. »Nicht nur Dahabshiil, auch andere Transferdienste haben früher die Shabaab bezahlt. Als im Herbst 2012 dann die neue Regierung ins Amt kam, haben sie sich zunächst geweigert – und schließlich wieder eingelenkt, nachdem ihnen klar wurde, dass die Regierung sie nicht vor der Shabaab schützen kann.« Die Steuern – die übertrieben hoch sein können – begründet die Shabaab auch damit, dass die »ungläubige« Regierung und christliche bzw. westliche Hilfsorganisationen ihr Geld ebenfalls über Dahabshiil nach Somalia überweisen. Auch für sie gibt es kaum Alternativen.

Als Barclays Kündigung öffentlich bekannt wird, bricht in Großbritannien ein Sturm der Entrüstung los. Hilfsorganisationen und Prominente wie Olympiasieger Mo Farah protestieren gegen das Vorhaben. Barclays ist die letzte Bank, die Dahabshiil überhaupt noch ein Konto gewährt. Würde dieses geschlossen, müsse man dichtmachen, warnt Abdirashid Duale. Er malt ein düsteres Bild: Das Geldgeschäft werde in den Untergrund abwandern, Lastwagen und Flugzeuge würden Bargeld hin- und hertransportieren – mit unabsehbaren Folgen für die Kunden. Tatsächlich ist das schon einmal passiert: 2001, als die USA den mutmaßlich mit den Terroristen von 9/11 verbandelten Transferdienst al-Barakat dichtmachten. »Banken wie Barclays spielen eine wichtige Rolle, um Geld zu weit entfernten Angehörigen zu bringen«, warnt auch Ben Phillips von Oxfam. »Es geht dabei normalerweise um kleine Beträge, die für alltägliche Notwendigkeiten benötigt werden: Medizin, Nahrungsmittel, Wasser, Bildung.«

Neue Wege suchen

Das Beispiel Dahabshiil zeigt, wie schwierig es ist, Geldflüsse zu Terroristen aufzudecken und die richtigen Konsequenzen zu ziehen. Für die Shabaab geht es um hohe Summen: nicht nur um das Schutzgeld, das Dahabshiil mutmaßlich zahlt, sondern auch um Zuschüsse von Sympathisanten; und schließlich um die Liquidität einfacher Somalis, die von den aus Großbritannien und anderswo stammenden Überweisungen zuhause ihrerseits Schutzgelder und Abgaben an die Shabaab zahlen müssen. Genauso wahr ist aber, dass besonders die Ärmsten im Land – Dahabshiil zufolge erhalten 40 Prozent der Bevölkerung Zuwendungen aus dem Ausland – unter der Schließung der Barclays-Konten leiden würden.

Ein halbes Jahr später scheint ein Weg gefunden: Ein Gericht hat Barclays verpflichtet, die Konten für Dahabshiil vorläufig weiter zu führen, während Experten der Weltbank und der staatlichen britischen Entwicklungsagentur DfID (Department for International Developement) an der Bildung eines »sicheren Geldkorridors« nach Somalia arbeiten, der bessere Kontrollmöglichkeiten bietet. Es ist ein Baustein von vielen, die dazu beitragen können, die Shabaab finanziell auszutrocknen. Und nur das wird – in Somalia und anderswo – dazu führen, dass sich Profiteure des Terrors vom Terrorismus abkehren und ihre lukrativen Geschäfte anderswo suchen.

Wenn das gelingt, ist viel gewonnen. Übrig blieben dann am Schluss nur wenige ideologisch Verblendete, die ohne Geld aus kriminellen Quellen und ohne Duldung der Bevölkerung weiter für einen Gottesstaat kämpfen wollen. Sie dürften keine Gefahr für eine demokratische Gesellschaft in einem funktionierenden Rechtsstaat darstellen. Der Weg dorthin ist zweifellos steinig und lang. Aber er ist der einzige, der auf Dauer ein Ende des Terrors verspricht, der Teile Afrikas heute noch so fest in seinem Griff hat.

Anhang

Quellen und weiterführende Literatur

Bücher

Al-Bahri, Nasser: Dans l'ombre de Ben Laden. Révelations de son garde du corps repenti, Paris 2013.

Allen, Tim: Trial Justice. The International Criminal Court and the Lord's Resistance Army, London 2006.

Allen, Tim / Vlassenroot, Koen (Hg.): The Lord's Resistance Army. Myth and Reality, London 2010.

Bari Atwan, Abdel: After Bin Laden. Al Qaeda. The Next Generation, London 2012.

Baryin, Gael: Dans les machoires du chacal. Mes amis touaregs en guerre au Nord-Mali, Neuvy-en-Champagne 2013.

Bock, Andreas: Terrorismus, Paderborn 2009.

Crilly, Rob: Saving Darfur. Everyone's favourite African war, London 2010.

Daniel, Serge: AQMI. L'industrie de l'enlèvement, Paris 2013.

Dickie, John: Omertá. Die ganze Geschichte der Mafia. Camorra, Cosa Nostra und Ndrangheta, Frankfurt am Main 2013.

Engelhardt, Marc: Somalia. Piraten, Warlords, Islamisten, Frankfurt am Main 2012.

Feinstein, Andrew: The shadow world. Inside the global arms trade, London 2011.

Flichy, Thomas (Hg.): Opération Serval au Mali. L'intervention française décryptée, Panazaule 2013.

Flint, Julie/de Waal, Alex: Darfur: A new history of a long war, London 2008.

Galy, Michel (Hg.): La guerre au Mali. Comprendr la crise au Sahel et au Sahara. Enjeux et zones d'ombre, Paris 2013.

Green, Matthew: The wizard of the nile. The hunt for Africa's most wanted. A bloody conflict, a messianic madman, an army of child soldiers, London 2008.

Greenpeace: Left in the dust. AREVA's radioactive legacy in the desert towns of Niger, Amsterdam 2010.

Hansen, Stig Jarle: Al-Shabaab in Somalia. The history and ideology of a militant islamist group, 2005 – 2012, London 2013.

Hellmich, Christina: Al-Qaeda. From global network to local franchise, London 2011.

Institut für Sicherheitspolitik an der Christian-Albrechts-Universität zu Kiel (Hg.): Jahrbuch Terrorismus 2011/2012, Opladen 2012.

Johnsen, Gregory D.: The last refuge. Yemen, Al-Qaeda and the battle for Arabia, London 2013.

Jones, Seth G.: Hunting in the shadows. The pursuit of Al Qa'ida since 9/11, New York 2012.

Keenan, Jeremy: The dark Sahara. America's war on terror in Africa, New York 2009.

Ders.: The dying Sahara. US imperialism and terror in Africa, New York 2013.

Lasserre, Isabelle/Oberlé, Thierry: Notre guerre secrète au Mali. Les nouvelles menaces contre la France, Paris 2013.

Laurent, Samuel: Sahelistan. De la Libye au Mali, au cœur du nouveau Jihad, Paris 2013.

Mamdani, Mahmood: Saviors and survivors. Darfur, politics and the war on terror, New York 2010.

Martinez, Luis: The Libyan paradox, London 2007.

Napoleoni, Loretta: Die Ökonomie des Terrors. Auf den Spuren der Dollars hinter dem Terrorismus, München 2004.

Pinker, Steven: Gewalt. Eine neue Geschichte der Menschheit, Frankfurt am Main 2011.

Ruf, Werner: Der Islam – Schrecken des Abendlands. Wie sich der Westen sein Feindbild konstruiert, Köln 2012.

Ders. (Hg.): Politische Ökonomie der Gewalt. Staatszerfall und Privatisierung von Gewalt und Krieg, Opladen 2003.

Said, Edward W.: Orientalismus, Frankfurt am Main 2012.

Scahill, Jeremy: Dirty Wars. The world is a battlefield, London 2013.

Schmid, Bernhard: Algerien. Frontstaat im globalen Krieg? Neoliberalismus, soziale Bewegungen und islamistische Ideologie in einem nordafrikanischen Land, Münster 2005.

Schmidt, Wolf: Jung, deutsch, Taliban, Berlin 2012.

Schmitt, Eric/Shanker, Thom: Counterstrike. The untold story of America's secret campaign against Al Qaeda, New York 2012.

Schröm, Oliver: Al Qaida. Akteure, Strukturen, Attentate, Berlin 2003.

Souaïdia, Habib: Schmutziger Krieg in Algerien. Bericht eines Ex-Offiziers der Spezialkräfte der Armee (1992–2000), Zürich 2001.

UN Office on Drugs and Crime (UNODC): Transnational organized crime in Eastern Africa. A threat assessment, Wien 2013.

UNODC: Transnational organized crime in West Africa. A threat assessment, Wien 2013.

Van Reybrouck, David: Kongo. Eine Geschichte, Frankfurt am Main 2012.

Walther, Reto: In der Gewalt der Mudschaheddin. Tagebuch einer Sahara-Geisel, Basel 2009.

Worldbank: Pirate trails. Tracking the illicit financial flows from pirate activities off the Horn of Africa, Washington 2013.

Ausgewählte Artikel und Links

Dowden, Richard: Kenya after Westgate. More trouble ahead, in: African Arguments, http://africanarguments.org/2013/09/27/kenya-after-westgate-more-trouble-ahead-by-richard-dowden (letzter Zugriff: 16. Januar 2014).

Dronestagram: http://dronestagram.tumblr.com (letzter Zugriff: 16. Januar 2014).

Farmar, Sam: Meeting Joseph Kony. Journeyman Pictures, www.youtube.com/watch?v=dWiF9hSgyoU&feature=related (letzter Zugriff: 16. Januar 2014).

Flade, Florian: »Ich lebte unter dem Schatten des Koran«, in: *Die Welt,* 16. Juni 2012.

Glaus, Daniel und Maurisse, Marie: Vom Bieler Gymnasium ins Terrorcamp, in: *Sonntagszeitung,* 18. November 2012.

Greven, Thomas: Tuareg-Rebellion, Islamismus und Staatskrise in Mali, in: *Prokla 170 – Zeitschrift für kritische Sozialwissenschaft,* 43. Jg. (2013) H. 1, S. 89–97.

Harmon, Stephen: From GSPC to AQIM. The evolution of an Algerian islamist terrorist group into an Al-Qaida Affiliate, in: Association of Concerned Africa Schollars, Bulletin 85, http://concernedafricascholars.org/docs/bulletin85harmon.pdf (letzter Zugriff: 16. Januar 2014).

Haufler, Daniel: Drohnenkrieg der USA. »Jeder Tote wird zum Terroristen erklärt«, Interview mit Jeremy Scahill, in: *Frankfurter Rundschau,* 25. Oktober 2013.

Laing, Aislinn: American family rescued by hero of attack on Nairobi's Westgate Mall, in: *Daily Telegraph,* 26. September 2013.

Money Jihad, http://moncyjihad.wordpress.com.

Napoleoni, Loretta: The intricate economics of terrorism, www.ted.com/talks/loretta_napoleoni_the_intricate_economics_of_terrorism.html (letzter Zugriff: 16. Januar 2014).

Rühl, Bettina: Treibsand. Ein Spiel mit Geiseln in der Wüste, www.deutschlandfunk.de/politisches-feature-treibsand.714.de.html?dram:article_id=90001 (letzter Zugriff: 16. Januar 2014).

Schindler, John R.: The ugly truth about Algeria (National Interest, 10. Juli 2012), http://nationalinterest.org/commentary/the-ugly-truth-about-algeria-7146.

Selk, Veith: Angstpolitik. Terrorismus als politische Strategie, in: *Diskurs – Zeitschrift für gesellschafts- und geisteswissenschaftliche Interventionen,* 7. Jg. (2011), H. 1, S. 10ff.

Souaïdia, Habib: Révélations sur le drame d'In-Amenas (Algeria Watch, 11. Februar 2013), www.algeria-watch.org/fr/aw/souaidia_in_amenas.htm.

Sturzenegger, Martin: »Es ist bei einer Entführung kein Nachteil, Schweizer zu sein«, Interview mit Gabriella Barco Greiner, in: *Tages-Anzeiger,* 5. Juli 2011.

Thurston, Alexander / Lebovich, Andrew: A handbook on Mali's 2012–2013 crisis, in: Institute for the Study of Islamic Thought in Africa (= Working Paper Series, Working Paper 13), www.bcics.northwestern.edu/documents/workingpapers/ISITA-13-001-Thurston-Lebovich.pdf (letzter Zugriff: 16. Januar 2014).

UN Monitoring Group on Somalia and Eritrea: Report on Somalia pursuant to Security Council resolution 2060 (2012), http://www.un.org/ga/search/view_doc.asp?symbol=S/2013/413 (letzter Zugriff: 16. Januar 2014).

Urech, Rahel: »Als Geisel fürchtet man sich vor einer Befreiungsaktion«, Interview mit Gabriella Barco Greiner, in: *Zürichsee-Zeitung*, 26. Januar 2013.

Abkürzungen und Namensbedeutungen

Al-Shabaab: Somalische Terrorgruppe, eigentlich Harakat al-Shabaab al-Mujahideen (Bewegung der Mudschaheddin-Jugend); Teil von al-Qaida.

AMISOM: African Union Mission in Somalia (Mission der Afrikanischen Union in Somalia). Die durch eine UN-Resolution autorisierte Friedenstruppe startete im März 2007 und ist aktuell (Februar 2014) noch immer aktiv. Sie soll die Sicherheitslage in Somalia stabilisieren.

Amniyat: Bedeutet »Sicherheit«; Elitezelle der Shabaab, die direkt Shabaab-Chef Godane unterstellt ist.

Ansar Dine: Bedeutet »Verteidiger des Glaubens«; Islamistische Tuareggruppe; erstes Erscheinen März 2012 im Norden Malis.

Anti-Balaka: Bedeutet »Anti-Machete«; Terrorgruppe mit christlichem Selbstverständnis in der Zentralafrikanischen Republik. Formierte sich als Bürgermiliz nach dem Sturz von Zentralafrikas Präsidenten François Bozizé durch den Muslim Michel Djotodia im März 2013.

AQMI: Al-Qaïda au Maghreb islamique (al-Qaida im Islamischen Maghreb); aktiv u. a. in Algerien, Mali, Niger. 2007 aus der GSPC hervorgegangen.

Boko Haram: Bedeutet »Westliche Bildung ist Sünde«; Nigerianische Terrorgruppe (eigentlich: Sunnitische Bruderschaft in Ausführung des Heiligen Krieges.

DRS: Département de Renseignement et de la Sécurité (Abteilung für Nachrichten und Sicherheit), algerischer Militärgeheimdienst.

Dschandschawid: Bedeutet »Teufelsreiter«; Sammelbegriff für »arabischstämmige« Reitermilizen im Darfurkrieg, zeitweise finanziert durch die Regierung Sudans.

Ex-Séléka (oder Séléka): Terrorgruppe in der Zentralafrikanischen Republik mit muslimischen Kämpfern u. a. aus Darfur, Tschad. Allianz mehrerer Milizen; Putsch im März 2013 unter Führung Michel Djotodias.

FIS: Front islamique du Salut (Islamische Heilsfront). Algerische islamistische Partei, gegründet 1989. Als sich abzeichnete, dass die FIS die Parlamentswahlen Ende 1991 gewinnen würde, putschte das Militär. Die FIS wird 1992 verboten, Teile der Partei gehen in Terrorgruppen auf (GIA, AIS – Armé Islamique du Salut).

GIA: Groupe Islamique Armé (Islamische bewaffnete Gruppe). Algerische islamistische Gruppierung, die zwischen 1993 und 2005 für schwere Gräueltaten verantwortlich war.

GSPC: Groupe salafiste pour la prédication et le combat (Salafistische Gruppe für Predigt und Kampf), 1998 gegründete Terrorgruppe. 2007 umbenannt in AQMI.

ICC: International Criminal Court, der Internationale Strafgerichtshof in Den Haag, zuständig für die strafrechtliche Verfolgung von Völkermord, Verbrechen gegen die Menschlichkeit, Kriegsverbrechen und Verbrechen des Angriffskriegs. Der erste Schuldspruch des ICC traf 2012 den kongolesischen Milizen-Chef Thomas Lubanga, der wegen der Zwangsrekrutierung und des Einsatzes von Kindern als Soldaten zu 14 Jahren Haft verurteilt wurde.

IUCN: International Union for Conservation of Nature, deutsch auch Weltnaturschutzunion; größte und älteste globale Naturschutzorganisation.

KWS: Kenya Wildlife Service; staatliche Organisation der Wildhüter in Kenia, zuständig für den Erhalt der Nationalparks.

LRA: Lord's Resistance Army (Widerstandsarmee des Herrn). Vor allem aus entführten Kindern rekrutierte Terrorarmee unter Führung von Joseph Kony. Zunächst in Norduganda aktiv, heute in der Demokratischen Republik Kongo, in Zentralafrika und im Südsudan.

MONUSCO: Mission de l'Organisation des Nations unies pour la stabilisation en République Démocratique du Congo (Mission der Vereinten Nationen für die Stabilisierung in der Demokratischen Republik Kongo). Seit 1999, bis 2010 unter der Bezeichnung MONUC; aktuell (Februar 2014) laufende Mission.

MNLA: Mouvement national de l'Azawad (Nationale Bewegung für die Befreiung Azawads). 2011 gegründete Separatistenarmee der Tuareg, eigentlich laizistisch. Verbündete sich Anfang 2012 mit den islamistischen Gruppen Ansar Dine, AQMI, Mujao zur Eroberung Nordmalis.

Mujao: Mouvement pour le Tawhîd et du jihad en Afrique de l'Ouest (Bewegung für die Einheit und den heiligen Krieg in Westafrika). Erstes Erscheinen 2011, an der Eroberung Nordmalis beteiligt.

PMPF: Puntland Maritime Police Force (Marinepolizei Puntland). Elite-Sondereinheit zur Bekämpfung von Piraten, auch als Präsidialgarde aktiv.

UNAMID: United Nations Mission in Darfur, später African Union / United Nations Hybrid Operation in Darfur. Mission von UN und Afrikanischer Union in Darfur im Westen des Sudan.

UNHCR: UN High Commissioner for Refugees, UN-Hochkommissar für Flüchtlinge.

UNODC: UN Office on Drugs and Crime, UN-Büro für Drogen- und Verbrechensbekämpfung.

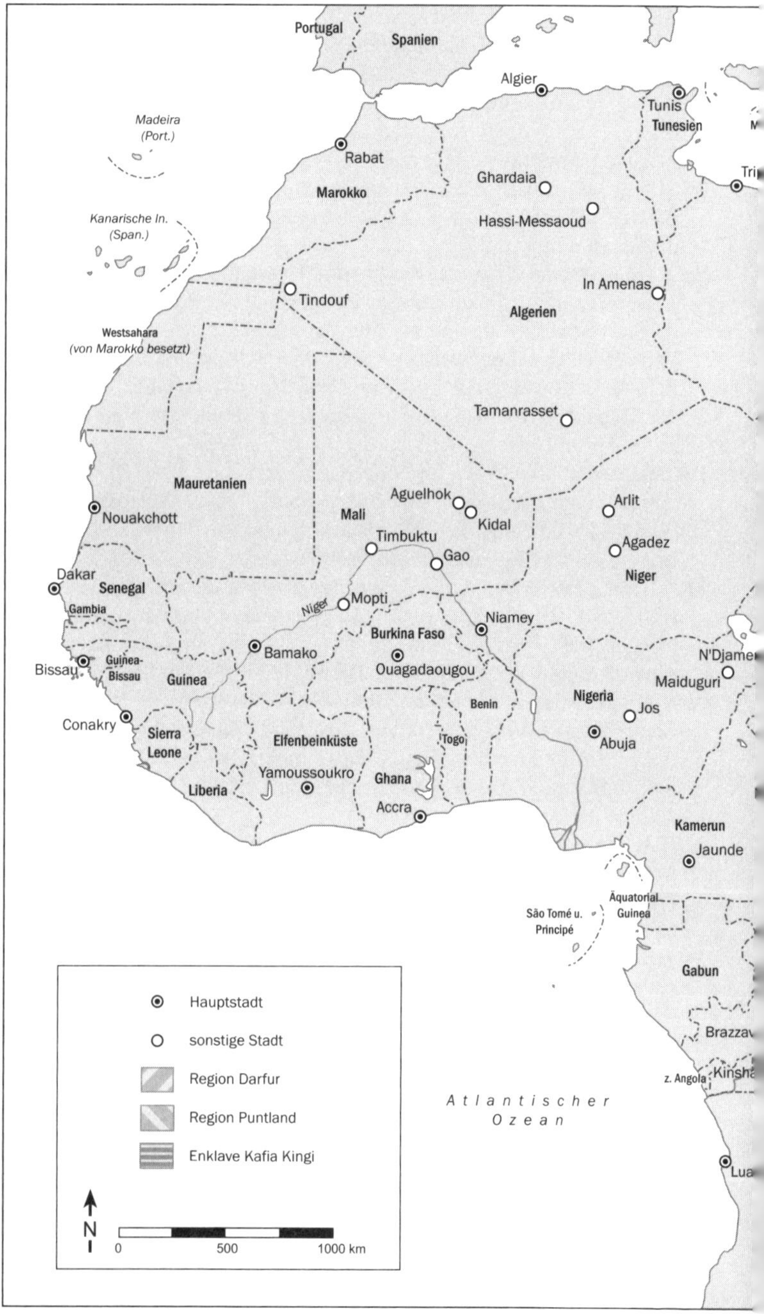
Portugal
Spanien
Algier
Tunis
Tunesien
Madeira
(Port.)
Rabat
Marokko
Ghardaia
Hassi-Messaoud
Kanarische In.
(Span.)
In Amenas
Tindouf
Algerien
Westsahara
(von Marokko besetzt)
Tamanrasset
Mauretanien
Aguelhok
Arlit
Nouakchott
Mali
Kidal
Timbuktu
Agadez
Gao
Dakar
Senegal
Niger
Gambia
Niger
Mopti
Niamey
Burkina Faso
Bamako
Bissau
Guinea-
Bissau
Ouagadaougou
N'Djame
Guinea
Maiduguri
Benin
Nigeria
Jos
Conakry
Sierra
Leone
Elfenbeinküste
Togo
Abuja
Yamoussoukro
Ghana
Liberia
Accra
Kamerun
Jaunde
Äquatorial-
Guinea
São Tomé u.
Principé
Gabun
Hauptstadt
sonstige Stadt
Region Darfur
Region Puntland
Enklave Kafia Kingi
Brazza
z. Angola
Kinsha
Atlantischer
Ozean
N
0
500
1000 km

Türkei
Griechenland
Teheran
Zypern
Syrien
Iran
Mittelmeer
Libanon
Bagdad
Israel
Irak
Jordanien
Kairo
Persischer Golf
Bahrain
Katar
Ägypten
Libyen
Riad
Ver. Arab. Emirate
Saudi Arabien
Rotes Meer
Nil
Tschad
Eritrea
Jemen
Khartum
Asmara
Sana
Iriba
Darfur
Sudan
Golf v. Aden
Adré
Dschibuti
Bosaso
Puntland
Kafia Kingi
Garowe
Rako Raaxo
Addis Abeba
Eyl
Zentralafrikanische Republik
Äthiopien
Galkayo
Südsudan
Bakouma
Hobyo
Haradhere
Juba
Faradje
Somalia
Tapili
Dungu
Gulu
Aboke
Kongo
Wajir
Mogadischu
Kenia
Uganda
Barawe
Garissa
Kismayo
Goma
Nairobi
Ruanda
Demokratische Republik Kongo
Lamu
Burundi
Mombasa
Tansania
Dodoma
Daressalam
Indischer Ozean
Angola
Malawi
Mosambik
Sambia

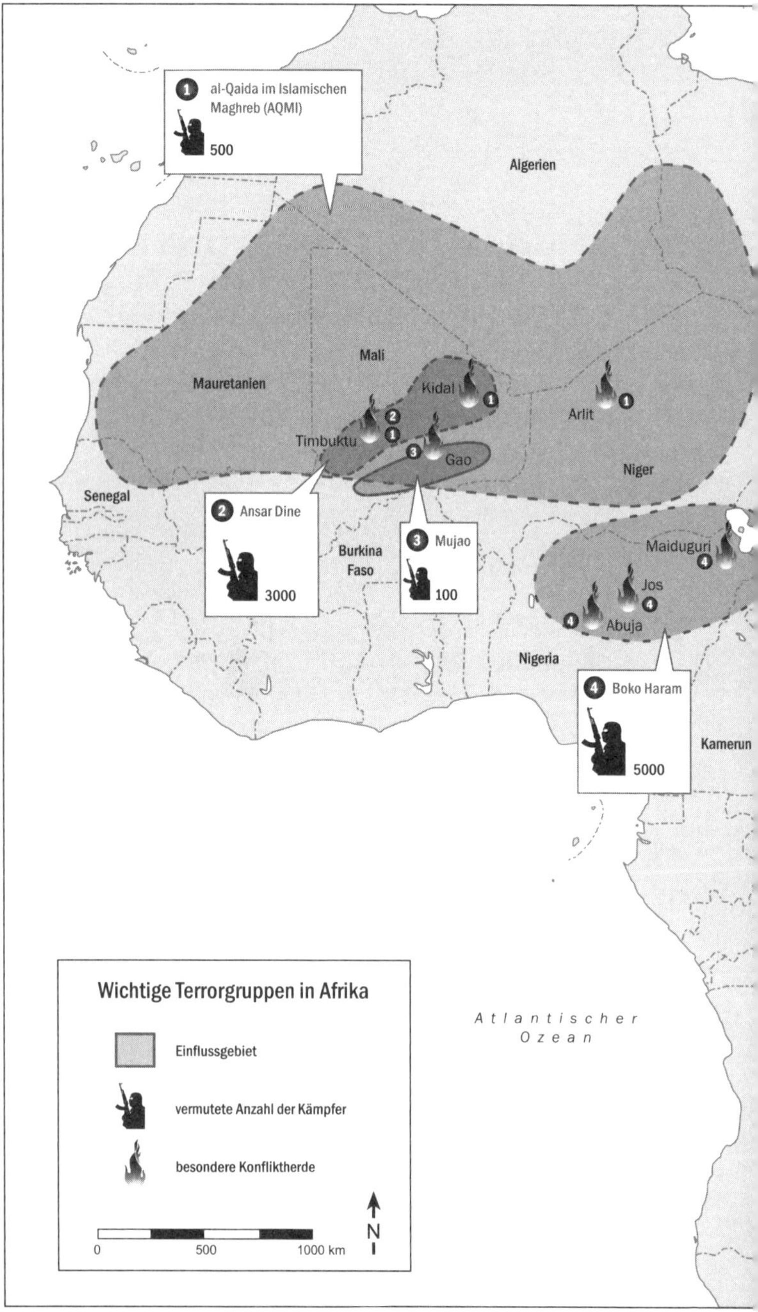
al-Qaida im Islamischen Maghreb (AQMI)
500
Algerien
Mali
Mauretanien
Kidal
Timbuktu
Gao
Arlit
Niger
Senegal
Ansar Dine
3000
Burkina Faso
Mujao
100
Maiduguri
Jos
Abuja
Nigeria
Boko Haram
5000
Kamerun
Atlantischer Ozean
Wichtige Terrorgruppen in Afrika
Einflussgebiet
vermutete Anzahl der Kämpfer
besondere Konfliktherde
N
0
500
1000 km

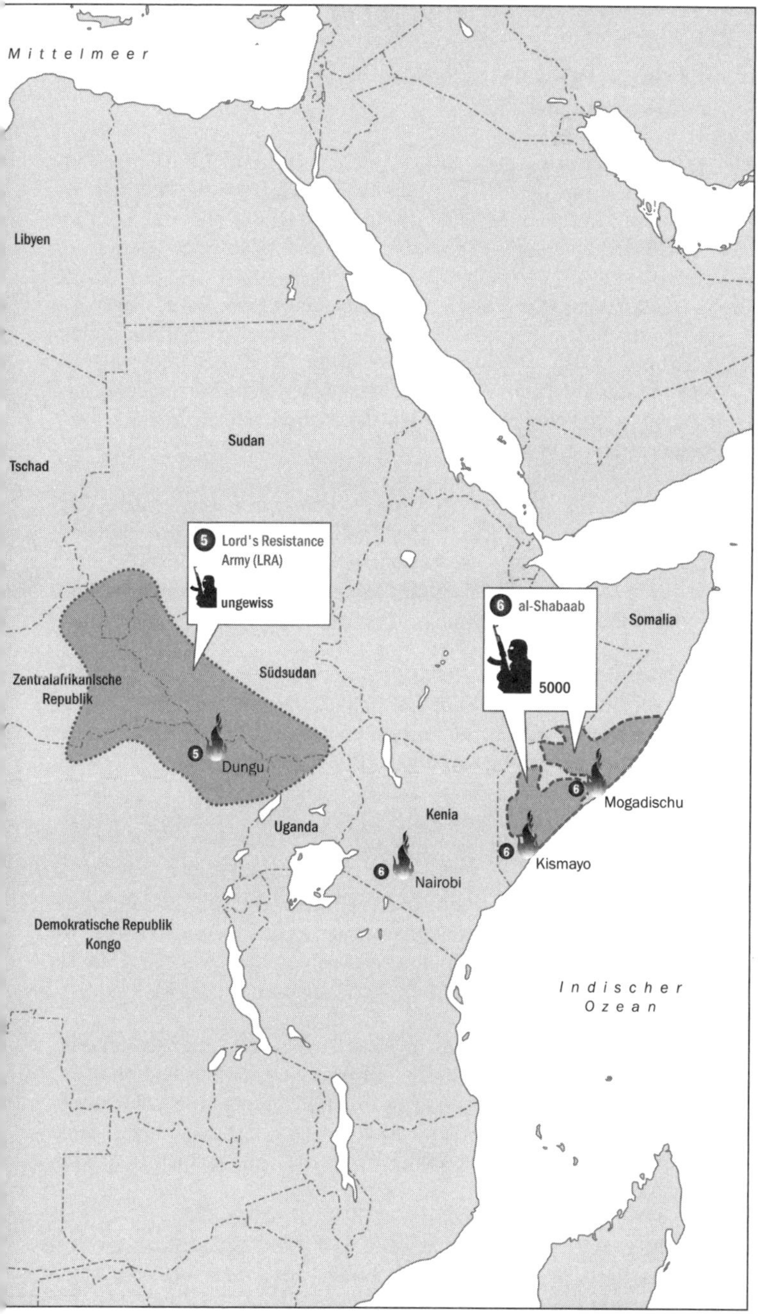
Mittelmeer
Libyen
Sudan
Tschad
5 Lord's Resistance Army (LRA)
ungewiss
6 al-Shabaab
5000
Somalia
Zentralafrikanische Republik
Südsudan
5 Dungu
Uganda
Kenia
6 Mogadischu
6 Kismayo
6 Nairobi
Demokratische Republik Kongo
Indischer Ozean

Verzeichnis wichtiger Protagonisten

Iyad Ag Ghali: geb. ca. 1954. Anführer der Ansar-Dine-Miliz im Norden Malis. (Kapitel 6 und 9.)

Abu Mansur al-Amriki: geb. 1984, eigentlich Omar Shaffik Hammami. Aufgewachsen in den USA, schloss sich Ende 2006 der Shabaab an. Wurde am 12. September 2013 getötet, nachdem er sich mit Shabaab-Chef Godane überworfen hatte. (Kapitel 1 und 3.)

Omar Hassan Ahmad al-Baschir: geb. 1944, seit einem Putsch 1989 Präsident von Sudan, zunächst in einem islamistischen Regime. Beherbergte bin Laden, bevor er ihn 1996 unter Druck der USA auswies. Gegen al-Baschir liegt seit 2009 ein Haftbefehl des ICC wegen Kriegsverbrechen und Verbrechen gegen die Menschlichkeit in Darfur vor. (Kapitel 5 und 11.)

Mokhtar Belmokhtar: geb. 1972 in Algerien. Führendes Mitglied der AQMI und Schmuggler mit Vergangenheit in der algerischen Armee und dem Geheimdienst, dem er nach Ansicht vieler heute noch angehört. Sein Tod durch tschadische Soldaten im März 2013 ist nicht bestätigt. (Kapitel 7, 8, 9 und 12.)

Idriss Déby: geb. 1952. Nach einem Putsch 1990 gegen den brutalen Diktator Hissène Habré Präsident des Tschad. Stammt aus dem Osttschad nahe der Grenze zu Darfur und unterstützte zeitweise Rebellen, die gegen Sudans Regierung kämpften. (Kapitel 11.)

Achmed »Abu Zubeir« Godane: geb. 1977. Seit 2008 Anführer der somalischen al-Shabaab. (Kapitel 1, 3 und 14.)

Joseph Kony: geb. 1961 in Norduganda. Gründet dort mit 25 Jahren die LRA, die er bis heute führen soll. Kony, der vom ICC gesucht wird, wird u. a. die Verschleppung Zehntausender Kinder zur Last gelegt, die als Soldaten und Zwangsarbeiter rekrutiert wurden. (Kapitel 5.)

Abdelhamid Abu Said: geb. 1965 in Algerien, Terrorist und Gründungsmitglied der AQMI. Für mehrere Entführungen von Ausländern in der Sahara und den Tod des Briten Edward Dyer verantwortlich. 2012 maßgeblich an der Einnahme Timbuktus beteiligt. Bei der französischen Militäroperation im Norden Malis im Februar 2013 getötet. (Kapitel 6, 7 und 8).

Ayman al-Zawahiri: geb. 1951 in Ägypten. Seit 2009 Chefkommandeur von al-Qaida, nach dem Tod Osama bin Ladens am 2. Mai 2011 zum neuen Anführer von al-Qaida ernannt. (Kapitel 1 und 11.)

Flora-Cheque

Zwanzig Euro

Blumen

29.3.13

Datum, Firmenstempel und Unterschrift

20,00 Euro

Gegen Vorlage dieses Gutscheins können Sie in jedem Fleurop-Geschäft in ganz Deutschland Blumen im Wert von zwanzig Euro (inkl. USt.) auswählen.

Gültig ist Ihr Flora-Cheque, wenn er Ausgabedatum, Firmenstempel und die Unterschrift des ausstellenden Fleurop-Partners trägt.

Denken Sie daran: Wer Flora-Cheques schenkt, möchte Ihnen mit Blumen eine Freude bereiten. Lassen Sie die Cheques also nicht „verwelken". (Es gilt die regelmäßige Verjährungsfrist des BGB.) Ihr Fleurop-Geschäft freut sich schon auf Ihren baldigen Besuch.

Wo finden Sie das nächste Geschäft? Unter **www.fleurop.de** sind alle Fleurop-Partner aufgelistet.

FLEUROP bringt's.

Abschnitt für den
ausführenden (einlösenden)
Partner

20,00 Euro

Flora-Cheque

Datum

Partner-Nr.-Stempel des ausführenden Partners

Cheque-Nr. u. Partner-Nr. des vermittelnden Partners	Cheque-Nr.	Partner-Nr.	Betrag
68801323 094769	68801323	094769	2004

Dieses Feld nicht beschriften und nicht bestempeln

Zum Autor

© Andrea Vollmer

Marc Engelhardt

1971 in Köln geboren, berichtet seit mehr als zehn Jahren als freier Korrespondent aus und über Afrika. Der Vater zweier Töchter hat in Kiel Geographie, Meeresbiologie und Jura studiert. In Brasilien lernte Engelhardt Portugiesisch, in Ecuador Spanisch, an der Uni Hagen studierte er Philosophie. Nach einem Volontariat beim *NDR* im Jahr 2000 und einigen Jahren bei der Tagesschau zog es ihn nach Afrika: sieben Jahre verbrachte Engelhardt in Nairobi und reiste von dort quer über den Kontinent. Er berichtete u. a. für *ARD* (Hörfunk und Fernsehen), *tageszeitung, epd, NZZ, Die Zeit* und viele andere deutschsprachige Medien. Mehrere seiner Berichte wurden ausgezeichnet. Seit 2011 lebt Engelhardt in Genf und covert von dort die Ereignisse bei den Vereinten Nationen, ist aber weiterhin viel in Afrika unterwegs. Er ist Vorsitzender des globalen Korrespondentennetzwerks *Weltreporter* und Verfasser zahlreicher Bücher, zuletzt »Somalia – Piraten, Warlords, Islamisten« (2012). Auf seiner Homepage www.unreporter.de veröffentlicht er regelmäßig Aktuelles, Hintergründiges und Weiterführendes, auch zum Terror in Afrika. Kontakt: engelhardt@weltreporter.net